KB140146

PRAXIS 법학 입문

법률 공부 내비게이션

PRAXIS 법학 입문

법률 공부 내비게이션

조상희 지음

서문

이 책의 제목을 잡기가 쉽지 않았다. 기존의 법학개론, 법학입문, 법학원론 등과는 내용과 배열이 완전히 다른 체계를 만들었고 뭔가 색다른 쉽게 접근할 수 있는 것이 필요했기 때문이었다. 20여년 실무를 하고 10여년 동안 법과대학과 로스쿨에서 학생들을 가르치다가 처음 법률공부를 할 때 가장 필요한 입문서로서 적당한 것이 없을까 고민하였다. 법철학이나 법제사의 고담준론(高談峻論)은 너무 구름 위에 있어서 접근성과 실용성이 떨어지고, 기존의 법학개론 류의 책들은 개별 법 분야를 찔끔찔끔 맛보여 주는 맹인모상(盲人摸象, 장님 코끼리 만지기)적이고 피상적인 것이어서 아무런 의미가 없는 것 같았기 때문이다. 그래서 일단 실천 실용 실사구시 중심적 사고와 사건에서 출발하여 이론을 공부하는 것이 맞다고 생각하여 <PRAXIS 법학입문>이라 하였고, 법률공부의 제대로 된 길잡이와 안내서라는 의미에서 부제로 <법률공부 내비게이션>을 붙였다.

법률공부를 시작할 때 보통 민법총칙과 형법총칙 교과서를 읽는다. 민사법과 형사법의 가장 기본이 되는 내용부터 이해하여야 하기 때문이다. 그런데 그 내용은 처음 법률공부를 하는 사람에게 그렇게 만만하지가 않다. 완전히 다른 세계 속에 들어와 버려 어안이 벙벙해지고 방향감과 존재감을 상실하게 만든다. 책 속의 사례와 판례가 그 부분에 국한되는 것이 아니라 이후에 공부해야 할 순서인 물권법, 채권법, 친족상속법 그리고 형법 각칙의 각 죄와 연결되어 있기 때문에 도무지 이해가 되지 않는다. 물론 순서대로 개괄적으로 다 읽어 이해하고 다시 전체를 여러 번 보고 꾸준히 공부해가면 모두 연결되고 이해될 것이다. 그렇지만 매우 어려워서 금방 지치거나 물리고 만다.

그래서 법률공부의 시작을 막연하지 않고 좀 깔끔하게 할 수 없을까하는 생각에서 이 책을 만들었다. 법의 존재이유부터 시작하여 법의 계통, 자연법과 실정법, 법의 연원, 법의 해석과 적용을 설명하면서 자연법론과 같은 추상적 이론에 그칠 수도 있는 부분도 직접적이 아니더라도 간접적으로 언급된 관련된 사례와 판례를 찾아서 소개하여 현실감이 있도록 하였다. 또 해당 문장에 영어표현을 같이 붙여서 한자문화에 불편함을 느끼는 사람들이 오히려 더 쉽게 이해할 수 있고 국제화에 이용될 수 있도록 하였다. 판례는 일단 그 체제와 문장구조, 어법에 익숙해져야 하기 때문에 일단 기본 내용을 그대로 소개하되 밑줄이나 글자색을 표시하여 중점되는 부분을 표시하여 가독성을 높였다.

아무쪼록 이 책이 법률공부를 하는데 좋은 방향을 안내해 줄 것으로 생각하여 <법률공부 내비게이션>이라고 이름 붙였다. 그리고 마지막 부분에는 법률공부 방법과 법률가가 되기 위한 기본 소양 등을 경험에 비추어 언급하였다. 초심자들이 앞으로 먼 길을 가는데 기본 방향을 잘 설정받을 것이라고 믿는다.

2018년 정월

조상희 (교수, 변호사)

C o n t e n t s

1. 법과 법학 일반 law and jurisprudence

1.1. 법의 개념과 존재이유 concept of law, why do laws exist

(1) 법에 대한 기본 개념들은 다음과 같이 정리될 수 있다.

○ 법은 규정의 체계이며, 이 규정들은 사회적 기구를 통하여 어떻게 행동해야 하는지 강제한다. (Law is a system of rules that are enforced through social institutions to govern behavior). 법은 입법기관을 통해 제정되는 법률, 행정부의 명령 또는 규칙, 사법부의 판결 등으로 만들어 진다.

○ 한 공동체 사회에서 일정한 행위를 하거나 하지 말도록 요구하는 사회규범(법, 관습, 도덕, 종교 등)이 있는데, 그 중에서도 위반하는 경우 국가기관에 의해 타율적으로 또 물리적으로 강제를 받게 되는 것이 법이다. (Law is a rule or mode of conduct or action that is prescribed or formally recognized as binding by a supreme controlling authority or is made obligatory by a sanction made, recognized or enforced by the controlling authority)

(2) 법의 존재이유는 다음과 같이 정리될 수 있다.

○ 법은 사회 구성원들의 권리를 보호하기 위해 그리고 스스로 그 권리를 보

호해야 하는 수고를 하지 않도록 하기 위하여 존재한다. (Laws exist to protect the rights of the members of a society and to ensure that they do not have to protect those rights throurh their own actions). 사회구성원이 국가기관에게 자신의 자유에 대한 권리를 일부 포기하고 국가기관은 구성원의 생명과 자유와 재산(life, liberty and property)을 지켜주며 이로써 사회적 강자에 의한 약육강식의 상태(the law of jungle, the strong taking charge while the weak having no say or recourse, the winner takes it all)를 방지하기 위해 존재한다.

○ 법은 질서를 유지하고, 정의를 실현하며, 사회를 안전하게 하고, 인간의 기본권을 보호하며, 평등을 달성하고, 행동을 규제하기 위해 존재한다. (structure a society, maintain order, provide justice, keep the society safe, protect human rights, achieve equality and guide behavior)

○ 인간은 사회적 동물이다. 여러 사람과 관계를 맺을 때 인간다운 생활이 가능하다. 이해관계 생활관계를 조정하기 위해 법이 필요하다. 나쁜 행위를 규정하고 처벌하거나 배상하게 하는 등의 역할을 담당하는 장치가 법이다 (wrongdoing and penalty = crime and punishment, tort and remedy). 힘센 자가 모든 것을 지배하거나, 경쟁에서 이긴 자가 모든 것을 가지는 것을 방지하고, 공존 공생 공정경쟁을 만들기 위해 법이 필요하다. (anti-trust and fair competition)

1.2. 법의 계통 legal system

법의 체계를 구별하는 법의 계통은 크게 대륙법계(civil law system, continental law)와 영미법계(common law system, anglo-american law)로 구별된다. ★ 우리나

★ 법의 내용에서 민사법과 형사법이 가장 중요한데, 법체계는 그중 민사법 원리의 발견 방법의 차이로 구별되고 있다. 따라서 이러한 민사법 원리의 발견 방법을 중심으로 구별해 볼 때 사회주의법계와 이슬람법계를 따로 구별할 필요가 있으나 현재 사회주의법계는 그 특징이 희석되었으며, 이슬람법계도 법의 연원에서 의미가 있을 뿐

라의 법 체계는 대륙법계로 분류된다.

(1) 대륙법계 civil law system, continental law, romano-germanic law

○ 로마 시대 피정복자들을 다스리기 위한 법과 구별되는 시민들의 법이라는 개념에서 시작되고 정립되었다.(jus civil v. jus gentium, citizen's law v. law to the conquered people) 529년 유스티니아누스법전(Corpus Juris Civilis, Codex Justinianus)으로 완성되었다.

○ 이후 교회법(canon law)과 중세 봉건시대의 지역 관습법(feudal local practice) 등이 그 내용에 추가되어 오다가, 1804년 나뽈레옹 민법전(Code civil des Français)에서 완전히 체계적으로 정리되었다. 나뽈레옹 민법전은 persons, property, actions (civil procedure 포함)의 3편으로 구성되어 있었다. 1806년 프랑스 민사소송법, 1807년 프랑스 상법, 1808년 프랑스 형사소송법이 따로 제정되었다.

○ 스위스민법(1812년 제정, 1912년 개정)과 독일 민법(1900년 제정)이 이를 본받아 만들어졌고, 중국 민법 제정에도 영향을 끼쳤으며, 일본 민법(1896년)은 독일 민법의 초안을 보고 만들어 졌다. 미국의 루이지애나주와 캐나다의 꿰벡(Quebec) 주는 그 나라의 다른 지역과는 달리 프랑스 민법을 기초로 하여 민사법 체계를 만들고 있다. 그리고 영국과 그 식민지였던 국가와 미국 이외의 대부분의 나라들이 이러한 민사법 체계를 만들어 사용하고 있다.

○ 우리나라의 경우 일본의 조선 합병 이후 1912년 조선민사령(制令7호)으로 일본 민법을 그대로 의용해서 사용하게 되었다.(이른바 의용민법依用民法,

---

이다. 형사법은 어느 법 체계이든지 범죄의 성립과 내용은 큰 차이가 없으나 처벌절차에 있어서 사인소추의 허용 여부와 재판관의 직권 심판절차인 규문주의 혹은 직권주의의 채택 여부에서 역사적인 차이가 있을 뿐이어서 법의 계통과 연결시키기 어렵다.

다만 친족상속에 관한 내용은 조선의 관습을 따르기로 하였다) 그후 해방이 되고 미군정법령 21호에서, 다시 제헌헌법 제100조에서 이 조선민사령을 그대로 사용하는 것으로 정하였다가, 1958년 민법을 제정하였다.(시행은 1960년 1월 1일) 따라서 이러한 민법의 역사에서 볼 때 우리나라의 법도 그 내용이 대륙법 체계에 속한다고 보는 것이다.

○ 일본 형법과 형사소송법(당시 치죄법治罪法)은 1880년 프랑스 형법전(1810년, 프랑스는 프랑스혁명 시기인 1791년 로마법의 형사절차를 기본으로 하고 영국의 형사제도를 모방하여 형사소송법을 작성했으나 그 이후 직권주의적 요소를 가미하여 새로 제정함)을 기초로 작성되었는데, 그 이후 독일 형법전을 참고하여 1907년 전면 개정되었다. 우리나라는 1912년 조선형사령(制令6호)으로 적용되어오다가 미군정법령 제21호와 제헌헌법 제100조를 통하여 그대로 사용되어 왔으며 1953년 형법을 제정 시행하였다.

○ 대륙법 체계의 특징은 다음과 같다

① 법의 기본적인 연원(法源)은 성문법전이다. (primary source of law is the law code)
② 판례법은 성문의 제정법(制定法)에 부차적인 것이다. (case law to be secondary and subordinate to statutory law)
③ 법 규정은 일반적 추상적 원리를 간결하게 표현하며, 엄격하고 논리적으로 적용된다.(law code formulates general principles with brief text and needs to be applied in a strict, logical way)

○ 그런데 대륙법 계통의 국가에서도 현대에 들어와서 판례의 중요성이 강조되고 있다. 그리고 국제거래에서 영미법 계통의 국가의 법리와 영문 협약 및 조약이 적용되고, 영문계약이 우선시 되고 있으며, 대륙법계 국가에서

도 영미법 원리를 적용하는 경향이 증가하면서 그 영향력이 줄어들고 있다. 이에 프랑스에서는 2007년 대륙법재단(Fondacion droit continental)을 만들어 대륙법 계통의 연구와 활동을 지원하고 있다.

(2) 영미법 common law system, anglo-american law

○ 영국의 앵글로색슨족의 고유 제도를 기초로 하여 1066년 노르만 정복 이후 중앙집권적인 봉건제도를 형성하기 위한 정책으로서 왕이 임명하는 순회판사(itinerant judge, King's judge) 제도를 만들었는데, 왕립재판소(royal court system)가 각 영지별로 적용되는 지역 관습법(local customs)의 적용을 배제하고 통일적인 법 적용을 위해 만들어 진 판례들을 보통법(law held in common between the circuits, common law)이라고 부르면서 생긴 법체계이다. ★

○ 영미법의 원칙은 다음과 같다.

① 판사가 판결에서 제시한 의견이 법으로서의 역할을 하며(judge-made law, case law), 선례 구속의 원칙(doctrine of stare desicis)이 적용되어 하나의 판결이 정립된 후에 동일 또는 유사한 사건에서 선례로써 판단을 구속하는 원리가 작용한다. (principle by which judges are bound to precedents, rule of law established for the first time by a court for a particular type of case and thereafter referred to in deciding similar cases)

② 다만 선례와 근본적으로 차이가 인정되는 경우는 선례에 구속되지 않고 새로운 판례를 만들게 된다. matter of first impression

---

★ 보통법(common law)의 개념은 3가지로 혼동되어 사용되고 있다. 첫째로 판례법(case law)의 의미로 사용되는데 이에 대비되는 것은 성문법, 제정법(statutory, promulgated law)이다. 둘째로 대륙법체계에 대비되는 것이다. 셋째로 형평법(equity)에 대비되는 것이다. 형평법재판은 국왕재판소(court of chancery)에서 임시처분명령(injunctive relief)이나 재산신탁(trust of property) 같은 사안에 특별히 허용되는 것이었다.

○ 미국에서는 선례에서 발견되는 법원칙을 모두 모아서 법전화하는 경향이 나타났는바 1923년부터 1944년 사이에 미국법조협회(American Law Institute)에서는 Restatement of law 시리즈를 발간하였으며(Restatements of Agency, Conflict of Laws, Contracts, Judgments, Property, Restitution, Security, Torts, and Trusts), 현재 이를 더 확대해 가고 있다.(Restatements on the Law of American Indians, Charitable Nonprofit Organizations, Children and the Law, Consumer Contracts, Copyright, U.S. Law of International Commercial Arbitration, and Liability Insurance.)

(3) 대륙법과 영미법의 융합 Convergence between civil law and common law

○ 유럽연합(EU)은 많은 성문법령을 제정하여 직접 적용하고 있는데, 이것은 대륙법 계통의 민사법 체계와는 다르며 한편 유럽연합 재판소에서는 이 법령을 적용하여 판결하고 있으나 판결의 의미는 판례법 위주의 영미법 계통과는 또 다르다. 그러나 대륙법 계통에서도 선례의 중요성과 하급심에의 구속력을 강조하고 있고, 영미법 계통에서도 많은 성문법령이 제정되고 있으며 법원은 이를 적용하고 있다. 그리고 법 체계는 다르지만, 상호 다른 법 체계의 판례와 법령을 적용하기도 한다. 이러한 점에서 대륙법과 영미법이 융합되고 있다고 볼 수 있을 것이다.

○ 한편 미국계 대기업들이 다국적기업으로 운영되고 있고, 이들은 분쟁해결 방법으로 미국법을 준거법으로 사용하고 분쟁해결도 미국과 영국의 중재 법정을 이용하면서 기업의 국제거래, 해상법, 특허법 등과 국제금융시장은 미국 뉴욕주법이 주로 이용되고 있다. 그리고 금융관련 새로운 기법들이 모두 영어와 미국법을 위주로 하여 운영이 되고 있어서 이 분야에서는 대륙법 분야가 확실히 퇴조하고 있다고 보고 있다. 이에 따라 특정한 법률 분야에서는 융합이라기보다 대륙법이 영미법에 포섭(merger)되었다고 할 수도 있다.

1.3. 자연법과 실정법 natural law and positive law

(1) 자연법 (自然法, natural law)

○ 언제 어디서나 유효한 보편적이고 불변적인 법칙이며, 시대와 사회를 초월하여 보편타당성을 갖는 영구불변의 초실정법을 말한다. 자연, 신의 계시, 인간의 이성(God, nature or reason)으로 판단되는 것이며 인간생활에 정의의 기준이 있어야 한다고 전제한다. 그래서 자연법은 실정법의 상위법으로서의 진실한 법이라고 한다. 따라서 자연법은 그에 부합하는 실정법의 구속력을 정당화하고 그에 위배되는 실정법을 깨뜨린다. The certain rights are inherent by virtue of human nature and can be understood universally through human reason. The unwritten body of universal moral principles that underlie the ethical and legal norms by which human conduct is sometimes evaluated and governed.

○ 전통적 자연법론은 자연법을 신이 정한 인간사회의 질서로서의 형이상학적 존재라고 보는데, 아리스토텔레스는 자연에 의한 정의, 법에 의한 정의를 구별하였고, 토마스 아퀴나스는 영구법, 자연법, 인정법, 신정법으로 구별하였다.

○ 근대 자연법론은 개인주의, 합리주의, 공리주의 사상을 근거로 하여 신학적 유대를 끊고 인간의 이성을 본질로 하고 인간의 이성으로 인식됨으로써 존재한다고 본다.

(2) 실정법 (實定法 positive law)

○ 사람이 만든 법으로 성문법, 관습법, 판례법 등이 이에 해당한다. human-made laws that oblige or specify an action.

○ 실정법 즉 경험적으로 확인 가능한 실정법규와 그 외 몇몇 보조적인 규범들이 함께 법을 이루며, 이 법과 관련된 자료를 분석하고 질서를 세우는 것이 법률가의 임무라고 보며 자연법의 효력에 대하여 회의적이고 부정적인 입장을 법실증주의(legal positivism)라고 한다. law actually and specifically enacted or adopted by proper authority, the government or an organized jural society. 실정법일원론에 철저하여 법을 형식적 논리적인 것으로 이해하는 입장이다. 19세기 서구의 경제적 시민사회의 등장으로 경제적 활동의 안정된 법적 기초와 시민사회에 대한 국가의 간섭을 법적으로 제한하고 법적 기준을 제시하는 입장에서 출발하였다. 법실증주의가 지나칠 경우 법률만능의 사상에 이를 수 있다. 이른바 악법도 법이다 (Dura lex, sed lex : The Law is harsh...but it is the Law)라는 법언이 성립될 수도 있게 된다.

○ 자연법론자들에 대해서는 다음과 같이 비판한다. : '있는 법(law as it is)'과 '있어야 할 법(law as it ought to be)' 의 문제는 분리되어야 한다. 법이 무엇인지를 규정하는 문제는 법이 마땅히 갖추어야 할 도덕적 내용과는 분리되어야 한다. 법은 공식적 규율로서 누구나 명확하게 식별할 수 있고 그 내용을 이해할 수 있어야 한다. 그럴 때만이 사람들이 자신과 타인의 행위를 예측할 수 있고 분쟁을 해결할 수 있어서 사회적 협동이 원활하게 되기 때문이다. 만일 내용을 알 수 없는 원리나 사회구성원들 사이에서 논쟁의 여지가 있는 원리를 법의 기준으로 삼는다면 위의 기능을 수행하지 못한다. 판사의 판결행위를 지도할 규율들도 역시 명확해야 하기 때문에 가능하면 객관적으로 인식 가능한 규범들을 재판규범으로 삼아야 한다. 그리고 일단 제정된 법은 권위가 있어야 한다. 즉 그 내용의 타당성을 항상 입증하지 않더라고 복종을 요구할 수 있어야 하는데, 그렇지 않으면 도무지 사회의 질서가 유지되지 않기 때문이다. ★

★ 법률 실무가는 현행법률에 구속되기 때문에 기본적으로 법실증주의자일 수밖에 없지만, 입법자가 만드는 법률체계는 매우 불완전하고 위헌적인 경우도 있다. 후자의 경우는 헌법재판을 통하여 시정될 수 있지만, 법률의 불완전성은 법관의 흠결보충을 통한 법창조를 요구한다. 그 방법은 법관의 주관적 법정책이 아니라 법체계의 근저에 있는 법이념에 따라 그 시대의 법현실을 고려하고 역사적, 비교법적 고찰을 통한 판례법으로 이루어져야 한다.

(3) 우리나라에서 자연법이 주장된 판례와 사례는 다음과 같다.

♣ 저항권 논의 — 박정희 전 대통령 살해 사건에서 피고인들이 자연법적으로 인정되는 저항권의 행사로서 위법성이 조각되거나 정당행위라고 주장하였으나, 법원은 자연법 상의 저항권을 재판규범으로 허용할 수 없다고 하였다.

♣ **대법원 1980.05.20. 선고 80도306 전원합의체판결 [(가)내란목적살인,(나)내란수괴미수, (다)내란중요임무종사미수,(라)증거은닉,(마)살인(변경된죄명)]**
 【피고인, 상고인】 1.(가.나.) 김재규 전중앙정보부장 2.(가.다.마.) 김계원 전대통령 비서실장 3.(가.다.) 박선호 전중앙정보부비서실의전과장 4.(가.다.) 이기주 전중앙정보부비서실경비원 5.(가.다.) 유성옥 전중앙정보부비서실운전사 6.(가.다.) 김태원 전중앙정보부비서실경비원 7.(라.) 유석술 전중앙정보부비서실경비원
 【원 판 결】 육군계엄고등군법회의 1980.1.28. 선고 79고군형항제550 판결

 【판결요지】 (일부발췌)
 (다수의견) 현대 입헌 자유민주주의 국가의 헌법이론상 자연법에서 우러나온 자연권으로서의 소위 저항권이 헌법 기타 실정법에 규정되어 있는 없든 간에 엄존하는 권리로 인정되어야 한다는 논지가 시인된다 하더라도 <u>그 저항권이 실정법에 근거를 두지 못하고 오직 자연법에만 근거하고 있는 한 법관은 이를 재판규범으로 원용할 수 없다</u>고 할 것인바, 헌법 및 법률에 저항권에 관하여 아무런 규정없는 우리나라의 현 단계에서는 저항권이론을 재판의 근거규범으로 채용, 적용할 수 없다.
 (소수의견) : 형식적으로 보면 합법적으로 성립된 실정법이지만 실질적으로는 국민의 인권을 유린하고 민주적 기본질서를 문란케 하는 내용의, 실정법상의 의무이행이나 이에 대한 복종을 거부하는 등을 내용으로 하는 <u>저항권은 헌법에 명문화되어 있지 않았더라도 일종의 자연법상의 권리로서 이를 인정하는 것이 타당하다 할 것이고 이러한 저항권이 인정된다면 재판규범으로서의 기능을 배제할 근거가 없다고 할 것이다.</u>

 【판결이유】 (일부발췌)
 제7. 위법성조각사유
 1. 정당행위
 (1) 「저항권」이론
 상고이유중의 많은 학자들에 의하여 자연법적으로 논의되어 오다가 이제 그 실정적인 근거까지 찾아볼 수 있는 등 현대헌법이론이 일반적으로 인정하고 있는 「저항권」은 헌법에 규정되어 있고 없음을 가림이 없이 당연한 권리로 인정되어야 하고, 자유민주주의의 헌법질서 유지와 기본적인권의 수호를 위하여 수동적 저항이든 능동적 저항이

예컨대 민법에 단 한 개의 조문만 있는 상속회복청구와 같은 법제도는 판례법을 통한 법관의 흠결보충을 요구하지만, 법률규정이 없다고 반대해석에만 머문다면 '교조적 법실증주의'라고 비난해도 할 말이 없다. (김대휘, 법률신문 2014.3.6.)

든 폭력적 저항이든 비폭력적 저항이든 가리지 않고 다른 권리구제방법이 없을 때 최종적으로 적용되는 권리인바, 이 사건에 있어서 유신체제는 그 성립과 운영에 있어서 반민주적법질서와 반인권적체제이어서 이를 회복함에 있어서는 제도적으로나 실제에 있어서 다른 합법적 구제절차가 불가능하였으므로 피고인 김재규, 박선호의 이 사건 범행을 위「저항권」을 행사한 경우에 해당함에도 불구하고 원심이 그 적용을 배척하였음은 저항권과 형법 제20조가 정한 정당행위에 관한 법리를 오해한 위법이 있고, 그리고 이점에 관한 대법원 1975.4.8. 선고 74도3323 판결은 변경되어야 한다는 주장에 대하여 판단한다.

살피건대 당원은 일찍이 "소위 저항권의 주장은 실존하는 실정법질서를 무시한 초실정법적인 자연법질서 내에서의 권리주장이며 이러한 전제하에서의 권리로써 실존 적법질서를 무시한 행위를 정당화하려는 것으로 해석되는바 실존하는 헌법적 질서를 전제로 한 실정법의 범위 내에서 국가의 법질서유지를 그 사명으로 하는 사법기능을 담당하는 재판권행사에 대하여는 실존하는 헌법적 질서를 무시하고 초법규적인 권리 개념으로써 현행실정법에 위배된 행위의 정당화를 주장하는 것은 받아들일 수 없다"는 취지로 판시한바 있다.

한편 생각하건대 현대 입헌 자유민주주의국가의 헌법이론상 자연법에서 우러나온 자연권으로서의 소위 저항권이 헌법 기타 실정법에 규정되어 있든 없든 간에 엄존하는 권리로 인정되어야 한다는 논지가 시인된다 하더라도 그 저항권이 실정법에 근거를 두지 못하고 오직 자연법에만 근거하고 있는 한 법관은 이를 재판규범으로 원용할 수 없다. 더구나 오늘날 저항권의 존재를 긍인하는 학자 사이에도 그 구체적 개념의 의무내용이나 그 성립요건에 관해서는 그 견해가 구구하여 일치된다 할 수 없어 결국 막연하고 추상적인 개념이란 말을 면할 수 없고, 이미 헌법에 저항권의 존재를 선언한 몇 개의 입법례도 그 구체적 요건은 서로 다르다 할 것이니 헌법 및 법률에 저항권에 관하여 아무런 규정도 없는(소론 헌법 전문 중 "4.19의거운운"은 저항권 규정으로 볼 수 없다)

우리나라의 현 단계에서는 더욱이 이 저항권이론을 재판의 준거규범으로 채용·적용하기를 주저 아니할 수 없다. 따라서 위 당원의 판례를 변경할 필요를 느끼지 아니한다 할 것이어서 원심에 이점에 관한 법리오해 있다는 논지는 받아들일 수 없다.

제11. 소수의견 (일부발췌)
3. 대법원판사 임항준의 의견
(2) 저항권문제
다수의견은 이 문제에 관하여 실정법에 위배된 행위에 대하여 초법규적인 권리 개념인 저항권을 내세워 이를 정당화하려는 주장은 받아들일 수 없다는 당원의 1975. 4.8. 선고 74도3323의 판례를 그대로 유지한다고 설시하고 있는 바, 위 당원의 판례가 우리나라에 있어서 저항권자체의 존재를 부정하는 것인지 저항권을 재판규범으로는 적용할 수 없다는 취지인지 분명하지 아니하나 이 사건에 있어서 피고인 김재규 등의 행위는 그 범행내용으로 보아 이를 저항권의 행사라고는 볼 수 없다할 것이므로 이 사건과 관련하여 저항권 문제를 논할 필요는 없다하겠으나 일반적인 문제로 우리나라에서 저항권의 존재를 부정하거나 이를 재판규범으로 적용할 수 없다는 판단에서 이를 그대로 수긍하기 어려운 다음과 같은 의문점이 있음을 지적해 두고저 한다.

우리나라에 있어서의 정치의 기본질서인 인간존엄을 중심가치로 하는 민주주의 질서에 대하여 중대한 침해가 국가기관에 의하여 행하여 져서 민주적 헌법의 존재 자체가 객관적으로 보아 부정되어 가고 있다고 국민 대다수에 의하여 판단되는 경우에 그 당시의 실정법 상의 수단으로는 이를 광정할 수 있는 방법이 없는 경우에는 국민으로서 이를 수수방관하거나 이를 조장 할 수는 없다 할 것이므로 이러한 경우에는 인권과 민주적 헌법의 기본 질서의 옹호를 위하여 최후의 수단으로서 형식적으로 보면 합법적으로 성립된 실정법이지만 실질적으로는 국민의 인권을 유린하고 민주적 기본 질서를 문란케 하는 내용의 실정법상의 의무 이행이나 이에 대한 복종을 거부하는 등을 내용으로 하는 저항권은 헌법에 명문화 되어 있지 않았더라도 일종의 자연법상의 권리로서 이를 인정하는 것이 타당하다 할 것이고 이러한 저항권이 인정된다면 재판규범으로서의 기능을 배제할 근거가 없다고 할 것이다.

위와 같은 저항권의 존재를 부정할 수 없는 근거로는 4.19 의거의 이념을 계승하여 ..... 새로운 민주공화국을 건설한다고 선언하여 4.19 사태가 당시의 실정법에 비추어 보면 완전한 범법행위로 위법행위임에도 불구하고 이를 우리나라의 기본법인 헌법의 전문에서 의거라고 규정짓고 그 의거의 정신을 계승한다고 선언하고 있어 위 헌법 전문을 법률적으로 평가하면 우리나라 헌법은 4.19의 거사를 파괴 되어가는 민주질서를 유지 또는 옹호하려는 국민의 저항권 행사로 보았다고 해석할 수밖에 없는데 우리나라 헌법이 인정한 것으로 보여지는 저항권을 사법적 판단에서는 이를 부정할 수가 없을는지 의문이고 또 저항권이 인정되는 이상 재판규범으로는 적용될 수 없다고 판단하여 그 실효성을 상실시킬 합리적 이유가 있다고 볼수도 없다. 다수의견은 저항권이 실정법에 근거를 두지 못하고 있어서 이를 재판규범으로 적용할 수 없다는 취지로 실시하고 있으나 자연법상의 권리는 일률적으로 재판규범으로 기능될 수 없다는 법리도 있을수 없거니와 위에 적시한 우리나라 헌법의 전문은 저항권의 실정법상의 근거로 볼 수도 있다고 할 것이다.

♣ 종교의 자유, 양심의 자유, 학문 예술의 자유 등 인간의 정신생활에 관한 기본권은 인간의 내적 정신적 면을 규제할 수 없으므로 그 성질상 어떠한 법률에 의하여서라도 이를 제한할 수 없고 자연법 상의 권리이어서 국가보안법이 적용될 수 없다는 주장에 대하여 법원은 인정하지 않았다.

♣ **대법원 1982.07.13. 선고 82도1219 판결[국가보안법위반·반공법위반]**
그러나, 자연법 이론에서 인간의 천부적 자유를 선언하여 이를 국가권력으로부터 보호하고 한편으로는 인간의 인간다운 생활을 할 수 있는 권리를 선언하여 이를 국가권력으로서 보호하려는 기본권에 관한 헌법규정은 자유권적 기본권의 어느 정도의 희생아래 이루어지는 것으로서 바로 우리 헌법 제35조 제2항이 국민의 모든 자유와 권리는 국가안전보장질서유지 또는 공공복리를 위하여 필요한 경우에 한하여 법률로써 제한할 수 있으며 제한하는 경우에도 자유와 권리의 본질적인 내용을 침해할 수 없다고 규정하고 있는 바이며, 뿐만 아니라 종교의 자유, 양심의 자유, 학문 예술의 자유 등 인간의 정신생활에 관한 기본권은 인간의 내적 정신적 면을 규제할 수 없으므로 그 성질상 어떠한 법률에 의하여서라도 이를 제한할 수 없다고 할 것이나 이미 정신적, 내적 영역을 떠나 외부적으로 나타나는 종교적 행위, 종교적 집회의 결사 또는 학문예술활동 학술 및 예술적 집회와 결사 등에 이르러서는 이는 이미 인간의 내적 정신적 문제가 아니라 대외적인 것이며 또는 다수에 의한 것이어서 종교나 학문 또는 예술을 내세워 자유권을 보장하는 바로 그 헌정질서를 파괴하여 국가의 안정과 사회질서를 위태롭게 할 수 없음은 당연한 일이므로 비록 이들 자유권을 제한하는 유보규정이 없다고 하더라도 이들 자유를 표방하여 국가의 안전보장 및 공공의 질서와 선량한 풍속 또는 공공의 복리를 위한 그 어떠한 법에 반하는 행위도 국민의 기본권이론에 의하여 정당화 될 수는 없는 것이다. 그렇다면, 뒤에 판시하는 바와 같이 피고인의 원심판시 소위가 국가변란을 기도하고 반국가단체의 이익이 된다는 정을 알면서 또는 결과적으로 반국가 단체를 이롭게 한 행위라면 국가의 안전을 위태롭게 하는 반국가 활동을 규제하여 국가의 안전과 국민의 생존 및 자유를 보장하기 위하여 제정된 국가보안법 등에 위반하는 것으로 피고인의 원심판시 소위가 헌법이 보장하는 신앙과 양심 그리고 학문의 자유에 관한 것이라고 하여 국가보안법의 적용을 배제할 수 없는 것이므로 원심이 유지한 제1심 판결이 원심판시 소위에 대하여 국가보안법을 적용하였음은 정당하고 이에 헌법위반의 아무 잘못도 없으므로 상고논지는 그 이유가 없다.

♣ 국가가 강압적으로 개인 회사의 주식을 수용한 것에 대하여 국가에게 손실보상을 청구할 자연법상의 권리가 있다는 주장에 대하여 하급심과 달리 대법원은 인정하지 않았다.

♣ 대법원 1993.10.26. 선고 93다6409 판결[주주확인등]
【원고, 상고인겸 피상고인】 고려화재해상보험 주식회사
【피고, 피상고인겸 상고인】 대한민국
【피고, 피상고인】 방송문화진흥회
【원심판결】 서울고등법원 1992.12.24. 선고 92나20073 판결

【판결이유】
(일부 발췌)
1. 원심은 원고의 예비적 청구에 대하여, 피고 대한민국의 이 사건 주식수용은 개인의 명백히 자유로운 동의는 없이 이루어진 것이고, 나아가 법률의 근거 없이 이루어진 것으로서 개인의 재산권에 대한 위법한 침해이고 이는 결국 법률의 근거 없이 개인의 재산을 수용함으로써 발생한 이른바 수용유사적(收用類似的) 침해이므로, 이로 인하여 특별한 희생 즉 손실을 당한 원고는 자연법의 원리나 구 헌법 제22조 제3항의 효력으로서 국가에게 그 손실의 보상을 청구할 권리가 있다고 판단하여, 그 보

상을 구하는 원고의 피고 대한민국에 대한 예비적 청구를 인용하였다.

2. 그러나 원심이 들고 있는 위와 같은 수용유사적 침해의 이론은 국가 기타 공권력의 주체가 위법하게 공권력을 행사하여 국민의 재산권을 침해하였고 그 효과가 실제에 있어서 수용과 다름없을 때에는 적법한 수용이 있는 것과 마찬가지로 국민이 그로 인한 손실의 보상을 청구할 수 있다는 내용으로 이해되는데, 과연 우리 법제하에서 그와 같은 이론을 채택할 수 있는 것인가는 별론으로 하더라도 위에서 본 바에 의하여 이 사건에서 피고 대한민국의 이 사건 주식취득이 그러한 공권력의 행사에 의한 수용유사적 침해에 해당한다고 볼 수는 없다.

국가가 이 사건 주식을 취득한 것이 원심판시와 같이 공공의 필요에 의한 것이라고 본다 하여도 그 수단이 사법상의 증여계약에 의한 것인 경우에는 비록 공무원이 그 증여계약 체결 과정에서 위법하게 강박을 행사하였다 하더라도 그것만으로 이 사건 주식의 취득 자체를 공권력의 행사에 의한 것이라고는 볼 수 없고, 그 증여계약의 효력은 민법의 법리에 의하여 판단되어야 할 것임은 위에서 본 바와 같을 뿐만 아니라, 원래 원고로서는 위 증여계약이 강박에 의한 것임을 이유로 취소를 주장하여 구제를 받을 수 있는 것인데 이러한 수단을 취하지 않은 채 그에 대한 손실보상을 청구하는 것은 허용되지 않는다고 보아야 할 것이다.

3. 따라서 원심이 피고 대한민국의 이 사건 주식취득이 수용유사적 침해에 해당한다 하여 그에 대한 보상을 지급할 것을 명한 것은 손실보상의 법리를 오해한 위법이 있다 할 것이고, 논지는 이 점을 지적하는 범위 안에서 이유 있다.

♣ 서울시민이 한강으로부터 물을 사용하는 것은 자연법 상의 권리로서 댐 건설 이후 취수의 혜택을 받았다 하더라도 용수료를 지급할 수 없다는 주장에 대하여 법원은 이를 인정하지 않았다.

♣ **대전지방법원 2006.10.26. 선고 2005가합7287 판결 [용수료]**
대전고등법원 2009.2.12. 선고 2006나12112 판결[용수료] : 항소 인용 - 원고 패소
대법원 2011.1.13. 선고 2009다21058 판결[용수료]
대전고등법원 2011.9.1. 선고 2011나939 판결[용수료] : 일부 인용

【원고, 상고인】 한국수자원공사
【피고, 피상고인】 서울특별시

나. 피고의 주장 내용(일부 발췌)
③ 서울 시민들은 서울 중심을 관통하는 한강 유역의 유수로부터 최소한의 '기준갈수량' 이상을 식수 등으로 사용하기 위하여 취수할 자연법상의 권리를 가지는 것인데, 피고는 서울 시민들의 위와 같은 자연권을 대신 행사하여 한강 유역에 각 취수장을 설치하고 그 유수를 취수하여 음용수 등을 공급할 공법상 의무를 부담하는 것이므

로, 피고가 댐법의 적용대상인 충주댐 건설 이전부터 한강 유역에서 취수하여 서울 시민들에게 음용수 등으로 공급하였던 이상 원고에 대하여 용수료 지급의무를 부담하지 아니한다.

　(2) 판　단

　① 우리나라의 기후 조건 및 강우의 특성 등에 기하여 계절별 및 지역별로 편중하여 강우가 이루어짐에 따라 하천 유수 등을 자연 상태로 방치할 경우 홍수 등으로 수재가 발생하거나 또는 가뭄으로 생활용수 및 공업용수 등의 부족이 심화될 위험이 상존하고 있어 안정적인 물 공급이 매우 중요하다 할 것인데, <u>원고 등이 충주댐 등의 다목적댐을 건설·관리하면서 댐에 저수된 수량의 배출량을 조절하여 한강 유역 등에 일정한 물량의 유수를 공급하고, 이에 기하여 피고가 단순히 자연적인 강수로 인한 기존의 유수 물량뿐만 아니라 위와 같이 댐 건설·관리 등으로 인하여 추가로 공급되는 유수 물량까지도 취수함으로써 서울 시민들에게 안정적으로 음용수 등을 공급할 수 있게 된 것이므로,</u> 기존 유수 물량에 근거한 기득수리권 물량을 초과하여 취수하는 부분에 관하여는 피고가 용수료를 지급할 의무를 부담하는 것이 댐법 등이 상정하고 있는 수익자 부담의 원칙에 부합한다고 보이는 점(또한, 기득수리권 물량을 초과하여 취수하는 부분에 관하여는 피고가 주장하는 최소한의 '기준 갈수량'이라는 <u>자연법상의 권리가 인정될 여지가 없다</u>고 할 것이다.),

　④ 대규모 치수사업이 요구되지 아니하는 소규모 하천에 대하여 관개용수리권 등의 관습상 사용권이 인정될 수 있는지는 별론으로 하더라도 이 사건 각 용수계약과 같이 한강이라는 대규모 하천의 유수를 취수하기 위하여는 공물의 특허사용에 해당하는 하천점용허가를 받거나 용수계약 등을 체결하여 특별히 공물사용권을 설정받는 것이 요구된다는 사정 및 다목적댐을 건설·관리함으로써 계절별 및 지역별로 균일하지 못한 강우량에 따라 편중된 물 자원을 연중 일정하게 공급하여 서울과 같은 대도시 주민들의 물 수요를 충족시킬 수 있으므로 그로 인한 각종 비용 또한 수익자에게 부담시키는 것이 불가피한 사정 등은 앞서 본 바와 같고, 이와 달리 종래 자연적으로 형성된 하천 유수를 별다른 시설 없이 취수하던 것을 전제로 하여 <u>자연권으로서의 취수권</u>을 주장하는 것은 위와 같은 물 자원의 합리적 이용과 대규모 치수사업의 필요성 및 그로 인한 비용 분담의 일반 원칙에 반하는 것으로 보이는 점 등을 참작하여 보면, 댐법 제35조 규정 등은 종래 하천점용허가를 받아 취수하던 자가 기득수리권 물량에 대하여는 무상으로 취수할 수 있되, 이를 초과하여 취수하는 수량에 대하여는 댐건설 비용 및 그에 관한 운영·관리에 소요되는 제반 비용 등의 범위 안에서 초과 취수량 등의 여러 사항을 참작하여 용수료를 지급받을 수 있도록 규정한 것이라고 봄이 상당하다 할 것이므로, 이와 다른 전제에 선 피고의 이 부분 주장도 이유 없다.

　♣ 신체의 자유는 자연권으로서 성격을 가지는 인간으로서의 권리이어서 대한민국 영토 내에 있는 외국인 역시 '국민'으로 주체성이 명시된 신체의 자유의 주체가 되므로 인신보호법 상의 국민 규정에도 불구하고 구제청구권자에 해당된다고 법원이 인정하였다.

♣ 인천지방법원 2014.04.30. 자 2014인라4 결정 [인신보호]
대법원 2014.8.25. 자 2014인마5 재항고기각

【청구인 겸 피수용자, 항고인】 청구인 겸 피수용자
【변 호 인】 변호사 OOO
【수용자, 상대방】 인천공항출입국관리사무소 외 1인
【원심결정】 인천지법 2014. 2. 20.자 2013인39 결정
【주 문】
원심결정을 취소한다.
수용자들은 피수용자에 대한 수용을 즉시 해제할 것을 명한다.
재판총비용은 수용자들이 부담한다.

【이 유】
1. 항고이유의 요지
 청구인 겸 피수용자인 항고인('청구인')은 인신보호법에 따른 구제청구권자에 해당
하고, 수용자들에 의해 관리·운영되는 인천공항 내 송환대기실에 위법하게 수용되어
있는바, 인신보호법에 따라 청구인에 대한 수용이 해제되어야 한다. 그럼에도 청구인
의 이 사건 청구를 각하한 원심결정은 부당하므로 취소되어야 하고, 이 사건 청구가
인용되어야 한다.
 3. 판단 (일부발췌)
 (1) 인신보호법상 구제청구의 대상이 되는 위법한 수용에 의하여 침해되는 헌법상
기본권인 신체의 자유와 관련하여 헌법 제12조 제1항은 모든 '국민'은 신체의 자유를
가진다고 규정하고 있기는 하나, 이러한 신체의 자유는 자연권으로서 성격을 가지는
인간으로서의 권리라고 할 것이므로, 따라서 대한민국 영토 내에 있는 외국인 역시
'국민'으로 주체성이 명시된 신체의 자유의 주체가 된다고 봄이 타당하다 {헌법재판
소 역시 인간의 존엄과 가치, 행복추구권은 대체로 '인간의 권리'로서 외국인도 주체
가 될 수 있다고 보아야 하고, 평등권도 인간의 권리로서 참정권 등에 대한 성질상의
제한 및 상호주의에 따른 제한이 있을 수 있을 뿐이라고 하였고(헌법재판소 2001.11.
29. 선고 99헌마494 전원재판부 결정 [재외동포의 출입국과 법적 지위에 관한 법률
제2조 제2호 위헌확인]), 근로의 권리 역시 자본주의 경제질서하에서 근로자가 기본
적 생활수단을 확보하고 인간의 존엄성을 보장받기 위하여 최소한의 근로조건을 요구
할 수 있는 권리는 자유권적 기본권의 성격도 아울러 가지므로 이러한 경우 외국인
근로자에게도 그 기본권 주체성을 인정함이 타당하다고 판시하였는바(헌법재판소
2007.8.30. 선고 2004헌마670 전원재판부 결정 [산업기술연수생 도입기준완화 결정
등 위헌확인]), 외국인의 기본권 주체성은 해당 기본권의 성격에 따라 다르게 보고 있
음을 알 수 있다}. 결국 인신보호법 제1조가 명시한 '국민'을 해석함에 있어서도 신체
의 자유에 대한 위 헌법 규정에 대한 해석론 및 위 기본권의 성격 및 주체에 대한 이
론과 달리 한정적인 의미에서 외국인이 배제된 대한민국 국적을 보유한 '국민'으로
좁게 해석할 이유가 없고, 오히려 그러한 해석은 헌법에 반한다.

1.4. 법의 연원(淵源) 法源, sources of law

법규범의 원천인 법의 존재형식을 의미하며, 실질적 의미로는 법이 성립하는 기초인 법의 타당성 근거를, 형식적 의미로는 법이 실제로 어떤 형식과 종류로 나타나는지를 뜻한다. 법원은 그 표현형식에 따라 헌법·법률·명령·자치법규·조약 등의 성문법과 관습법·판례법·조리 등의 불문법으로 나뉜다.

(1) 성문법(成文法, geschriebenes Recht)

○ 문자로 표현되고 문서의 형식을 갖춘 법으로서 입법기관에서 일정한 절차를 거쳐 제정되는 법(제정법, 制定法)이나 행정청이 만드는 하위규정을 말한다. 형식적으로 보면 헌법, 법률, 명령(행정입법 : 법률대위명령 헌§76, 법률종속명령 헌§75, 법규명령), 규칙, 조례 등이 있다.

○ 성문법의 장점은 법의 내용을 구체화하는데 적합하고, 제도 개혁에 편리하며, 법의 존재와 그 내용이 명백하여 법생활의 안정성이 확보된다는 것이다. 그러나 한편 성문화되는 과정에서 일정한 시간이 소요되어 유동하는 사회실정에 즉시 즉응하는 것이 곤란하고, 입법자의 자의와 정당의 타협에 의해서 내용이 왜곡될 수 있으며, 입법이 복잡해지고 기술적으로 어려워지면서 체계적으로 이해하기 어려워지고 있다는 단점이 있다.

(2) 불문법 (不文法, ungeschriebenes Recht)

○ 공식적인 입법절차에 의해 제정되거나 공포되지 않은 법규범 일체를 말하며, 관습법, 판례법, 조리(條理 Natur der Sache) 등이 있다.

○ 불문법은 법적 질서가 불안정해질 우려가 있고, 그 존재여부의 확인에서의 법적 발견이 어려우며, 관습법으로 성립되는데 상당한 시간의 경과가 필요하고, 통일적 정비가 곤란하다는 단점이 있다. 불문법주의에 입각한 영미

법체계에서도 관습법, 판례법으로 규율할 수 없는 사회현상이 급증함에 따라 성문법이 점차 많아지고 있다.

○ 한편 국제사법재판소에서는 국제 관습, 법의 일반원칙, 판례, 유력한 학설도 법원(法源)으로 인정하고 있다.

※ **국제사법재판소법 제38조**
STATUTE OF THE INTERNATIONAL COURT OF JUSTICE

Article 38
1. The Court, whose function is to decide in accordance with international law such disputes as are submitted to it, shall apply:
  a. international conventions, whether general or particular, establishing rules expressly recognized by the contesting states;
  b. international custom, as evidence of a general practice accepted as law;
  c. the general principles of law recognized by civilized nations;
  d. subject to the provisions of Article 59, judicial decisions and the teachings of the most highly qualified publicists of the various nations, as subsidiary means for the determination of rules of law.
2. This provision shall not prejudice the power of the Court to decide a case ex aequo et bono, if the parties agree thereto.

○ 관습법

민법 §1 법원(法源) -- 민사와 관하여 법률에 규정이 없으면 관습법에 의하고 관습법이 없으면 조리에 의한다

---

o 사회의 거듭된 관행으로 생성된 사회생활규범이 사회의 법적확신과 인식에 의하여 법적 규범으로 승인되어 강행되기에 이른 것이다. 관습법의 성립 시기에 관해서는 법적 확신설(관행 및 사회구성원의 법적 확신이 있을 때에 관습법으로 성립되나 법원 판결에 의해서 비로소 그 존재가 확인되지만, 그

효력은 관습이 법적 확신을 획득한때로 소급한다)과 국가승인설(관행 및 사회구성원의 법적 확신이 있은 후 법원이 판결로 관습법을 인정하는 때에 비로소 관습법으로 성립한다)로 견해가 나누어지고 있다.

o 관습법이 기존 법률과 배치되는 경우의 관습법의 효력에 관해서는 보충적 효력설(관습법은 법률에 규정이 없는 사항에 한해서만 보충적으로 적용된다)과 변경적 효력설(기존법률과 배치되는 관습법이 성립하면 신법우선의 원칙에 따라 관습법이 우선하여 적용된다)로 견해가 나누어 진다.

o 민법상 관습법으로 인정되는 것으로는 명인방법, 관습법상의 법정지상권, 분묘기지권, 동산의 양도담보, 명의신탁, 종중, 사실혼 등이 있다.

o 기존의 관습법도 새로운 관습법으로 변경될 수 있는데, 종중에서의 성년 여자의 종원의 지위, 상속회복청구권의 소멸시효 등에서 판례가 그 변경을 인정하고 있다.

♣ 헌법에서도 관습헌법이 성립될 수 있다고 헌법재판소가 결정하였다.

♣ 헌법재판소 2004. 10. 21. 2004헌마554·566(병합) 전원재판부 ― 신행정수도의건설을위한특별조치법위헌확인

【심판대상법률】
신행정수도의건설을위한특별조치법(제정 2004. 1. 16. 법률 제7062호로 제정된 것)

【당 사 자】
청구인 1.최○철 외 168인 (청구인 명단은 별지 1과 같음, 2004헌마554)
2. 정○명 (2004헌마566)
보조참가인 임○수 외 229인 (보조참가인 명단은 별지 2와 같음)

【주 문】
신행정수도건설을위한특별조치법(2004. 1. 16. 법률 제7062호)은 헌법에 위반된다.

【이　유】
가. 사건의 개요

(1) 2002. 9. 30. 새천년민주당의 대통령후보 노무현은 선거공약으로 '수도권 집중억제와 낙후된 지역경제를 해결하기 위해 청와대와 정부부처를 충청권으로 옮기겠다'는 행정수도 이전계획을 발표하였다. 2002. 12. 19. 실시된 제16대 대통령선거에서 노무현 후보가 당선되었고, 2003. 4. 신행정수도건설추진기획단등의구성및운영에관한규정(2003. 4. 17. 대통령령 제17967호)이 제정되고 이에 근거하여 청와대 산하에 신행정수도건설추진기획단이, 건설교통부 산하에 신행정수도건설추진지원단이 각 발족되어, 이들이 신행정수도 건설에 관한 정책입안, 후보지역 조사 등의 업무를 수행하였다.

(2) 2003. 10. 정부는 신행정수도의건설을위한특별조치법안을 제안하였고, 2003. 12. 29. 국회 본회의는 이 법안을 투표의원 194인 중 찬성 167인으로 통과시켰으며 (반대 13인, 기권 14인), 2004. 1. 16. 신행정수도의건설을위한특별조치법은 법률 제7062호로 공포되었고 부칙 규정에 따라 그로부터 3월 후부터 시행되었다. 위 법은 수도권 집중의 부작용을 시정하고 국가의 균형발전과 국가경쟁력 강화를 목적으로 행정수도를 충청권 지역으로 이전할 것을 규정하면서, 국무총리와 일반인을 공동위원장으로 하는 신행정수도건설추진위원회를 대통령 소속으로 설치하고, 건설교통부장관이 관리·운용하는 특별회계를 신설하며, 난개발과 부동산투기 등을 방지하기 위한 규정 등으로 구성되어 있다.

(3) 위 법 시행 후 2004. 5. 21. 신행정수도건설추진위원회가 발족되었으며, 2004. 7. 21. 위 위원회는 제5차 회의에서 주요 국가기관 중 중앙행정기관 18부 4처 3청(73개 기관)을 신행정수도로 이전하고, 국회 등 헌법기관은 자체적인 이전 요청이 있을 때 국회의 동의를 구하기로 심의·의결하였다. 한편 2004. 8. 11. 위 위원회는 제6차 회의에서 『연기-공주 지역』(충청남도 연기군 남면, 금남면, 동면, 공주시 장기면 일원 약 2,160만평)을 신행정수도 입지로 확정하였다.

(4)청구인들은 서울특별시 소속 공무원, 서울특별시 의회의 의원, 서울특별시에 주소를 둔 시민 혹은 그 밖의 전국 각지에 거주하는 국민들로서, 위 법률이 헌법개정 등의 절차를 거치지 않은 수도이전을 추진하는 것이므로 법률 전부가 헌법에 위반되며 이로 인하여 청구인들의 국민투표권, 납세자의 권리, 청문권, 평등권, 거주이전의 자유, 직업선택의 자유, 공무담임권, 재산권 및 행복추구권을 각 침해받았다는 이유로 같은 해 7. 12.(2004헌마554) 및 같은 달 15.(2004헌마566) 위 법률을 대상으로 그 위헌의 확인을 구하는 헌법소원 심판을 각 청구하였다.

【결정요지】

2. 이 사건 법률은 신행정수도를 "국가 정치·행정의 중추기능을 가지는 수도로 새로 건설되는 지역으로서 …… 법률로 정하여지는 지역"이라고 하고(제2조 제1호), 신행정수도의 예정지역을 "주요 헌법기관과 중앙행정기관 등의 이전을 위하여 …… 지정·고시하는 지역"이라고 규정하여(같은 조 제2호), 결국 신행정수도는 주요 헌법기관과 중앙 행정기관들이 소재하여 국가의 정치·행정의 중추기능을 가지는 수도가 되

어야 함을 명확히 하고 있다. 따라서 이 사건 법률은 비록 이전되는 주요 국가기관의 범위를 개별적으로 확정하고 있지는 아니하지만, 그 이전의 범위는 신행정수도가 국가의 정치·행정의 중추기능을 담당하기에 충분한 정도가 되어야 함을 요구하고 있다. 그렇다면 이 사건 법률은 국가의 정치·행정의 중추적 기능을 수행하는 국가기관의 소재지로서 헌법상의 수도개념에 포함되는 국가의 수도를 이전하는 내용을 가지는 것이며, 이 사건 법률에 의한 신행정수도의 이전은 곧 우리나라의 수도의 이전을 의미한다.

3. 우리나라는 성문헌법을 가진 나라로서 기본적으로 우리 헌법전(憲法典)이 헌법의 법원(法源)이 된다. 그러나 성문헌법이라고 하여도 그 속에 모든 헌법사항을 빠짐없이 완전히 규율하는 것은 불가능하고 또한 헌법은 국가의 기본법으로서 간결성과 함축성을 추구하기 때문에 형식적 헌법전에는 기재되지 아니한 사항이라도 이를 불문헌법(不文憲法) 내지 관습헌법으로 인정할 소지가 있다. 특히 헌법제정 당시 자명(自明)하거나 전제(前提)된 사항 및 보편적 헌법원리와 같은 것은 반드시 명문의 규정을 두지 아니하는 경우도 있다. 그렇다고 해서 헌법사항에 관하여 형성되는 관행 내지 관례가 전부 관습헌법이 되는 것은 아니고 강제력이 있는 헌법규범으로서 인정되려면 엄격한 요건들이 충족되어야만 하며, 이러한 요건이 충족된 관습만이 관습헌법으로서 성문의 헌법과 동일한 법적 효력을 가진다.

4. 헌법 제1조 제2항은 '대한민국의 주권은 국민에게 있고, 모든 권력은 국민으로부터 나온다.'고 규정한다. 이와 같이 국민이 대한민국의 주권자이며, 국민은 최고의 헌법제정권력이기 때문에 성문헌법의 제·개정에 참여할 뿐만 아니라 헌법전에 포함되지 아니한 헌법사항을 필요에 따라 관습의 형태로 직접 형성할 수 있다. 그렇다면 관습헌법도 성문헌법과 마찬가지로 주권자인 국민의 헌법적 결단의 의사의 표현이며 성문헌법과 동등한 효력을 가진다고 보아야 한다. 국민주권주의는 성문이든 관습이든 실정법 전체의 정립에의 국민의 참여를 요구한다고 할 것이며, 국민에 의하여 정립된 관습헌법은 입법권자를 구속하며 헌법으로서의 효력을 가진다.

5. 관습헌법이 성립하기 위하여서는 관습이 성립하는 사항이 단지 법률로 정할 사항이 아니라 반드시 헌법에 의하여 규율되어 법률에 대하여 효력상 우위를 가져야 할 만큼 헌법적으로 중요한 기본적 사항이 되어야 한다. 일반적으로 실질적인 헌법사항이라고 함은 널리 국가의 조직에 관한 사항이나 국가기관의 권한 구성에 관한 사항 혹은 개인의 국가권력에 대한 지위를 포함하여 말하는 것이지만, 관습헌법은 이와 같은 일반적인 헌법사항에 해당하는 내용 중에서도 특히 국가의 기본적이고 핵심적인 사항으로서 법률에 의하여 규율하는 것이 적합하지 아니한 사항을 대상으로 한다. 일반적인 헌법사항 중 과연 어디까지가 이러한 기본적이고 핵심적인 헌법사항에 해당하는지 여부는 일반추상적인 기준을 설정하여 재단할 수는 없고, 개별적 문제사항에서 헌법적 원칙성과 중요성 및 헌법원리를 통하여 평가하는 구체적 판단에 의하여 확정하여야 한다.

6. 관습헌법이 성립하기 위하여서는 관습법의 성립에서 요구되는 일반적 성립 요건이 충족되어야 한다. 첫째, 기본적 헌법사항에 관하여 어떠한 관행 내지 관례가 존재

하고, 둘째, 그 관행은 국민이 그 존재를 인식하고 사라지지 않을 관행이라고 인정할 만큼 충분한 기간 동안 반복 내지 계속되어야 하며(반복·계속성), 셋째, 관행은 지속성을 가져야 하는 것으로서 그 중간에 반대되는 관행이 이루어져서는 아니 되고(항상성), 넷째, 관행은 여러 가지 해석이 가능할 정도로 모호한 것이 아닌 명확한 내용을 가진 것이어야 한다(명료성). 또한 다섯째, 이러한 관행이 헌법관습으로서 국민들의 승인 내지 확신 또는 폭넓은 컨센서스를 얻어 국민이 강제력을 가진다고 믿고 있어야 한다(국민적 합의).

7. 헌법기관의 소재지, 특히 국가를 대표하는 대통령과 민주주의적 통치원리에 핵심적 역할을 하는 의회의 소재지를 정하는 문제는 국가의 정체성(正體性)을 표현하는 실질적 헌법사항의 하나이다. 여기서 국가의 정체성이란 국가의 정서적 통일의 원천으로서 그 국민의 역사와 경험, 문화와 정치 및 경제, 그 권력구조나 정신적 상징 등이 종합적으로 표출됨으로써 형성되는 국가적 특성이라 할 수 있다. 수도를 설정하는 것 이외에도 국명(國名)을 정하는 것, 우리말을 국어(國語)로 하고 우리글을 한글로 하는 것, 영토를 획정하고 국가주권의 소재를 밝히는 것 등이 국가의 정체성에 관한 기본적 헌법사항이 된다고 할 것이다. 수도를 설정하거나 이전하는 것은 국회와 대통령 등 최고 헌법기관들의 위치를 설정하여 국가조직의 근간을 장소적으로 배치하는 것으로서, 국가생활에 관한 국민의 근본적 결단임과 동시에 국가를 구성하는 기반이 되는 핵심적 헌법사항에 속한다.

8. 우리 헌법전상으로는 '수도가 서울'이라는 명문의 조항이 존재하지 아니한다. 그러나 현재의 서울 지역이 수도인 것은 그 명칭상으로도 자명한 것으로서, 대한민국의 성립 이전부터 국민들이 이미 역사적, 전통적 사실로 의식적 혹은 무의식적으로 인식하고 있었으며, 대한민국의 건국에 즈음하여서도 국가의 기본구성에 관한 당연한 전제사실 내지 자명한 사실로서 아무런 의문도 제기될 수 없는 것이었다. 따라서 제헌헌법 등 우리 헌법제정의 시초부터 '서울에 수도(서울)를 둔다.'는 등의 동어반복적인 당연한 사실을 확인하는 헌법조항을 설치하는 것은 무의미하고 불필요한 것이었다. 서울이 바로 수도인 것은 국가생활의 오랜 전통과 관습에서 확고하게 형성된 자명한 사실 또는 전제된 사실로서 모든 국민이 우리나라의 국가구성에 관한 강제력 있는 법규범으로 인식하고 있는 것이다.

9. 서울이 우리나라의 수도인 것은 조선시대 이래 600여 년 간 우리나라의 국가생활에 관한 당연한 규범적 사실이 되어 왔으므로 우리나라의 국가생활에 있어서 전통적으로 형성되어있는 계속적 관행이라고 평가할 수 있고(계속성), 이러한 관행은 변함없이 오랜 기간 실효적으로 지속되어 중간에 깨어진 일이 없으며(항상성), 서울이 수도라는 사실은 우리나라의 국민이라면 개인적 견해 차이를 보일 수 없는 명확한 내용을 가진 것이며(명료성), 나아가 이러한 관행은 오랜 세월간 굳어져 와서 국민들의 승인과 폭넓은 컨센서스를 이미 얻어(국민적 합의) 국민이 실효성과 강제력을 가진다고 믿고 있는 국가생활의 기본사항이라고 할 것이다. 따라서 서울이 수도라는 점은 우리의 제정헌법이 있기 전부터 전통적으로 존재하여온 헌법적 관습이며 우리 헌법조항에서 명문으로 밝힌 것은 아니지만 자명하고 헌법에 전제된 규범으로서, 관습헌법으로 성립된 불문헌법에 해당한다.

10. 관습헌법의 제 요건을 갖추고 있는 '서울이 수도인 사실'은 단순한 사실명제가 아니고 헌법적 효력을 가지는 불문의 헌법규범으로 승화된 것이며, 사실명제로부터 당위명제를 도출해 낸 것이 아니라 그 규범력에 대한 다툼이 없이 이어져 오면서 그 규범성이 사실명제의 뒤에 잠재되어 왔을 뿐이다.

11. 어느 법규범이 관습헌법으로 인정된다면 그 개정가능성을 가지게 된다. 관습헌법도 헌법의 일부로서 성문헌법의 경우와 동일한 효력을 가지기 때문에 그 법규범은 최소한 헌법 제130조에 의거한 헌법개정의 방법에 의하여만 개정될 수 있다. 따라서 재적의원 3분의 2 이상의 찬성에 의한 국회의 의결을 얻은 다음(헌법 제130조 제1항) 국민투표에 붙여 국회의원 선거권자 과반수의 투표와 투표자 과반수의 찬성을 얻어야 한다(헌법 제130조 제3항). 다만 이 경우 관습헌법규범은 헌법전에 그에 상반하는 법규범을 첨가함에 의하여 폐지하게 되는 점에서, 헌법전으로부터 관계되는 헌법조항을 삭제함으로써 폐지되는 성문헌법규범과는 구분된다. 한편 이러한 형식적인 헌법개정 외에도, 관습헌법은 그것을 지탱하고 있는 국민적 합의성을 상실함에 의하여 법적 효력을 상실할 수 있다. 관습헌법은 주권자인 국민에 의하여 유효한 헌법규범으로 인정되는 동안에만 존속하는 것이며, 관습법의 존속요건의 하나인 국민적 합의성이 소멸되면 관습헌법으로서의 법적 효력도 상실하게 된다. 관습헌법의 요건들은 그 성립의 요건일 뿐만 아니라 효력 유지의 요건이다.

12. 우리나라와 같은 성문의 경성헌법 체제에서 인정되는 관습헌법사항은 하위규범형식인 법률에 의하여 개정될 수 없다. 영국과 같이 불문의 연성헌법 체제에서는 법률에 대하여 우위를 가지는 헌법전이라는 규범형식이 존재하지 아니하므로 헌법사항의 개정은 일반적으로 법률개정의 방법에 의할 수밖에 없을 것이다. 그러나 우리 헌법의 경우 헌법 제10장 제128조 내지 제130조는 일반법률의 개정절차와는 다른 엄격한 헌법개정절차를 정하고 있으며, 동 헌법개정절차의 대상을 단지 '헌법'이라고만 하고 있다. 따라서 관습헌법도 헌법에 해당하는 이상 여기서 말하는 헌법개정의 대상인 헌법에 포함된다고 보아야 한다. 이와 같이 헌법의 개정절차와 법률의 개정절차를 준별하고 헌법의 개정절차를 엄격히 한 우리 헌법의 체제 내에서 만약 관습헌법을 법률에 의하여 개정할 수 있다고 한다면 이는 관습헌법을 더 이상 '헌법'으로 인정한 것이 아니고 단지 관습 '법률'로 인정하는 것이며, 결국 관습헌법의 존재를 부정하는 것이 된다. 이러한 결과는 성문헌법체제하에서도 관습헌법을 인정하는 대전제와 논리적으로 모순된 것이므로 우리 헌법체제상 수용될 수 없다.

13. 우리나라의 수도가 서울이라는 점에 대한 관습헌법을 폐지하기 위해서는 헌법이 정한 절차에 따른 헌법개정이 이루어져야 한다. 이 경우 성문의 조항과 다른 것은 성문의 수도조항이 존재한다면 이를 삭제하는 내용의 개정이 필요하겠지만 관습헌법은 이에 반하는 내용의 새로운 수도설정조항을 헌법에 넣는 것만으로 그 폐지가 이루어지는 점에 있다. 다만 헌법규범으로 정립된 관습이라고 하더라도 세월의 흐름과 헌법적 상황의 변화에 따라 이에 대한 침범이 발생하고 나아가 그 위반이 일반화되어 그 법적 효력에 대한 국민적 합의가 상실되기에 이른 경우에는 관습헌법은 자연히 사멸하게 된다. 이와 같은 사멸을 인정하기 위하여서는 국민에 대한 종합적 의사의 확인으로서 국민투표 등 모두가 신뢰할 수 있는 방법이 고려될 여지도 있을 것이다. 그

러나 이 사건의 경우에 이러한 사멸의 사정은 확인되지 않는다. 따라서 우리나라의 수도가 서울인 것은 우리 헌법상 관습헌법으로 정립된 사항이며 여기에는 아무런 사정의 변화도 없다고 할 것이므로 이를 폐지하기 위해서는 반드시 헌법개정의 절차에 의하여야 한다.

14. 서울이 우리나라의 수도인 점은 불문의 관습헌법이므로 헌법개정절차에 의하여 새로운 수도 설정의 헌법조항을 신설함으로써 실효되지 아니하는 한 헌법으로서의 효력을 가진다. 따라서 헌법개정의 절차를 거치지 아니한 채 수도를 충청권의 일부지역으로 이전하는 것을 내용으로 한 이 사건 법률을 제정하는 것은 헌법개정사항을 헌법보다 하위의 일반 법률에 의하여 개정하는 것이 된다. 한편 헌법 제130조에 의하면 헌법의 개정은 반드시 국민투표를 거쳐야만 하므로 국민은 헌법개정에 관하여 찬반투표를 통하여 그 의견을 표명할 권리를 가진다. 그런데 이 사건 법률은 헌법개정사항인 수도의 이전을 헌법개정의 절차를 밟지 아니하고 단지 단순법률의 형태로 실현시킨 것으로서 결국 헌법 제130조에 따라 헌법개정에 있어서 국민이 가지는 참정권적 기본권인 국민투표권의 행사를 배제한 것이므로 동 권리를 침해하여 헌법에 위반된다.

♣ 종중의 구성원 자격을 성년남자만으로 제한했던 종래의 관습법이 성년여자도 포함되어야 하는 것으로 변경되었다고 대법원이 인정하였다.

♧ **대법원 2005. 7. 21. 선고 2002다1178 전원합의체 판결 [종회회원확인]**
【원고,상고인】 이원숙 외 4인
【피고,피상고인】 용인 이씨 사맹공파 종회
【원심판결】 서울고법 2001. 12. 11. 선고 2001나19594 판결
【주문】
원심판결을 파기하고, 사건을 서울고등법원에 환송한다.

【판결요지】

[1] 관습법이란 사회의 거듭된 관행으로 생성한 사회생활규범이 사회의 법적 확신과 인식에 의하여 법적 규범으로 승인·강행되기에 이른 것을 말하고, 그러한 관습법은 법원(法源)으로서 법령에 저촉되지 아니하는 한 법칙으로서의 효력이 있는 것이고, 또 사회의 거듭된 관행으로 생성한 어떤 사회생활규범이 법적 규범으로 승인되기에 이르렀다고 하기 위하여는 헌법을 최상위 규범으로 하는 전체 법질서에 반하지 아니하는 것으로서 정당성과 합리성이 있다고 인정될 수 있는 것이어야 하고, 그렇지 아니한 사회생활규범은 비록 그것이 사회의 거듭된 관행으로 생성된 것이라고 할지라도 이를 법적 규범으로 삼아 관습법으로서의 효력을 인정할 수 없다.

[2] 사회의 거듭된 관행으로 생성된 사회생활규범이 관습법으로 승인되었다고 하더

라도 사회 구성원들이 그러한 관행의 법적 구속력에 대하여 확신을 갖지 않게 되었다 거나, 사회를 지배하는 기본적 이념이나 사회질서의 변화로 인하여 그러한 관습법을 적용하여야 할 시점에 있어서의 전체 법질서에 부합하지 않게 되었다면 그러한 관습 법은 법적 규범으로서의 효력이 부정될 수밖에 없다.

[3] [다수의견] 종원의 자격을 성년 남자로만 제한하고 여성에게는 종원의 자격을 부여하지 않는 종래 관습에 대하여 우리 사회 구성원들이 가지고 있던 법적 확신은 상당 부분 흔들리거나 약화되어 있고, 무엇보다도 헌법을 최상위 규범으로 하는 우리 의 전체 법질서는 개인의 존엄과 양성의 평등을 기초로 한 가족생활을 보장하고, 가 족 내의 실질적인 권리와 의무에 있어서 남녀의 차별을 두지 아니하며, 정치·경제· 사회·문화 등 모든 영역에서 여성에 대한 차별을 철폐하고 남녀평등을 실현하는 방 향으로 변화되어 왔으며, 앞으로도 이러한 남녀평등의 원칙은 더욱 강화될 것인바, 종 중은 공동선조의 분묘수호와 봉제사 및 종원 상호간의 친목을 목적으로 형성되는 종 족단체로서 공동선조의 사망과 동시에 그 후손에 의하여 자연발생적으로 성립하는 것 임에도, 공동선조의 후손 중 성년 남자만을 종중의 구성원으로 하고 여성은 종중의 구성원이 될 수 없다는 종래의 관습은, 공동선조의 분묘수호와 봉제사 등 종중의 활 동에 참여할 기회를 출생에서 비롯되는 성별만에 의하여 생래적으로 부여하거나 원천 적으로 박탈하는 것으로서, 위와 같이 변화된 우리의 전체 법질서에 부합하지 아니하 여 정당성과 합리성이 있다고 할 수 없으므로, 종중 구성원의 자격을 성년 남자만으 로 제한하는 종래의 관습법은 이제 더 이상 법적 효력을 가질 수 없게 되었다.

[별개의견] 남계혈족 중심의 사고가 재음미·재평가되어야 한다는 점에 대하여는 수긍한다 하더라도 종중의 시조 또는 중시조가 남자임을 고려할 때, 종중에 있어서의 남녀평등의 관철의 범위와 한계에 대하여는 보다 신중한 검토가 필요하고, 특히 종중 은 다른 나라에서 유래를 찾아보기 어려운 우리나라에 독특한 전통의 산물이므로, 헌 법 제9조에 비추어 우리의 전통문화가 현대의 법질서와 조화되면서 계승·발전되도 록 노력하여야 할 것인바, 고유한 의미의 종중에 있어서 종원의 가장 주요한 임무는 공동선조에 대한 제사를 계속 실천하는 일이고, 따라서 종원은 기제·묘제의 제수, 제 기 구입, 묘산·선영 수호, 제각 수리 등을 비롯한 제사에 소요되는 물자를 조달·부 담하는 것이 주된 임무였으며, 종원의 이러한 부담행위는 법률적으로 강제되는 것이 아니고 도덕적·윤리적 의무에 불과하여, 그들의 권리가 실질적으로 침해되는 바가 없었으므로 법률이 간섭하지 않더라도 무방하다고 보기 때문에 종래의 관습법상 성년 남자는 그 의사와 관계없이 종중 구성원이 된다고 하는 부분은 현재로서는 문제될 것 이 없고, 결국 관습법과 전통의 힘에 의하여 종래의 종중관습법 중 아직까지는 용인 되는 부분이 있을 수 있다는 것을 이유로, 그러한 바탕 없이 새롭게 창설되는 법률관 계에 대하여서까지 다수의견이 남녀평등의 원칙을 문자 그대로 관철하려는 것은 너무 기계적이어서 찬성할 수 없다.

[4] [다수의견] 종중이란 공동선조의 분묘수호와 제사 및 종원 상호간의 친목 등을 목적으로 하여 구성되는 자연발생적인 종족집단이므로, 종중의 이러한 목적과 본질에 비추어 볼 때 공동선조와 성과 본을 같이 하는 후손은 성별의 구별 없이 성년이 되면 당연히 그 구성원이 된다고 보는 것이 조리에 합당하다.

[별개의견] 일반적으로 어떤 사적 자치단체의 구성원의 자격을 인정함에 있어서 구성원으로 포괄되는 자의 신념이나 의사에 관계없이 인위적·강제적으로 누구든지 구성원으로 편입되어야 한다는 조리는 존재할 수 없으며 존재하여서도 안 되는데, 주지하는 바와 같이 결사의 자유는 자연인과 법인 등에 대한 개인적 자유권이며, 동시에 결사의 성립과 존속에 대한 결사제도의 보장을 뜻하는 것이고, 그 구체적 내용으로서는 조직강제나 강제적·자동적 가입의 금지, 즉 가입과 탈퇴의 자유가 보장되는 것을 말하며, 특히 종중에서와 같이 개인의 양심의 자유·종교의 자유가 보장되어야 할 사법적(사법적) 결사에 있어서는 더욱 그러하다는 점 등에서 공동선조와 성과 본을 같이 하는 후손은 성별의 구별 없이 성년이 되면 조리에 따라 당연히 그 구성원이 된다고 보는 다수의견의 견해에는 반대하고, 성년 여자가 종중에의 가입의사를 표명한 경우 그 성년 여자가 당해 종중 시조의 후손이 아니라는 등 그 가입을 거부할 정당하고 합리적인 이유가 없는 이상 가입의사를 표명함으로써 종중 구성원이 된다고 보아야 한다.

[다수의견에 대한 보충의견] 별개의견이 본인의 의사와 관계없이 종중 구성원이 되는 점에 대하여 결사의 자유와 양심의 자유 등을 들어서 부당하다고 비판하는 것은 종중의 본질과 종중이 통상적인 사단법인 또는 비법인사단과 구별되는 특성을 고려하지 않은 것일 뿐만 아니라, 본인의 의사와 관계없이 종중 구성원이 되는 점이 왜 성년 남자에게는 문제될 것이 없고 성년 여성에게만 문제가 되는지 납득하기 어렵고, 성별에 의하여 종원 자격을 달리 취급하는 것은 정당성과 합리성이 없다.

[5] 종중 구성원의 자격에 관한 대법원의 견해의 변경은 관습상의 제도로서 대법원 판례에 의하여 법률관계가 규율되어 왔던 종중제도의 근간을 바꾸는 것인바, 대법원이 이 판결에서 종중 구성원의 자격에 관하여 '공동선조와 성과 본을 같이 하는 후손은 성별의 구별 없이 성년이 되면 당연히 그 구성원이 된다.'고 견해를 변경하는 것은 그동안 종중 구성원에 대한 우리 사회일반의 인식 변화와 아울러 전체 법질서의 변화로 인하여 성년 남자만을 종중의 구성원으로 하는 종래의 관습법이 더 이상 우리 법질서가 지향하는 남녀평등의 이념에 부합하지 않게 됨으로써 그 법적 효력을 부정하게 된 데에 따른 것일 뿐만 아니라, 위와 같이 변경된 견해를 소급하여 적용한다면, 최근에 이르기까지 수십 년 동안 유지되어 왔던 종래 대법원판례를 신뢰하여 형성된 수많은 법률관계의 효력을 일시에 좌우하게 되고, 이는 법적 안정성과 신의성실의 원칙에 기초한 당사자의 신뢰보호를 내용으로 하는 법치주의의 원리에도 반하게 되는 것이므로, 위와 같이 변경된 대법원의 견해는 이 판결 선고 이후의 종중 구성원의 자격과 이와 관련하여 새로이 성립되는 법률관계에 대하여만 적용된다고 함이 상당하다.

[6] 대법원이 '공동선조와 성과 본을 같이 하는 후손은 성별의 구별 없이 성년이 되면 당연히 그 구성원이 된다.'고 종중 구성원의 자격에 관한 종래의 견해를 변경하는 것은 결국 종래 관습법의 효력을 배제하여 당해 사건을 재판하도록 하려는 데에 그 취지가 있고, 원고들이 자신들의 권리를 구제받기 위하여 종래 관습법의 효력을 다투면서 자신들이 피고 종회의 회원(종원) 자격이 있음을 주장하고 있는 이 사건에 대하여도 위와 같이 변경된 견해가 적용되지 않는다면, 이는 구체적인 사건에 있어서 당사자의 권리구제를 목적으로 하는 사법작용의 본질에 어긋날 뿐만 아니라 현저히 정의에 반하게 되므로, 원고들이 피고 종회의 회원(종원) 지위의 확인을 구하는 이 사건 청구에 한하여는 위와 같이 변경된 견해가 소급하여 적용되어야 할 것이다.

♣ 상속회복청구권이 상속 개시후 20년이 지나면 소멸된다는 민법 시행 전의 관습법은 그 효력을 상실하였다고 한 판례.

♣대법원 2003. 7. 24. 선고 2001다48781 전원합의체 판결 [소유권이전등기등]
【원고,상고인】 서분이 외 3인
【피고,피상고인】 윤영학
【원심판결】 대구지법 2001. 6. 20. 선고 2000나11858 판결

【주문】
원심판결을 파기하고, 사건을 대구지방법원 본원 합의부에 환송한다.
【판결요지】

[1] [다수의견] 사회의 거듭된 관행으로 생성한 어떤 사회생활규범이 법적 규범으로 승인되기에 이르렀다고 하기 위하여는 그 사회생활규범은 헌법을 최상위 규범으로 하는 전체 법질서에 반하지 아니하는 것으로서 정당성과 합리성이 있다고 인정될 수 있는 것이어야 하고, 그렇지 아니한 사회생활규범은 비록 그것이 사회의 거듭된 관행으로 생성된 것이라고 할지라도 이를 법적 규범으로 삼아 관습법으로서의 효력을 인정할 수 없는바, 제정 민법이 시행되기 전에 존재하던 관습 중 "상속회복청구권은 상속이 개시된 날부터 20년이 경과하면 소멸한다."는 내용의 관습은 이를 적용하게 되면 20년의 경과 후에 상속권침해가 있을 때에는 침해행위와 동시에 진정상속인은 권리를 잃고 구제를 받을 수 없는 결과가 되므로 소유권은 원래 소멸시효의 적용을 받지 않는다는 권리의 속성에 반할 뿐 아니라 진정상속인으로 하여금 참칭상속인에 의한 재산권침해를 사실상 방어할 수 없게 만드는 결과로 되어 불합리하고, 헌법을 최상위 규범으로 하는 법질서 전체의 이념에도 부합하지 아니하여 정당성이 없으므로, 위 관습에 법적 규범인 관습법으로서의 효력을 인정할 수 없다.

[반대의견] 법원으로서는 관습법이 다른 법령에 의하여 변경·폐지되거나 그와 모순·저촉되는 새로운 내용의 관습법이 확인되기 전까지는 이에 기속되어 이를 적용하여야 하고, 만일 관습법이 헌법에 위반된다면 그 이유로 이를 적용하지 아니할 수 있을 뿐이지 막연히 불합리하다거나 정당성이 없다는 등의 사유를 이유로 판례변경을 통하여 그 적용을 배제할 수는 없는바, 법원은 대법원 1981. 1. 27. 선고 80다1392 판결에 의해 "상속회복청구권은 상속이 개시된 날부터 20년이 경과하면 소멸한다."는 내용의 관습이 관습법으로 성립하여 존재하고 있음을 확인·선언한 이래 여러 차례에 걸쳐 이를 재확인하여 왔으며, 한편 민법 시행 전의 폐지된 조선민사령은 상속에 관한 사항은 관습에 의한다고 규정하였고, 민법은 부칙 제25조 제1항에서 "이 법 시행 전에 개시된 상속에 관하여는 이 법 시행일 후에도 구법의 규정을 적용한다."라고 규정하였으며, 1977. 12. 31. 법률 제3051호로 개정된 민법 부칙 제5항 및 1990. 1. 13. 법률 제4199호로 개정된 민법 부칙 제12조 제1항에서도 각각 같은 내용의 경과규정을 두고 있으므로, 위 관습법이 다른 법령에 의하여 변경·폐지되거나 그와 모순·저촉되는 새로운 내용의 관습법이 확인되지 아니한 이상 법원으로서는 민법 시행 전에

있어서의 상속에 관한 법률관계에 해당하는 상속회복청구에 대하여 위 관습법을 적용할 수밖에 없다.

[반대의견에 대한 보충의견] 관습법은 성문법률을 보충하는 효력을 가지는 것이기는 하지만 법률의 효력을 가지는 것이어서 그러한 관습법에 위헌적 요소가 있는 경우 우리의 성문법률 위헌심사제도 아래에서는 헌법재판소를 통한 위헌선언이 이루어질 길이 없고 법원에 의하여 위헌성이 판정되고 그의 적용이 배제되어야 할 터이므로 그렇게 되면 실질상 위헌법률선언과 같은 결과를 낳을 것인바, 그 경우에는 헌법상 법치주의 원칙에서 나온 법적 안정성 내지 신뢰보호원칙에 바탕을 둔 위헌결정의 불소급효원칙의 정신에 따라 그 선언이 있는 날 이후로만 그 관습법의 효력이 상실되도록 함이 상당하다.

♣ 분묘기지권을 관습법상의 권리로 인정하였고, 그 이후 이러한 관습법이 2001.1.13. 이전에 설치되어 분묘기지권이 인정된 부분에 관해서는 현재까지 변경되지 않았다고 대법원이 판결하였다.

♣ **대법원 2017. 1. 19. 선고 2013다17292 전원합의체 판결 [분묘철거등]**
　<분묘기지권의 취득시효에 관한 사건>

【판결요지】

[다수의견]
(가) 대법원은 분묘기지권의 시효취득을 우리 사회에 오랜 기간 지속되어 온 관습법의 하나로 인정하여, 20년 이상의 장기간 계속된 사실관계를 기초로 형성된 분묘에 대한 사회질서를 법적으로 보호하였고, 민법 시행일인 1960. 1. 1.부터 50년 이상의 기간 동안 위와 같은 관습에 대한 사회 구성원들의 법적 확신이 어떠한 흔들림도 없이 확고부동하게 이어져 온 것을 확인하고 이를 적용하여 왔다. 대법원이 오랜 기간 동안 사회 구성원들의 법적 확신에 의하여 뒷받침되고 유효하다고 인정해 온 관습법의 효력을 사회를 지배하는 기본적 이념이나 사회질서의 변화로 인하여 전체 법질서에 부합하지 않게 되었다는 등의 이유로 부정하게 되면, 기존의 관습법에 따라 수십년간 형성된 과거의 법률관계에 대한 효력을 일시에 뒤흔드는 것이 되어 법적 안정성을 해할 위험이 있으므로, 관습법의 법적 규범으로서의 효력을 부정하기 위해서는 관습을 둘러싼 전체적인 법질서 체계와 함께 관습법의 효력을 인정한 대법원판례의 기초가 된 사회 구성원들의 인식·태도나 사회적·문화적 배경 등에 의미 있는 변화가 뚜렷하게 드러나야 하고, 그러한 사정이 명백하지 않다면 기존의 관습법에 대하여 법적 규범으로서의 효력을 유지할 수 없게 되었다고 단정하여서는 아니 된다.

(나) 우선 2001. 1. 13.부터 시행된 장사 등에 관한 법률('장사법')의 시행으로 분묘기지권 또는 그 시효취득에 관한 관습법이 소멸되었다거나 그 내용이 변경되었다는 주장은 받아들이기 어렵다. 2000. 1. 12. 법률 제6158호로 매장 및 묘지 등에 관한 법률을 전부 개정하여 2001. 1. 13.부터 시행된 장사법 부칙 제2조, 2007. 5. 25. 법률 제8489호로 전부 개정되고 2008. 5. 26.부터 시행된 장사법 부칙 제2조 제2항, 2015. 12. 29. 법률 제13660호로 개정되고 같은 날 시행된 장사법 부칙 제2조에 의하면, 분묘의 설치기간을 제한하고 토지 소유자의 승낙 없이 설치된 분묘에 대하여 토지 소유자가 이를 개장하는 경우에 분묘의 연고자는 토지 소유자에 대항할 수 없다는 내용의 규정들은 장사법(법률 제6158호) 시행 후 설치된 분묘에 관하여만 적용한다고 명시하고 있어서, <u>장사법(법률 제6158호)의 시행 전에 설치된 분묘에 대한 분묘기지권의 존립 근거가 위 법률의 시행으로 상실되었다고 볼 수 없다. 또한 분묘기지권을 둘러싼 전체적인 법질서 체계에 중대한 변화가 생겨 분묘기지권의 시효취득에 관한 종래의 관습법이 헌법을 최상위 규범으로 하는 전체 법질서에 부합하지 아니하거나 정당성과 합리성을 인정할 수 없게 되었다고 보기도 어렵다.</u> 마지막으로 화장률 증가 등과 같이 전통적인 장사방법이나 장묘문화에 대한 사회 구성원들의 의식에 일부 변화가 생겼더라도 여전히 우리 사회에 분묘기지권의 기초가 된 매장문화가 자리 잡고 있고 사설묘지의 설치가 허용되고 있으며, 분묘기지권에 관한 관습에 대하여 사회 구성원들의 법적 구속력에 대한 확신이 소멸하였다거나 그러한 관행이 본질적으로 변경되었다고 인정할 수 없다.

(다) 그렇다면 타인 소유의 토지에 분묘를 설치한 경우에 20년간 평온, 공연하게 분묘의 기지를 점유하면 지상권과 유사한 관습상의 물권인 분묘기지권을 시효로 취득한다는 점은 오랜 세월 동안 지속되어 온 관습 또는 관행으로서 법적 규범으로 승인되어 왔고, 이러한 법적 규범이 장사법(법률 제6158호) 시행일인 2001. 1. 13. 이전에 설치된 분묘에 관하여 현재까지 유지되고 있다고 보아야 한다.

[대법관 김용덕, 대법관 박보영, 대법관 김소영, 대법관 권순일, 대법관 김재형의 반대의견]
(가) 현행 민법 시행 후 임야를 비롯한 토지의 소유권 개념 및 사유재산제도가 확립되고 토지의 경제적인 가치가 상승함에 따라 토지 소유자의 권리의식이 향상되고 보호의 필요성이 커졌으며, 또한 상대적으로 매장을 중심으로 한 장묘문화가 현저히 퇴색함에 따라, 토지 소유자의 승낙 없이 무단으로 설치된 분묘까지 취득시효에 의한 분묘기지권을 관습으로 인정하였던 사회적·문화적 기초는 상실되었고 이러한 관습은 전체 법질서와도 부합하지 않게 되었다.

(나) 비록 토지 소유자의 승낙이 없이 무단으로 설치한 분묘에 관하여 분묘기지권의 시효취득을 허용하는 것이 과거에 임야 등 토지의 소유권이 확립되지 않았던 시대의 매장문화를 반영하여 인정되었던 관습이더라도, 이러한 관습은 적어도 소유권의 시효취득에 관한 대법원 1997. 8. 21. 선고 95다28625 전원합의체 판결이 이루어지고 2001. 1. 13. 장사법(법률 제6158호)이 시행될 무렵에는 재산권에 관한 헌법 규정이나 소유권의 내용과 취득시효의 요건에 관한 민법 규정, 장사법의 규율 내용 등을 포함하여 전체 법질서에 부합하지 않게 되어 정당성과 합리성을 유지할 수 없게 되었다.

전통적인 조상숭배사상, 분묘설치의 관행 등을 이유로 타인 소유의 토지에 소유자의 승낙 없이 분묘를 설치한 모든 경우에 분묘기지권의 시효취득을 인정해 왔으나, 장묘문화에 관한 사회 일반의 인식 변화, 장묘제도의 변경 및 토지 소유자의 권리의식 강화 등 예전과 달라진 사회현실에 비추어 볼 때, 분묘기지권 시효취득의 관습에 대한 우리 사회 구성원들이 가지고 있던 법적 확신은 상당히 쇠퇴하였고, 이러한 법적 확신의 실질적인 소멸이 장사법의 입법에 반영되었다고 볼 수 있다.

(다) 따라서 토지 소유자의 승낙이 없음에도 20년간 평온, 공연한 점유가 있었다는 사실만으로 사실상 영구적이고 무상인 분묘기지권의 시효취득을 인정하는 종전의 관습은 적어도 2001. 1. 13. 장사법(법률 제6158호)이 시행될 무렵에는 사유재산권을 존중하는 헌법을 비롯한 전체 법질서에 반하는 것으로서 정당성과 합리성을 상실하였을 뿐 아니라 이러한 관습의 법적 구속력에 대하여 우리 사회 구성원들이 확신을 가지지 않게 됨에 따라 법적 규범으로서 효력을 상실하였다. 그렇다면 2001. 1. 13. 당시 아직 20년의 시효기간이 경과하지 아니한 분묘의 경우에는 법적 규범의 효력을 상실한 분묘기지권의 시효취득에 관한 종전의 관습을 가지고 분묘기지권의 시효취득을 주장할 수 없다.

대법원 1996. 6. 14. 선고 96다14036 판결 [분묘굴이]
타인 소유의 토지에 소유자의 승낙 없이 분묘를 설치한 경우에는 20년간 평온, 공연하게 그 분묘의 기지를 점유하면 지상권 유사의 관습상의 물권인 분묘기지권을 시효로 취득하는데, 이러한 분묘기지권은 봉분 등 외부에서 분묘의 존재를 인식할 수 있는 형태를 갖추고 있는 경우에 한하여 인정되고, 평장되어 있거나 암장되어 있어 객관적으로 인식할 수 있는 외형을 갖추고 있지 아니한 경우에는 인정되지 않으므로, 이러한 특성상 분묘기지권은 등기 없이 취득한다.

♣ 임야상의 입목과 수확되지 않은 농작물에 대해서는 명인방법을 소유권의 인도방법으로 하는 관습법이 있다고 인정하였다.

♣ **대법원 1967.12.18. 선고 66다2382,2383 판결 [입목소유권확인등]**
임야지반과 분리하여 입목을 매수하여 입목의 소유권 양도를 받은 사람이 임야에 수개소에 '입산금지 소유자 아무'라는 표말을 써서 붙쳤다면 입목소유권 취득의 명인방법으로 부족하다 할 수 없으며, 본건 입목이 지반과 함께 피고에게 이전되었다 하더라도 임야의 전 소유자인 소외인으로부터 입목을 매수하고 그 명인방법을 참가인이 먼저 실시하였을 때에는 피고로부터 이중으로 (결과적으로 이중매도가 된다) 입목을 매수한 원고들이 나중에 명인 방법을 강구하였다 하더라도 먼저 명인방법을 실시한 참가인에게 입목소유권을 주장할 수 없다.

♣ **대법원 1996. 2. 23. 선고 95도2754 판결 [재물손괴]**
물권변동에 있어서 형식주의를 채택하고 있는 현행 민법하에서는 소유권을 이전한

다는 의사 외에 부동산에 있어서는 등기를, 동산에 있어서는 인도를 필요로 함과 마
찬가지로 이 사건 쪽파와 같은 수확되지 아니한 농작물에 있어서는 명인방법을 실시
함으로써 그 소유권을 취득한다. 쪽파의 매수인이 명인방법을 갖추지 않은 경우, 쪽파
에 대한 소유권을 취득하였다고 볼 수 없어 그 소유권은 여전히 매도인에게 있고 매
도인과 제3자 사이에 일정 기간 후 임의처분의 약정이 있었다면 그 기간 후에 제3자
가 쪽파를 손괴하였더라도 재물손괴죄가 성립하지 않는다고 판단한 원심판결을 긍인
한 사례.

♣ 대법원 2001.07.27. 선고 99두9919 판결[취득세부과처분취소]

　　구 지방세법 제73조 제8항, 제82조, 제84조의3 제1항 제1호의2 각 규정에 의하면,
골프장 조성에 따른 토지의 지목변경에 의한 간주취득의 시기는 전·답·임야에 대한
산림훼손(임목의 벌채 등), 형질변경(절토, 성토, 벽공사 등), 농지전용 등의 공사뿐만
아니라 잔디의 파종 및 식재, 수목의 이식, 조경작업 등과 같은 골프장으로서의 효용
에 공하는 모든 공사를 완료하여 골프장 조성공사가 준공됨으로써 체육용지로 지목변
경이 되는 때이므로, 토목공사는 물론 잔디 파종 및 식재비용, 임목의 이식비용 등 골
프장 조성에 들인 비용은 모두 토지의 지목변경으로 인한 가액증가에 소요된 비용으
로서 지목변경에 의한 간주취득의 과세표준에 포함되고, 또한 중과세율이 적용되어야
한다. 이러한 법리와 기록에 비추어 보면, 이 사건 입목의 구입 및 식재비용이 골프장
조성에 들인 비용으로서 골프장용 토지의 취득을 위한 것이므로, 지목변경에 의한 간
주취득의 과세표준에 포함됨은 물론 중과세율이 적용된다고 한 원심의 판단은 정당하
고, 거기에 입목 및 취득세 중과대상에 관한 법리오해의 위법이 있다고 할 수 없다.
그리고 기록에 의하면, 원고가 이 사건 입목에 관하여 취하였다고 주장하고 있는 조
치들은 골프장용 토지의 조경을 위하여 심은 나무들을 관리하기 위한 것에 불과할 뿐,
이 사건 입목을 그 지반인 토지와 구분하여 독립된 물건으로 하여 그 소유권을 공시
하는 이른바 명인방법을 취한 것으로 볼 수는 없으므로, 원심이 이 사건 입목이 명인
방법에 의하여 지반인 토지와는 별개로 독립된 물건으로 소유권이 공시되었으니 그
구입 및 식재비용이 골프장 조성에 따른 간주취득 대상에 해당하지 않는다는 원고의
주장을 배척한 조치 역시 정당하다.

1.5. 법의 해석과 적용 judicial interpretation and application of law

1.5.1. 법 해석의 필요성

○ 법규정, 법문(法文)에서 사용되는 용어는 일반성, 추상성, 불명확성을 가지
　는 개념인 경우가 많은데 이러한 개념의 의미는 당해 법규정의 목적 등을
　고려하여 구체적 사건에 해석 적용하여야 한다. 그리고 오래된 법규정이

현실과 괴리가 있는 경우 그 불합리성을 피하기 위해서도 시대의 변화에 맞게 그 의미를 해석하여야 한다.

○ 법의 해석 적용에 있어서 법적 안정성(法的 安定性, legal certainty)과 구체적 타당성(具體的 妥當性, justice, purposiveness)의 두 이념이 대립한다. 법적 안정성은 법에 의하여 질서의 안정을 보장하고 개개의 법규가 안정되어 있는 것으로서 법 자체가 안정되어 있어서 같은 형태로 공평하게 적용되도록 함으로써 사람들이 자기의 행위가 어떤 법률 효과를 가져올 것인가를 예측할 수 있게 하며(법의 확실성), 거래의 안전에 도움이 된다는 의의를 갖는다. 따라서 법질서 자체에서나 개개의 법규에 관해서나 조령모개(朝令暮改) 혹은 자의석(恣意的) 해석은 법적 안정성을 해치게 되는 것이다.

한편 구체적 타당성이란 법의 해석이나 적용을 엄격하게 하여 정의와 합목적성에 맞지 않는 결과를 가져오게 될 때 그 해석 적용을 융통성 있게 하여 구체적 사건을 적절히 해결하는 것을 의미한다. 어떤 해결방법이 시의(時宜)에 맞게 해석되어서 쌍방에게 만족할 만한 결과를 가져다주는 경우 구체적 타당성을 가진다고 볼 수 있지만, 그로 인하여 법적 안정성을 해치는 결과를 초래할 수도 있다. 또 법적 안정성을 지나치게 강조하게 되면 구체적 타당성이 결여되어 자칫 잘못된 법을 그대로 고집하는 경우가 생길 수도 있다.

○ 법규정에서 사용되는 추상성을 가진 용어로는 사람, 건물, 건조물, 재물, 위험한 물건, 음란물, 선량한 풍속, 선량한 관리자 등이 있다. 일반조항으로는 현저히(민법 104조 (불공정한 법률행위) 당사자의 궁박, 경솔 또는 무경험으로 인하여 <u>현저하게</u> 공정을 잃은 법률행위는 무효로 한다), 정당한 이유(형법 제16조(법률의 착오) 자기의 행위가 법령에 의하여 죄가 되지 아니하는 것으로 오인한 행위는 그 오인에 <u>정당한 이유</u>가 있는 때에 한하여 벌하지

아니한다.), 상당한 이유(형법 제21조(정당방위) ①자기 또는 타인의 법익에 대한 현재의 부당한 침해를 방위하기 위한 행위는 <u>상당한 이유</u>가 있는 때에는 벌하지 아니한다.) 등이 있으며, 같은 용어라 하더라도 그 개념이 달리 해석되는 불명확한 경우로는 강요죄에서의 폭행(신체에 대한 물리력 행사)과 강도죄에서의 폭행(저항할 수 없을 정도의 완력 행사)을 들 수 있다. ★

○ 신기술의 발전과 새로운 문화가 생겨남으로써 기존의 법규정을 새롭게 해석하여야 하는 경우도 있다. 한편 신기술의 발전에 따른 해석의 곤란과 혼선을 방지하기 위하여 법규정을 아예 변경하거나 개정하기도 한다.

♣ 복사문서는 문서위조의 객체에 해당되지 않는다는 해석을 변경한 경우

♣ **대법원 1989. 9. 12. 선고 87도506 전원합의체판결 [위조사문서행사]**
　(다수의견)
　사진기나 복사기 등을 사용하여 기계적인 방법에 의하여 원본을 복사한 문서, 이른바 복사문서는 사본이더라도 필기의 방법 등에 의한 단순한 사본과는 달리 복사자의 의식이 개재할 여지가 없고, 그 내용에서부터 규모, 형태에 이르기까지 원본을 실제 그대로 재현하여 보여주므로 관계자로 하여금 그와 동일한 원본이 존재하는 것으로 믿게 할 뿐만 아니라 그 내용에 있어서도 원본 그 자체를 대하는 것과 같은 감각적 인식을 가지게 하고, 나아가 오늘날 일상거래에서 복사문서가 원본에 대신하는 증명수단으로서의 기능이 증대되고 있는 실정에 비추어 볼 때 이에 대한 사회적 신용을 보호할 필요가 있으므로 복사한 문서의 사본은 문서위조 및 동행사죄의 객체인 문서에 해당한다.

　(반대의견)
　위조한 문서를 전자복사기로써 복사본을 만들어 낸 경우에 그 복사본은 형법 제231조 소정의 문서라고 보기도 어려울 뿐 아니라 그 복사본을 만들어 낸 행위를 「타인명의로 문서를 작성하였다」고 할 수도 없어 그 행위가 형법 제231조 소정의 문서위조행위에 해당한다고 보기 어렵고, 그러한 경우 문서위조의 성립을 인정하는 것은 죄형법정주의 원칙에 의하여 금지된 유추확장해석이 되며 같은 법조 소정의 문서의 개념속에 전자복사본은 포함되고 필사본은 포함되지 않는다고 해석한다면 그 규정을

★ 제324조(강요) ①폭행 또는 협박으로 사람의 권리행사를 방해하거나 의무없는 일을 하게 한 자는 5년 이하의 징역 또는 3천만원 이하의 벌금에 처한다
제297조(강간) 폭행 또는 협박으로 사람을 강간한 자는 3년 이상의 유기징역에 처한다
제333조(강도) 폭행 또는 협박으로 타인의 재물을 강취하거나 기타 재산상의 이익을 취득하거나 제삼자로 하여금 이를 취득하게 한 자는 3년 이상의 유기징역에 처한다.

다의적으로 해석하는 것이 되어 형법법규의 명확성에 반하는 결과가 된다.

(별개의견)

위조문서의 원본을 복사하는 행위 자체는 이미 위조가 완성되어 작성명의의 진정이 침해된 문서의 표시내용을 사본으로 재현하는 것에 불과하고 복사로서 새롭게 그 문서의 작성명의의 진정을 침해하는 것은 아니므로 이러한 사본의 작성행위를 문서의 위조라고 볼 여지가 없으나, 위조문서를 전자복사나 사진복사등의 기계적 방법에 의하여 복사한 사본은 문서원본의 외관과 의식내용을 원본 그대로 재현한 것으로서 복사과정에서 의도적인 조작을 가하지 않는 한 원본의 외관과 의식내용을 그대로 타인에게 전달하는 기능을 가지고 있으므로, 이러한 사본을 제시하는 행위는 기계적 복사라는 중개수단을 통하여 문서원본의 외관과 의식내용을 상대방이 인식할 수 있게끔 간접적인 방법으로 문서원본을 제시하는 것이 되므로 위조문서행사 죄를 구성한다.

♣ 전자기록을 허위공문서작성의 대상으로 포함시켜 해석하는 것이 곤란하자 새로운 규정을 만들었고, 공정증서원본의 개념에도 포함시키게 되었다.

제227조(허위공문서작성등)

공무원이 행사할 목적으로 그 직무에 관하여 문서 또는 도화를 허위로 작성하거나 변개한 때에는 7년 이하의 징역 또는 2천만원 이하의 벌금에 처한다. <전문개정 1995.12.29.>

제227조의2(공전자기록위작·변작)

사무처리를 그르치게 할 목적으로 공무원 또는 공무소의 전자기록등 특수매체기록을 위작 또는 변작한 자는 10년 이하의 징역에 처한다. <본조신설 1995.12.29.>

제228조(공정증서원본 등의 부실기재)

① 공무원에 대하여 허위신고를 하여 공정증서원본 또는 이와 동일한 전자기록등 특수매체기록에 부실의 사실을 기재 또는 기록하게 한 자는 5년 이하의 징역 또는 1천만원 이하의 벌금에 처한다. <개정 1995.12.29.>

② 공무원에 대하여 허위신고를 하여 면허증, 허가증, 등록증 또는 여권에 부실의 사실을 기재하게 한 자는 3년 이하의 징역 또는 700만원 이하의 벌금에 처한다. <개정 1995.12.29.>

○ 법규정의 해석 방법으로는 법률은 제정과 동시에 입법자를 떠나서 독립된 객관적 존재가 되므로 법률에 내재하는 합리적 의미와 내용을 규명하는 것이라는 입장(객관설, 법률의사설) 과 법을 제정하는 입법자의 주관적 의도

를 파악하여 해석하여야 한다 입장(주관설, 입법자 의사설)이 있는데, 이 두가지를 절충하여 사용하고 있다.

♣ 음란(obscenity)의 개념에 대한 해석에 있어서 그 시대의 건전한 사회통념에 따라 객관적으로 판단하면서 고려해야할 요소를 판시한 사례

♣ 대법원 2000.10.27. 선고 98도679 판결[음란문서제조·음란문서판매]

형법 제243조 및 제244조에서 말하는 '음란'이라 함은 정상적인 성적 수치심과 선량한 성적 도의관념을 현저히 침해하기에 적합한 것을 가리킨다 할 것이고, 이를 판단함에 있어서는 그 시대의 건전한 사회통념에 따라 객관적으로 판단하되 그 사회의 평균인의 입장에서 문서 전체를 대상으로 하여 규범적으로 평가하여야 할 것이며, 문학성 내지 예술성과 음란성은 차원을 달리하는 관념이므로 어느 문학작품이나 예술작품에 문학성 내지 예술성이 있다고 하여 그 작품의 음란성이 당연히 부정되는 것은 아니라 할 것이고, 다만 그 작품의 문학적·예술적 가치, 주제와 성적 표현의 관련성 정도 등에 따라서는 그 음란성이 완화되어 결국은 형법이 처벌대상으로 삼을 수 없게 되는 경우가 있을 수 있을 뿐이다. 소설 '내게 거짓말을 해봐'가 음란한 문서에 해당한다고 한 사례.

♣ 대법원 2005.07.22. 선고 2003도2911 판결 [청소년의성보호에관한법률위반(변경된 죄명 : 전기통신기본법위반)·전기통신기본법위반]

구 전기통신기본법 제48조의2(2001. 1. 16. 법률 제6360호 부칙 제5조 제1항에 의하여 삭제, 현행 정보통신망 이용촉진 및 정보보호등에 관한법률 제65조 제1항 제2호 참조)에서 규정하고 있는 '음란'이라 함은, 일반 보통인의 성욕을 자극하여 성적 흥분을 유발하고 정상적인 성적 수치심을 해하여 성적 도의 관념에 반하는 것을 말하고, 표현물의 음란 여부를 판단함에 있어서는 당해 표현물의 성에 관한 노골적이고 상세한 묘사·서술의 정도와 그 수법, 묘사·서술이 그 표현물 전체에서 차지하는 비중, 거기에 표현된 사상 등과 묘사·서술의 관련성, 표현물의 구성이나 전개 또는 예술성·사상성 등에 의한 성적 자극의 완화 정도, 이들의 관점으로부터 당해 표현물을 전체로서 보았을 때 주로 그 표현물을 보는 사람들의 호색적 흥미를 돋우느냐의 여부 등 여러 점을 고려하여야 하며, 표현물 제작자의 주관적 의도가 아니라 그 사회의 평균인의 입장에서 그 시대의 건전한 사회 통념에 따라 객관적이고 규범적으로 평가하여야 한다. 예술성과 음란성은 차원을 달리하는 관념이고 어느 예술작품에 예술성이 있다고 하여 그 작품의 음란성이 당연히 부정되는 것은 아니라 할 것이며, 다만 그 작품의 예술적 가치, 주제와 성적 표현의 관련성 정도 등에 따라서는 그 음란성이 완화되어 결국은 처벌대상으로 삼을 수 없게 되는 경우가 있을 뿐이다. 미술교사가 자신의 인터넷 홈페이지에 게시한 자신의 미술작품, 사진 및 동영상의 일부에 대하여 음란성이 인정된다고 한 사례.

The Supreme Court of the United States' rulings concerning **obscenity in the public square** have been unusually inconsistent. Though First Amendment free speech protections have always been taken into account, both Constitutional "Interpretationalists" and "Originalists" have limited this right to account for public sensibilities. Before Roth v. United States in 1957, common law rules stemming from the 1868 English case Regina v. Hicklin have articulated that anything which "deprave[s] and corrupt[s] those whose minds are open to such immoral influences" was said to be obscene, and therefore banned. The Roth case gave a clearer standard for deciding what constitutes pornography, stating that obscenity is material where the "dominant theme taken as a whole appeals to the prurient interest", and that the "average person, applying contemporary community standards" would disapprove of, reaffirming the 1913 case United States v. Kennerley. This standard allowed for many works to be called obscene, and though the Roth decision acknowledged "all ideas having even the slightest redeeming social importance [...] have the full protection of guaranties [sic]", the Justices put public sensibility above the protection of individual rights.

Jacobellis v. Ohio (1964) narrowed the scope of the Roth decision. Justice Potter Stewart, in his concurrence to the majority opinion, created the standard whereby all speech is protected except for "hard-core pornography". As for what, exactly, constitutes hard-core pornography, Stewart said "I shall not today attempt further to define the kinds of material I understand to be embraced within that shorthand description, and perhaps I could never succeed in intelligibly doing so. But **I know it when I see it,** and the motion picture involved in this case is not that." The film in question was Louis Malle's The Lovers.

This was modified in Memoirs v. Massachusetts (1966), in which obscenity was defined as anything patently offensive, appealing to prurient interest, and of no redeeming social value. Still, however, this left the ultimate decision of what constituted obscenity up to the whim of the courts, and did not provide an easily applicable standard for review by the lower courts. This changed in 1973 with Miller v. California. The Miller case established what came to be known as the Miller test, which clearly articulated that three criteria must be met for a work to be legitimately subject to state regulations. The Court recognized the inherent risk in legislating what constitutes obscenity, and necessarily limited the scope of the criteria. The criteria were:

1. The average person, applying local community standards, looking at the work in its entirety, must find that it appeals to the prurient interest.
2. The work must describe or depict, in an obviously offensive way, sexual conduct, or excretory functions.
3. The work as a whole must lack "serious literary, artistic, political, or scientific values.

○ 법규정을 해석하는 주체에 따라서 유권해석과 무권해석(학리해석)으로 구별하기도 한다. 유권해석으로는 입법해석, 행정해석, 사법해석이 있는데, 입법해석은 각종 법령상의 정의 규정을 말하며(헌법 제3조: 대한민국의 영토는 한반도와 그 부속도서로 한다, 민법 제98조: 물건이라 함은 유체물 및 전기 기타 관리할 수 있는 자연력을 말한다. 형사소송법 제211조 제1항 : 범죄의 실행 중이거나 실행의 즉후인 자를 현행범인이라 한다.), 이러한 정의 규정에도 불구하고 여전히 법해석의 여지가 있다. 행정해석은 행정부처의 훈령, 질의회신, 회답 등에서 나타나는 해석인데 이러한 해석은 구체적 사건에서 판사의 해석(사법해석)과 다르게 평가될 수 있으며, 사법해석이 최종적인 것으로 될 수 있다. 그러나 법원은 행정청의 행정행위와 관련된 위법성을 심사하는 경우 행정청의 판단을 존중하는 입장을 취하게 되는 경우도 있다. 무권해석은 법률전문가의 의견, 법학자의 학문적 입장을 의미하며 학설, 학리해석이라고 한다. 대체로 통설(通說), 다수설, 소수설 등으로 표현된다.

1.5.2. 법 해석의 방법 : 문리해석(文理解釋)과 논리해석(論理解釋)

(1) 문리해석(grammatical interpretation, textualism)은 법 규정의 문장·문구에 나타난 뜻을 문법의 규칙 및 사회통념에 따라서 상식적인 언어의 용법에 의하여 확정하는 방법이다(어구해석, 자구해석, 자의(字義)해석, literal rule – plain meaning rule – exclusionary rule; statutes are to be interpreted using the ordinary meaning of the language of the statute). 법 규정의 문자·문장을 법 제정 당시의 의미로 해석할 것인가 또는 해석 당시의 의미로 해석할 것인가가 문제로 되는데, 제정당시의 의미로 해석하여야 된다고 주장하는 견해는 만일 해석 당시의 의미로 해석하면, 시대의 변천이나 자의의 변천에 따라 그 의미를 임의로 해석하고 변경하게 되어 법을 개정할 필요가 없게 되고, 또 해석자 자신이 입법자와 같은 지위에 서게 되므로 입법과 사법이 혼동된다고 한다. 또 시대와 장소에 따라서 법문의 해석이 달라지면 오히려 형평을 잃고, 법의 안정성을 가

질 수 없다고 한다. 그러나 해석 당시의 의미로 해석하여야 한다고 주장하는 견해는 법은 현실적인 생활을 규율하는 것이며, 제정시에 있어서 형평이라고 인정되는 것에만 의하게 되면 실생활에서 형평을 찾을 수 없으므로 해석자는 자의가 아니라 선의와 성실에 의하여 해석하여야 한다고 한다. 법 규정의 문자의 의의는 법 규정 전체와 관련하여 통일적으로 해석 하여야 하며 법 규정의 용어 속에 일반의 용어법과 다른 특별한 용어법이 있는 경우에는 그에 따라서 해석해야 한다.

♣ Caminetti v. United States, 242 U.S. 470 (1917)에서 '기타 부도덕한 목적의 상업적 철도 이용'에 '매춘 뿐만 아니라 부도덕한 섹스로 여겨지는 합의에 의한 이중동거생활도 포함된다'고 해석하는 것이 법 규정의 일반적인 의미에 부합한다고 판단하였다.

In the Caminetti case, the petitioner(Farley Drew Caminetti) was indicted in the United States District Court for the Northern District of California, upon the sixth day of May, 1913, for alleged violations of the so-called White Slave Traffic Act of June 25, 1910(the Mann Act). The indictment charged him with transporting and causing to be transported and aiding and assisting in obtaining transportation for a certain woman from Sacramento, California, to Reno, Nevada, in interstate commerce for the purpose of debauchery, and for an immoral purpose, to wit, that the aforesaid woman should be and become his mistress and concubine, he did then and there and thereby knowingly entice, and cause the said woman to go and to be carried and transported as a passenger in interstate commerce upon said line of railway. A verdict of not guilty was returned as to the other three counts of this indictment. As to the first count defendant was found guilty and sentenced to imprisonment for eighteen months and to pay a fine of $1,500.00.

It is contended that the act of Congress is intended to reach only "commercialized vice," or the traffic in women for gain, and that the conduct for which the several petitioners were indicted and convicted, however reprehensible in morals, is not within the purview of the statute when properly construed in the light of its history and the purposes intended to be accomplished by its enactment. In none of the cases was it charged or proved that the transportation was for gain or for the purpose of furnishing women for prostitution for hire, and it is insisted that, such being the case, the acts charged and proved, upon which conviction was had, do not come within the statute.

The issue in the case that caused the Court to interpret using the plain meaning rule was whether the Mann Act's inclusion of the phrase "...or for any other immoral purpose..." included Caminetti's actions. The Court found that Caminetti had been convicted of transporting a woman across state lines for an immoral purpose which, according to the majority opinion, was well within the plain meaning of the statute. The Court decided that the Mann Act applied not only to purposes of prostitution but also to other noncommercial consensual sexual liaisons. Thus, consensual extramarital sex falls within the definition of "immoral sex." The case has a historic place in American jurisprudence in that it was one of the first where the court embraced the idea of the "plain meaning rule". This is a form of legislative interpretation that focuses strongly on the literal text of a statute. In its most extreme form the plain meaning rule does not look outside of the statutory text at any additional sources to find the legislative intent if the rule is "plain" from the text. Critics of using the plain meaning rule argue that a court may find or not find an ambiguity in a statute depending on the end result that a court sees fit.

♣ 주택재건축조합의 동의방법에 관한 관련 법령의 해석에서의 법률 문언 자체가 명확한 개념일 경우 통상적 의미에 충실하게 엄격한 문리해석이 필요하다는 대법원 전원합의체 판결의 소수의견

♣ **대법원 2014. 4. 14. 선고 2012두1419 전원합의체 판결 [주택재건축정비사업조합 설립인가처분 취소]**

　가. 법은 원칙적으로 불특정 다수인에 대하여 동일한 구속력을 갖는 사회의 보편타당한 규범이고, <u>법의 해석은 그러한 법률의 표준적 의미를 밝히는 것이다. 법을 해석함에 있어서는 가능한 한 법률에 사용된 문언의 통상적인 의미에 충실하게 해석하는 것을 원칙으로 하고, 나아가 법의 입법 취지와 목적, 그 제·개정 연혁, 법질서 전체와의 조화, 다른 법령과의 관계 등을 고려하는 체계적·논리적 해석방법을 동원할 수도 있다. 그러나 법률의 문언 자체가 명확한 개념으로 구성되어 있고 그 문리해석을 통하여 명확하고 타당한 결론이 도출된다면, 원칙적으로 더 이상 다른 해석방법은 활용할 필요가 없다.</u>

　도시정비법 제16조 제2항, 제3항은 주택재건축사업의 추진위원회가 조합을 설립하고자 하는 때에는 일정 비율 이상 토지등소유자의 동의를 얻어야 한다고 규정하고 있고, 제17조는 토지등소유자의 동의방법에 관하여 규정하고 있다. 그러나 조합설립 동의방법에 관한 구 도시정비법 제17조의 규정은 다른 해석방법을 활용할 필요가 없을 정도로 명확하여 달리 해석할 여지가 없다. 다수의견이 제시하고 있는 구 도시정비법

의 규정 내용과 입법 취지 등을 고려하더라도, 국가나 지방자치단체가 동의서를 제출하지 않았는데도 불구하고 조합설립에 동의한 것으로 보아야 한다는 다수의견의 결론은 법 해석의 한계를 벗어난 예외적이고 자의적인 해석이라는 비판을 면할 수 없다.

나. 도시정비법 제16조 제2항, 제3항은 주택재건축사업의 추진위원회가 조합설립인가신청을 할 때 정비구역에 포함된 주택단지가 아닌 지역의 경우 토지등소유자의 4분의 3 이상 및 토지면적의 3분의 2 이상의 동의를 얻어야 한다고 규정하고 있고, 제17조 제1항은 그 동의방법에 관하여 인감도장을 사용한 서면에 의하고 인감증명서를 첨부하여야 한다고 규정하고 있으며(2009. 2. 6. 법률 제9444호로 도시정비법을 개정하면서 시행령에서 규정하고 있던 인감도장을 사용한 서면 동의의 방법을 법 제17조 제1항에서 새로이 규정한 것이다), 그 위임에 따라 도시 및 주거환경정비법 시행령 제26조 제2항은 그 동의서에 '1. 건설되는 건축물의 설계의 개요 2. 건축물의 철거 및 신축에 소요되는 비용의 개략적인 금액 3. 제2호에 따른 비용의 분담기준 4. 사업 완료 후 소유권의 귀속에 관한 사항 5. 조합정관'이 포함되어야 한다고 규정하고 있다.

이와 같이 구 도시정비법상의 재건축조합 설립에 토지등소유자의 서면에 의한 동의를 요구하고 그 동의서를 조합설립인가신청 시에 행정청에 제출하도록 하는 취지는 서면에 의하여 토지등소유자의 동의 여부를 명확하게 함으로써 동의 여부에 관하여 발생할 수 있는 관련자들 사이의 분쟁을 사전에 방지하고, 나아가 행정청으로 하여금 조합설립인가신청 시에 제출된 동의서에 의하여서만 동의요건의 충족 여부를 심사하도록 함으로써 동의 여부의 확인에 불필요하게 행정력이 소모되는 것을 막기 위한 것이다. 따라서 동의서에 앞서 든 각 호의 법정사항이 포함되어 있지 아니하거나 그 동의서에 날인된 인영과 인감증명서의 인영이 동일하지 않으면 그 동의서는 무효로 처리된다.

이러한 법의 규정과 판례의 태도에 비추어 볼 때, 재건축조합의 설립 동의는 법정 양식의 동의서에 의한 명시적 동의를 의미하며, '인감도장을 사용한 서면 동의서의 제출'은 동의자의 동의의사를 확인하는 유일한 증거방법이자 요식의 행위로서 이를 결여한 것은 동의로서의 효력이 없다. 이러한 동의서를 제출하지 아니한 이상 동의의 사를 추단할 수 있는 행위나 외관이 있다고 하여 동의한 것으로 보는 해석은 허용되지 않는다. 따라서 구두로만 동의하고 동의서를 제출하지 아니한 사람, 법정사항이 기재되어 있지 않은 동의서를 제출한 사람, 동의서를 제출하더라도 그 동의서에 인감증명을 첨부하지 않은 사람은 아무리 조합설립에 동의하는 의사를 가지고 있다고 하더라도 위 법률 규정에 의한 유효한 동의자로 볼 수 없다. 여기에 묵시적 동의로 가능하다거나, 동의한 것으로 볼 수 있는 경우가 있다는 다수의견과 같은 해석은 비집고 들어올 틈이 없다.

다. 다수의견은 조합설립 동의 시 요구되는 위와 같은 서면 동의서 제출 방식이 국가나 지방자치단체의 경우에는 적용되지 않는다고 하나, 이는 다음의 이유로 받아들일 수 없다.
1) 다수의견은, 도시정비법에 의하면 국가나 지방자치단체가 도시·주거환경정비 기본계획의 수립, 정비구역 지정 및 정비사업 시행과 관련하여 각종 권한과 역할을 부여받고 있고, 공공복리 실현을 위하여 정비사업을 지원하고 사업의 추진에 협조할 의무를 지고 있는 점 등에 비추어 볼 때, 정비기본계획의 수립 및 정비구역의 지정으

로부터 관할관청의 구체적인 조합설립인가처분에 이르기까지의 과정에서 협의 절차 등을 통하여 정비사업 자체나 해당 정비사업조합에 의한 사업추진에 대하여 명시적으로 반대의 의사를 표시하거나 반대하였다고 볼 수 있는 행위를 하지 아니하였다면 정비사업조합의 설립에 동의한 것으로 볼 수 있다고 한다.

그러나 정비계획의 수립 및 정비구역의 지정은 조합설립과는 그 성질을 전혀 달리하는 별개의 절차로서, 정비계획의 수립 및 정비구역의 지정 단계에서 국가나 지방자치단체가 정비사업 추진에 대하여 반대의 의사표시를 하지 아니하였다고 하여 그로부터 상당한 기간이 경과한 후에 이루어지는 조합설립에 동의한 것으로 보는 것은 논리의 비약이다. 조합설립은 법인 설립에 관한 사단법적 행위이고 조합설립에 대한 동의는 그 법인의 구성원 즉 조합원이 되려는 의사가 있는지에 관한 문제로서, 정비계획 등에 대한 협의과정에서의 의사표시와는 그 목적, 내용, 효과 등을 서로 달리하는 것이다. 그리고 정비사업은 반드시 조합에 의하여 시행되는 것이 아니라 시장·군수 등이 직접 시행하거나 별도의 사업시행자를 정할 수도 있는 것이어서 조합설립 이전 단계에서 정비사업의 추진에 반대하지 아니한다는 의사를 가지고 어느 특정한 조합의 설립에 대한 동의 의사를 추단하기에는 그 거리가 너무 멀다.

2) 다수의견이 들고 있는 도시정비법의 각 규정들은 도시·주거환경정비계획의 수립 및 정비구역 지정(제3조, 제4조), 정비기반시설 및 정비구역 안의 국·공유재산의 처분(제64조 내지 제68조), 자료의 제출 및 감독에 관한 규정(제75조, 제77조)들로서, 정비사업의 시행을 위한 단계적 절차 및 정비사업에 제공되는 국·공유지의 처분 등에 관한 것이거나 정비사업의 원활하고 적정한 시행을 위한 내용들이다. 이러한 규정들은 동의방법에 관한 규정인 제17조와는 규범목적을 달리하므로 위 각 규정들로부터 제17조를 다수의견과 같이 해석해야 할 논리적 합리성과 정당성을 인정하기 어렵다.

또한 다수의견은 정비사업조합에 의한 정비사업의 시행이 공익에 부합하고, 국가나 지방자치단체가 국민과 주민의 공공복리를 실현할 의무가 있다는 점도 근거로 들고 있으나, 이는 국가나 지방자치단체가 주택재건축사업과 같은 정비사업의 추진 및 시행을 특별히 반대할 이유가 없고 가급적 조합설립에 동의를 해주는 것이 바람직하다는 점에 대한 하나의 근거가 될 수는 있을지언정, 이를 넘어서서 법이 정하고 있는 조합설립에 대한 동의방법, 즉 법정사항을 기재한 서면 동의서의 제출에 의하도록 하는 방식에 대한 예외를 인정할 사유는 되지 못한다.

국가나 지방자치단체가 소유하는 토지에 대하여 가지는 고유의 공익목적과 정비사업을 통하여 달성하려는 공익목적이 서로 일치하지 않은 경우에는 더더욱 다수의견과 같은 해석은 들어설 여지가 없다. 예컨대 어느 지방자치단체가 자신의 관할 구역에 토지를 소유한 경우뿐 아니라 다른 지방자치단체 관할 구역에 연수원이나 휴양소 보유를 위하여 토지를 소유한 경우가 있을 수 있는데, 다른 지방자치단체가 그 토지를 포함하여 정비구역을 지정하고 정비사업을 시행한다고 가정할 경우, 해당 정비구역 안에 토지를 소유하고 있는 지방자치단체가 반드시 그 정비구역 내 일반 주민들의 공공복리 실현을 추구한다고 할 수는 없으므로 조합설립 시 지방자치단체의 동의의사가 개별적으로 반영되어야 할 필요가 있을 수 있다.

국가와 지방자치단체로 하여금 정비사업의 시행을 적극적으로 지원하도록 한 도시정비법의 규정을 국가나 지방자치단체에게 동의를 권장하는 뜻으로 해석하는 것을 넘어 동의서를 제출하지 않아도 동의한 것으로 본다고 해석하는 것은 법률의 문언을 너무 벗어나는 해석이다. 국가나 지방자치단체가 조합설립단계에서 명시적으로 반대의 의사표시를 하지 않았다고 하더라도 이는 조합설립에 당연히 동의한다는 내심의 의사를 가지고 있기 때문이 아니라, 나머지 토지등소유자만으로 동의 요건을 충족하면 특별히 반대하지 않고 그들의 의사에 따르겠다는 정도로 해석할 수 있을 뿐이다.

3) 다수의견은, 국가나 지방자치단체는 사인이 아니어서 인감도장이나 인감증명서를 갖출 수 없기 때문에 인감증명서를 첨부한 서면 동의 방식에 관한 규정이 적용되지 않는다고 한다.

일반 토지등소유자의 경우에는 진정한 동의의사나 동의서 위조 여부를 일일이 확인하는 것이 사실상 불가능하여 인감증명서를 첨부한 동의서 제출 방식을 채택한 것과 달리 국가나 지방자치단체의 경우에는 그러한 문제가 발생할 소지가 없다. 이러한 경우 국가나 지방자치단체에는 인감증명에 관한 규정이 적용될 수 없고 달리 인감증명을 대체할 수 있는 다른 방법에 관하여 법률이 규정하고 있지 않기 때문에 법원이 해석에 의하여 그러한 법률의 흠결을 보충할 여지가 있다. 대법원이 정비구역 내에 토지나 건축물을 소유한 교회가 조합의 설립 및 사업시행에 대하여 동의를 하는 경우 정관 기타 규약이 없으면 교인들 총회의 과반수 결의에 의하여야 한다고 판시하면서, 별도로 교회의 인감증명을 요구하지 않은 것은, 인감증명에 관한 규정을 적용할 수 없는 권리능력 없는 사단 등의 경우에 법률의 흠결을 해석에 의하여 보충한 예이다. 도시정비법 제17조 제1항의 본질적인 내용은 조합설립에 대한 동의를 서면방식에 의하도록 한 것이고, 그 동의가 본인의 진정한 의사임을 확인하는 방법으로서 인감도장과 인감증명서를 갖추도록 요구하고 있다. 인감도장이나 인감증명서를 갖출 수 없기 때문에 법률이 정하고 있는 동의서를 제출하지 않아도 된다고 보는 것은 본말이 전도된 것으로 입법론과 해석론을 혼동하여 정당한 법률해석의 한계를 넘어선 것이다.

4) 이 사건에서 조합설립을 추진하는 추진위원회가 법률이 정한 동의요건을 미비하여 조합설립이 무산되게 하는 것보다는 국가나 지방자치단체를 동의자에 포함시키는 쪽으로 해석하는 것이 구체적 타당성이 있다는 생각이 다수의견의 밑바탕에 깔린 것으로 짐작된다.

그러나 특별한 사정이 있는 예외적 사안을 구체적 타당성 있게 해결한다는 명분으로 법률해석의 본질과 원칙을 뛰어넘을 수는 없다. 법률이 정한 동의요건을 제대로 갖추지 못하였음에도 조합이 적법하게 설립된 것으로 인정하여 재건축사업 추진을 가능하게 하는 것이 구체적 타당성 있는 해결이라고 보기도 어렵지만, 당해 사건에서의 구체적 타당성 확보라는 명분으로 1회적이고 예외적인 해석을 허용하는 것은 법률해석의 본질과 원칙에서도 벗어난다.

라. 법관은 법을 해석함에 있어서 그 법이 지향하는 원칙과 목표가 훼손되지 않도록 하면서 국민들이 명확한 행위준칙으로 삼을 수 있도록 해야 하고, 동일한 조건에

있는 수범자에게는 동일하게 적용되도록 해야 한다. 그리고 법률의 문언 자체가 명확한 개념으로 되어 있고 그 문리해석을 통하여 명확하고 타당한 결론이 도출된다면 원칙적으로 더 이상 다른 해석방법은 활용할 필요가 없거나 제한될 수밖에 없다. 만약 이와 같은 법 해석의 한계를 벗어나 예외적이고 자의적인 해석을 허용한다면, 국민으로서는 법원이 언제 그와 같은 해석의 잣대를 들이댈지 알 수 없어서 법관이 법률에 의한 재판이 아닌 자의적인 재판을 한다는 의심을 떨치지 못할 것이며, 이는 법원의 재판에 대한 국민의 신뢰를 크게 해칠 뿐만 아니라 모든 분쟁을 법원에 가져가 보지 않고서는 해결할 수 없게 함으로써 법적 안정성을 크게 훼손하게 된다. 도시정비법 제16조, 제17조의 명문규정에 의하면 주택재건축사업의 시행을 위한 정비구역 안에 국·공유지가 있는 경우에 국가나 지방자치단체도 서면에 의한 동의의사를 표시하여야 조합의 설립에 동의한 것이 된다고 해석할 수밖에 없다. 그럼에도 다수의견은 국가나 지방자치단체가 반대의 의사표시를 하는 등의 특별한 사정이 없는 이상 국가 또는 정비구역 지정권자, 조합설립인가 처분권자 등이 대표자로 있는 지방자치단체는 조합의 설립에 동의하였다고 보아 토지등소유자의 동의자 수에 산입하는 것으로 해석하고 있어 정당한 법률 해석의 한계를 벗어나는 해석을 하고 있으므로, 이러한 다수의견에는 도저히 찬성할 수 없다. 이상과 같이 다수의견에 반대하는 취지를 밝힌다.

(2) 논리해석(logical interpretation)은 법을 논리적 방법에 의하여 그 의미내용을 확정하고 해석하는 방법이다. 즉 법규정의 문구·문장의 문법적 의미에 얽매이지 않고, 법 규정 전체에 대한 유기적·논리적 연관성에 입각하여 법 제정의 목적·법 적용의 결과와 합리성 등을 고려하여 법 규정이 가지는 통일적인 의미를 논리적 방법에 의하여 확정하여 해석한다. 문리해석을 기초로 하면서 확장해석·축소해석·반대해석·물론해석·변경해석·유추해석 등으로 나눌 수 있고, 입법자 의도해석(연혁해석沿革解釋, intentionalism, legislative intent)과 목적론적 해석(purposivism, sense and reason, spirit)으로 연결된다.

확장해석(extensive interpretation)은 법 규정의 자구를 보통의 의미보다는 넓게 해석하는 것이고(살인죄의 사람을 살해한 자의 살해의 의미를 부작위不作爲에 의한 살인도 포함시키는 해석, 세월호 사건의 이준석 선장에게 살해행위로 인정한 것이나 아이를 욕실에 가두고 락스와 찬물을 뿌린 뒤 방치해 사망에 이르게 한 것도 살해행위로 인정하는 것), 축소해석(restrictive interpretation)은 법 규정의 자구를 보통의 의미보다는 좁고 엄격하게 해석하는 것(절도죄의 타인의 재물의 절취에서 재물에 부동산을 포함시키지 않는 것)이다. 반대해석(反對解釋, a contrario reasoning)은 명문으로 규정된 것과 다른 사항은 인정되지 않는다고 해석하는 것(민법 제832조의 부부의 일상가사의 연대책임 규정으로 보아 일상가사가 아닌 채무는 연대책임 없다고 해석)이고, 물론해석(勿論解釋, a fortiori interpretation)은 법 규정에 표현된 사항 이외의 사항도 당연히 포함된다거나, 일정한 사례를 규정하고 있는 경우 사물의 성질상 그 이외의 사례도 당연히 인정되는 것으로 하는 해석(과실책임주의(過失責任主義)라고 할 때 과실보다 더 중한 고의는 물론 책임을 지는 사유에 포함되는 것으로 해석)이다. ★ 변경해석(보정해석)은 법조문의 착오나 오류가 명백한 경우 이를 변경하여 해석하는 것이며, 유추해석(類推解釋, analogical interpretation)은 당해 사항에 관하여 명문의 규정이 없는 경우에 입법 이유가 동일한 유사 사실을 정하고 있는 다른 규정을 당해 사항에 적절하게 적용시키는 해석으로서 법의 적용을 탄력적으로 하여 입법의 불비(不備)를 보충하고 시대 변화에 즉응시키는 장점이 있으나 유사 여부의 판단이 자의적(恣意的)이어서 법적 안정성을 해칠 우려가 있다. 그래서 유추해석으로 인한 형벌권의 확대를 막기 위해 형법에서 죄형법정주의에 위반되는 것으로 금지하고 있다. (The analogy is made usally to make connection between two different spheres of law so the non-existent, provisions in one is substituted by very similar existing provisions of the other. It's inadmissible in the public law (e.g. penal law) but quite frequent in civil law.)

연혁해석(역사해석)은 의회에서 법을 제정하면서 의도했던 계획과 취지에 맞게 법률을 해석하기 위해 법률 개정 이유서나 의회의사록을 참조하면서 시대의 변화에 맞추어 제정의도를 고려하는 해석이다. 목적론적 해석은 법이 어떤 문제

★ It applies to a situation in which if one thing is true then it can be inferred that a second thing is even more certainly true. -- Abel is too young to serve as administrator, then his younger brother Cain certainly is too young. A fortiori interpretation means usually that what is imperative to the stronger (higher, bigger), is quite so for the weaker (lesser, smaller). 소유자가 자신의 소유권에 기하여 실체관계에 부합하지 아니하는 등기의 명의인을 상대로 그 등기말소나 진정명의회복 등을 청구하는 경우에, 그 권리는 물권적 청구권으로서의 방해배제청구권(민법 제214조)의 성질을 가진다. 그러므로 원소유자가 이미 이후의 다른 소유자의 등기부취득시효 완성으로 토지에 관한 소유권을 상실하였다면, 원소유자가 불법행위를 이유로 소유권 상실로 인한 손해배상을 청구할 수 있음은 별론으로 하고, 애초 이후 다른 소유자의 등기말소의무의 이행불능으로 인한 채무불이행책임을 논할 여지는 없다. 대법원 2012. 5. 17. 선고 2010다28604 전원합의체 판결[손해배상(기)] >

에 어떻게 대처하기 위하여 제정되었는지를 밝혀 법의 이념에 맞게 법문을 해석하는 것인데, 형법 제234조가 공연히 음란한 문서·도화를 **전시**한 자는 음화반포 등의 죄로 처벌한다고 할 때 이 전시에는 상영도 포함되는가의 문제에서 문리해석, 연혁해석으로는 불가하나, 목적론적 해석에서는 가능하다고 본다. 그러나 이러한 연혁해석은 결국 판사의 개인적 가치관과 연결되는 것이어서 위법하기 때문에 절대 허용할 수 없다고 보는 견해도 있다. ★

♣ 공직선거법 제112조 제1항 제1호는 선거구민 등에 대하여 금전 등 물품을 제공하는 기부행위를 금지하고 있는데, 후보자나 그 배우자가 유권자에게 제공하려는 용도로 선거사무원에게 금전을 교부하는 행위도 기부행위에 해당한다고 하여 처벌된다고 본 다수의견을 형벌법규의 유추해석금지에 위반된다고 비판한 대법원 전원합의체판결의 소수의견

> ♣ **대법원 2002. 2. 21. 선고 2001도2819 전원합의체 판결 [공직선거및선거부정방지법위반]**
> [다수의견]
> 후보자의 배우자와 선거사무원 사이의 현금 수수는 후보자의 배우자가 특정의 선거인에게 전달하기 위하여 선거사무원에게 단순히 보관시키거나 돈 심부름을 시킨 것이 아니라 그로 하여금 불특정 다수의 선거인들을 매수하여 지지표를 확보하는 등의 부정한 선거운동에 사용하도록 제공한 것으로서 공직선거법 제112조 제1항 소정의 '기부행위'에 해당한다 할 것이고, 이를 들어 기부행위를 실행하기 위한 준비 내지 예비 행위에 불과하다고 할 수는 없다.
>
> [반대의견]
> (1) 공직선거법 제112조 제1항 제1호는 선거구민 등에 대하여 금전 등 물품을 제공하는 행위가 기부행위에 해당한다고 규정하고 있고, 여기에서 '제공'이라 함은 금전 등 물품을 상대방에게 귀속시키는 것을 뜻하므로, 금전 등 물품을 유권자에게 전달하라고 선거사무원에게 주는 교부행위는 물품의 제공행위가 아니고, 공직선거법 제112조 제1항 제1호의 기부행위를 실행하기 위한 공모자 사이의 준비행위에 불과하다.
> (2) 다수의견은 선거사무원이 후보자의 배우자로부터 받은 돈을 선거구민 등에게 배부한 사실과 나머지는 다른 선거활동비에 사용하였다고 주장하고 있으나 그 구체적

★ Antonin Scalia 미국연방대법관
The use of legislative history is illegitimate and ill advised in the interpretation of any statute. If one accepts that constitutional standards should evolve with a maturing society, the risk of assessing evolving standards is that it is all too easy to believe that evolution has culminated in one's own views. The Constitution with statutes are not understood to change their meaning through time.

인 명세는 진술하지 못하고 있는 사실 등을 인정하고, 이러한 사실관계에 비추어 후보자의 배우자가 선거사무원에게 돈을 준 것은 단순히 보관시키거나 심부름을 시킨 것이 아니라 그로 하여금 불특정 다수의 선거인들을 매수하는 등 부정한 선거운동에 사용하도록 제공한 것이라고 판단하고 있는바, 다수의견이 공소장에 기재된 범위를 벗어나 법원이 인정할 수 있다는 사실을 토대로 공소장변경절차를 거치지 아니하고 공소사실을 확대하여 기소된 사실과 다르게 범죄사실을 인정하는 것은 형사소송절차의 첫 단계 원리인 불고불리의 원칙에 어긋나는 것으로서 허용될 수 없고, 특정유권자에게 제공하라는 취지로 선거사무원에게 물품을 교부하는 것은 제공행위에 포함되지 아니하고, 불특정 다수의 유권자에게 제공하라고 물품을 교부하면 제공행위가 된다고 해석할 수 있는 아무런 근거가 없을 뿐만 아니라 선거사무원이 받은 돈을 후보자의 배우자의 뜻에 따라 전액 선거구민 등에게 제공하거나 다른 선거활동비로 사용하였다고 주장하고 있는데, 그 중 일부 사용명세를 밝히지 못한다고 하여 그 돈은 처음부터 선거사무원에게 귀속시킬 의사로 교부된 것으로 본다면 헌법상 무죄추정의 원칙을 무시한 것이며, 다수의견이 원심이 인정하지도 아니한 사실을 기록에 의하여 인정된다고 전제하고는 후보자의 배우자가 선거사무원에게 교부한 돈이 일부만 불특정 다수의 선거구민 등에게 제공되었고 그 나머지 사용명세가 밝혀지지 아니한 이상 기부행위금지위반죄가 성립한다고 단정하고 있는 것은 적법한 절차에 따라 재판을 받을 피고인의 권리를 침해하는 것이다.

(3) 다수의견의 견해를 후보자나 그 배우자가 유권자에게 제공하라는 용도로 선거사무원에게 금전을 교부하는 행위도 기부행위에 해당한다는 것으로 이해하더라도, '제공'은 '가지거나 누리도록 주는 것'을 의미하여 단순히 '내주는 일'을 의미하는 '교부'와 그 사전적 의미도 다를 뿐만 아니라, 공직선거법상으로도 '제공'이라는 용어와 단순한 '교부'라는 용어를 구분하여 규정하고 있으므로, 단순한 교부행위는 공직선거법 제112조 제1항 제1호의 '제공행위'에 해당하지 아니함이 분명하고, 따라서 금전 등 물품을 제3자에게 전달하여 달라는 용도로 상대방에게 교부하는 것은 기부행위에 해당하지 아니함에도 다수의견과 같이 선거사무원에 대한 금전 교부행위가 기부행위에 해당한다고 보는 것은 형벌법규의 유추해석을 금지하는 죄형법정주의에도 어긋나는 위헌적인 법률해석으로서, 후보자가 선거사무원에게 수당으로 지급하라고 지역 책임자에게 돈을 '교부'한 행위는 공직선거법 제112조 제1항의 기부행위에 해당하지 아니한다는 종전 판례와도 어긋난다.

[반대의견에 대한 보충의견]
(1) 우리 나라의 선거풍토하에서 금품을 최종적으로 받아가질 사람에 대하여 주는 것만을 처벌의 대상으로 하여야 한다면 금권선거를 근절시키고자 하는 입법목적을 달성할 수 없고, 중간단계에서 주는 것이라 하더라도 그것이 포착되면 이를 처벌하여야 할 필요성이 절실하므로, 이러한 취지에 입각하여 공직선거법 제112조 제1항의 '제공'이라 함은 반대의견이 주장하는 바와 같이 반드시 금품을 '상대방에게 귀속'시키는 것만을 뜻하는 것으로 한정해석해서는 안된다는 것인즉, 중간자에게 금품을 주는 경우라 하더라도 그 중간자가 단순한 보관자이거나 특정인에게 특정금품을 전달하기 위하여 심부름을 하는 사자에 불과한 자가 아니고 그에게 금품배분의 대상이나 방법, 배분액수 등에 대한 어느 정도의 판단과 재량의 여지가 있는 한 비록 그에게 귀속될

부분이 지정되어 있지 않은 경우라 하더라도 그에게 금품을 주는 것이 위 규정에서 말하는 '제공'에 포함된다고 해석하는 것이다.

(2) 형벌법규는 문언에 따라 엄격하게 해석·적용하여야 하고 피고인에게 불리한 방향으로 지나치게 확장해석하거나 유추해석하여서는 아니되지만 형벌법규의 해석에 있어서도 법률문언의 통상적인 의미를 벗어나지 않는 한 그 법률의 입법취지와 목적, 입법연혁 등을 고려한 목적론적 해석이 배제되는 것은 아니므로, 다수의견은 이러한 문언의 통상적인 의미와 범위 안에서 공직선거법의 취지에 따른 목적론적 해석을 한 것으로서 죄형법정주의가 경계하는 확장해석이나 유추해석에 해당한다고 할 수 없고, 또한 반대의견이 들고 있는 1998. 7. 10. 선고 98도477 판결은 후보자에 의하여 타인에게 금품이 제공되었다고 할지라도 그것이 실질적으로 공직선거법 제135조 소정의 선거사무관계자에 대한 수당 및 실비보상과 같이 법이 허용하는 선거비용으로 지출된 것이라면 비록 그 지출절차에 하자가 있다고 할지라도 기부행위에 해당하지 아니함을 판시한 것으로서, 그 판결의 법률판단 중에 다수의견의 해석과 어긋나는 부분이 있음을 발견할 수 없다.

[반대의견쪽 보충의견]
제공의 의미에 관해서 제공의 개념 속에 교부의 요소를 포함한다고 해석하는 다수의견은 법률용어의 통상적인 의미에 비추어 무리이고, 공직선거법상의 다른 조항들과 다른 법령들과의 관계에서 반드시 그와 같이 해석할 특별한 근거를 이끌어낼 수 없는데도 불구하고, 금권선거의 폐해를 방지하고 선거의 공정을 보장하기 위하여는 유권자 매수 목적으로 후보와 중간자 사이에 이루어진 금품수수도 처벌할 수 있어야 선거에 있어서의 불가매수성이라는 공직선거법의 입법목적을 달성할 수 있다는 이유만을 지나치게 의식하여, 기부행위의 유형으로서 제공 외에 교부를 따로 두지 아니한 탓에 후보자와 선거브로커 사이의 금품수수는 그것이 유권자 매수 목적이었다 하더라도 그 처벌이 어렵다는 현행 공직선거법상의 입법적 불비를 명백하게 선언함으로써 입법부로 하여금 법률의 개정을 촉구하는 정도를 벗어나, 형벌법규에 관한 법률의 흠결을 법해석론이란 이름 아래, 실질적으로 피고인에게 불이익하게 유추·확장해석하는 결과를 초래하는 것이다.

"성희롱 편지, 집 앞에 직접 두고 갔다면 무죄"

우편 등 통신매체 이용은 성폭력처벌법 적용 대상
직접 현관문에 꽂아둔 행위까지 포함하기 어려워

대법원, 유죄원심 파기

음란한 내용의 성희롱성 편지를 이웃 여성에게 전달했더라도 우편 등 통신매체를 이용하지 않고 그냥 출입문에 끼워놓는 식으로 전달했다면 성폭력범죄의 처벌 등에 관한 특례법으로 처벌할 수 없다는 대법원 판결이 나왔다. 성폭력처벌법은 전화나 우편, 컴퓨터 등 통신매체를 이용해 성적 수치심을 일으킬 수 있는 음란한 글이나 영상을 다른 사람에게 전달한 경우에만 처벌하도록 하고 있기 때문이다. 범죄와 형벌은 미리 법률로써 명확히 규정해야 한다는 형법상의 대원칙인 '죄형법정주의'를 강조한 판결로 보인다. 전문가들은 빠른 시일내에 개선 입법을 통해 처벌 공백을 메워야 한다고 지적하고 있다.

대법원 형사2부(주심 박상옥

대법관)는 이웃에 사는 여성 A씨의 집 출입문에 6회에 걸쳐 음란 편지를 끼워넣은 혐의(성폭력처벌법상 통신매체이용음란)로 기소된 이모(47)씨에게 징역 6월과 성폭력 치료프로그램 40시간 이수를 선고한 원심을 깨고 최근 사건을 대구지법으로 돌려보냈다(2015도17847).

재판부는 "성폭력처벌법 제13조는 '전화, 우편, 컴퓨터, 그 밖의 통신매체를 통해 성적 수치심이나 혐오감을 일으키는 말, 음향, 글, 그림, 영상 또는 물건을 상대방에게 도달하게 한 자'를 2년 이하의 징역 또는 500만원 이하의 벌금에 처하도록 하고 있다"며 "이씨처럼 통신매체를 이용하지 않고 직접 상대방에게 음란한 글 등을 도달하게 하는 행위까지 처벌 대상으로 보는 것은 실정법 이상으로 처벌 범위를 확대하는

것"이라고 밝혔다.

대법원 관계자는 "성폭력처벌법은 '통신매체를 이용한' 음란 행위를 처벌하도록 한정하고 있는데, 이씨의 행위는 이웃집 현관문에 음란한 내용을 적어 쪽지를 '자신이 직접 꽂아둔' 것이므로 죄형법정주의 원칙상 처벌하기 어렵다는 취지"라며 "피고인의 행위가 비난 가능성이 높은 것은 사실이지만 자의적인 국가형벌권을 막기 위한 형법상의 대원칙을 무시하는 법 해석을 할 수는 없다"고 설명했다.

서보학 경희대 로스쿨 교수도 "형벌규범은 엄격하게 해석하는

것이 원칙인데, 법을 만들 때에 예상하지 못한 일이 발생했다고 해석을 통해 해결하려는 것은 헌법이 금지하는 유추해석이 된다"며 "법 테두리 안에서 풀수 없는 이 같은 문제는 결국 법 개정 등 입법적으로 해결해야 한다"고 말했다.

경북 문경에 있는 한 원룸 건물에 살던 이씨는 2013년 11~12월 음란한 내용의 글과 그림을 담은 편지를 옆집에 사는 A씨의 출입문에 여섯 차례 끼워 둔 혐의로 기소됐다.

1심은 "이씨의 행동은 성폭력처벌법이 금지하는 우편 등 통신매체를 통해 성적 수치심이나 혐오감을 일으키는 글과 그림을 상대방에게 도달하게 한 행위에 해당한다"며 징역 1년에 성폭력 치료프로그램 40시간 이수를 선고했다. 2심은 "이씨가 자신의 잘못을 깊이 반성하고 있다"며 징역 6월로 감형하고 성폭력 치료프로그램은 40시간 그대로 이수할 것을 명령했다.

홍세미 기자 sayme@lawtimes.co.kr

(2016.3.21. 법률신문)

♣ 위반사항에서 정한 개념을 그 개념이 구체적으로 정해지지 않은 시설기준에 적용해서는 안된다고 한 사례

♣ **대법원 2015. 7. 9. 선고 2014두47853 판결[시설개수명령처분취소]**
식품위생법 시행규칙 제36조 [별표 14]에 규정된 업종별 시설기준의 위반은 시설개수명령(식품위생법 제74조 제1항)이나 영업정지 및 영업소폐쇄 등(법 제75조 제1항 제6호) 행정처분의 대상이 될 뿐만 아니라 곧바로 형사처벌의 대상도 되므로(법 제97조 제4호), 업종별 시설기준은 식품위생법상 각 영업의 종류에 따라 필수적으로 요구되는 시설의 기준을 제한적으로 열거한 것이다. 그리고 시행규칙 조항은 침익적 행정행위의 근거가 되는 행정법규에 해당하므로 엄격하게 해석·적용하여야 하고 행정행위의 상대방에게 불리한 방향으로 지나치게 확장해석하거나 유추해석해서는 안 되며, 입법 취지와 목적 등을 고려한 목적론적 해석이 전적으로 배제되는 것은 아니라고 하더라도 해석이 문언의 통상적인 의미를 벗어나서는 아니 된다. 그런데 시행규칙 조항에는 일반음식점에서 손님들이 춤을 출 수 있도록 하는 시설('무도장')을 설치해서는 안 된다는 내용이 명시적으로 규정되어 있지 않고, 다만 시행규칙 제89조가 법 제74

조에 따른 행정처분의 기준으로 마련한 [별표 23] 제3호 8. 라. 1)에서 위반사항을 '유흥주점 외의 영업장에 무도장을 설치한 경우'로 한 행정처분 기준을 규정하고 있을 뿐이다. 그러나 이러한 행정처분 기준은 행정청 내부의 재량준칙에 불과하므로, 재량준칙에서 위반사항의 하나로 '유흥주점 외의 영업장에 무도장을 설치한 경우'를 들고 있다고 하여 이를 위반의 대상이 된 금지의무의 근거규정이라고 해석할 수는 없다. 또한 업종별 시설기준에 관한 시행규칙 조항의 '8. 식품접객업의 시설기준'의 구체적 내용을 살펴보더라도, 시설기준 위반의 하나로서 '유흥주점 외의 영업장에 무도장을 설치한 경우'를 금지하고 있다고 해석할 만한 규정이 없고, 달리 식품위생법령에 이러한 내용의 시설기준 위반 금지의무를 부과하고 있는 규정을 찾아보기 어렵다.

그리고 법 제37조 제1항, 제4항, 식품위생법 시행령 제21조가 식품접객업의 구체적 종류로 허가 대상인 유흥주점영업과 신고 대상인 일반음식점영업을 구분하고 있지만, 업종 구분에 기반한 영업질서를 해치는 위반행위를 반드시 업종별 시설기준 위반으로 규제해야 하는 것은 아니고, 이를 업태 위반(법 제94조 제1항 제3호)이나 식품접객영업자의 준수사항 위반(법 제44조 제1항, 제75조 제1항 제13호)으로도 규제할 수 있는 것이므로, 이러한 식품위생법령상 업종 구분만으로 일반음식점에 무도장을 설치하는 것이 업종별 시설기준을 위반한 것이라고 볼 수는 없다.

또한 업종별 시설기준은 각 영업의 종류에 따라 갖추어야 할 최소한의 기준을 정한 것일 뿐이므로, 업종별 시설기준에서 명시적으로 설치를 금지하지 아니한 개개 시설의 이용 형태나 이용 범위를 제한하는 것은 본질적으로 업태 위반이나 식품접객영업자의 준수사항 위반으로 규율해야 할 영역이라고 보인다.

이상과 같은 여러 사정과 식품위생법령의 전반적인 체계 및 내용을 종합하면, 업종별 시설기준에 관한 시행규칙 조항에서 '유흥주점 외의 영업장에 무도장을 설치한 것'을 금지하고 있다고 보기 어려우므로, 일반음식점 내 무도장의 설치·운영행위가 업태 위반으로 형사처벌의 대상이 되는 등은 별론으로 하더라도, 이러한 행위가 시행규칙 조항에 정한 업종별 시설기준 위반에 해당하여 시설개수명령의 대상이 된다고 볼 수는 없다.

(3) 유추해석과 구별해야 될 개념으로서 준용(準用, mutatis mutandis, with the necessary modifications)이 있는데, 어떤 사항에 관한 규정을 그와 유사하지만 본질이 다른 사항에 대하여, 필요한 경우 조금의 수정을 가하여 적용시키는 것을 말한다. 같은 종류의 규정을 되풀이하는 번잡을 피하기 위한 입법기술로서, 입법기술상의 편의로 법에서 유추적용을 명문으로 인정하는 경우이다. 준용의 주요 목적은 중복을 피하고 법문을 간소화하는 데 있으나 필요한 수정의 유·무나 정도에서 의문이나 해석의 논란이 있을 수 있다. 민법 제21조는 준점유를 규정하면서 본장의 규정은 재산권을 사실상 행사하는 경우에 준용한다고 하고 있는데, 재산권에 관한 여러 규정을 다시 되풀이하지 않기 위해 준용으로 처리한 것이

다. 형벌법규의 해석에 있어서는 죄형법정주의(罪刑法定主義)의 원칙에 입각한 당연한 결과로서 유추가 금지되지만, 준용은 해석기술이 아니고 입법기술이기 때문에 형법의 영역에 있어서도 당연히 허용된다. 형법의 사기죄와 공갈죄의 적용에 있어서 제354는 친족 간의 범행과 동력에 관하여는 절도죄에 규정된 제328조와 제346조를 준용한다고 하고 있다.

1.5.3. 사법적극주의(judicial activism)

○ 법 규정의 해석에 있어서 판사가 사회정의의 실현, 인권보장 등의 중요한 가치 혹은 정치적 목표를 고려하여 입법부, 행정부의 입법활동에 대해 적극적으로 위헌, 무효 판결을 행하는 재판의 법창조적, 법형성적, 준입법적 기능(judge made law)을 강조하는 입장이 있는데 이를 사법적극주의(judicial activism)라고 한다.

○ 소수자우대정책(affirmative action)에 대하여 평등의 원칙 위반이라고 주장하며 제기된 소송에서 미국 연방대법원이 인종적 문화적 다양성을 고려하여 성숙한 사회로 나아가기 위한 기회균등의 원칙에 비추어 합헌이라고 판결한 것을 사법적극주의의 표현이라고 본다.

미국의 경우 1954년 흑백분리교육이 위헌이라는 판결, 1973년 낙태를 범죄로 규정한 것이 위헌이라는 판결, 2000년 대통령선거의 플로리다주 재개표를 중지시킨 결정, 2010년 정치후원금에서 기업의 후원금 제한을 위헌이라고 한 판결, 2013년 동성애결혼을 금지한 캘리포니아주법률을 위헌이라고 한 판결, 2015년 동성애결혼금지를 헌법상 평등보호원칙과 생명, 재산, 자유의 침해에서의 적법절차조항에 위배되어 위헌이라고 한 판결 등을 이러한 사법적극주의 입장에서 나온 판결이라고 보고 있다.

우리나라의 경우 2005년 종중의 구성원자격에 성년여성이 포함된다고 한 판결을 대표적으로 제시할 수 있을 것이다.

○ 그러나 소수자우대정책에 대하여 오히려 비슷한 자격자가 인종적 문화적 다양성을 이유로 역차별을 받게 된다는 논란이 계속 제기되어 왔고, 최근에는 미시간대학교 로스쿨의 입학사정에서 인종을 고려요소로 삼는 것은 위법이라는 하급심 판결이 연방대법원에서 5:4로 가까스로 합헌이라고 판정되었다(Grutter v. Bollinger, 539 US 306 - Supreme Court 2003). ★ 그러나 미시간주는 2006년 주헌법을 개정하여 모든 공립학교에서 인종 요소를 특별한 취급의 대상으로 할 수 없다고 하였다(shall not discriminate against or grand preferential treatment to, any individual or group on the basis of race, sex, color, ethnicity, or national otigin in the operation of public employment, public education, or public contracting).

○ 한편 의회, 행정부 등에서 내리는 정치적 결정에 대해 법원이 개입하는 것을 자제하고 그 의견과 판단을 존중하고 그 결정에 구속된다고 보는 입장을 사법소극주의라고 한다.

★ The Michigan Law School is seeking to "admit a group of students who individually and collectively are among the most capable," the Law School looks for individuals with "substantial promise for success in law school" and "a strong likelihood of succeeding in the practice of law and contributing in diverse ways to the well-being of others." More broadly, the Law School seeks "a mix of students with varying backgrounds and experiences who will respect and learn from each other." In 1992, the dean of the Law School charged a faculty committee with crafting a written admissions policy to implement these goals. In particular, the Law School sought to ensure that its efforts to achieve student body diversity complied with this Court's most recent ruling on the use of race in university admissions. The policy makes clear, however, that even the highest possible score does not guarantee admission to the Law School. Nor does a low score automatically disqualify an applicant. Ibid. Rather, the policy requires admissions officials to look beyond grades and test scores to other criteria that are important to the Law School's educational objectives. So-called "'soft' variables" such as "the enthusiasm of recommenders, the quality of the undergraduate institution, the quality of the applicant's essay, and the areas and difficulty of undergraduate course selection" are all brought to bear in assessing an "applicant's likely contributions to the intellectual and social life of the institution." The policy does, however, reaffirm the Law School's longstanding commitment to "one particular type of diversity," that is, "racial and ethnic diversity with special reference to the inclusion of students from groups which have been historically discriminated against, like African-Americans, Hispanics and Native Americans, who without this commitment might not be represented in our student body in meaningful numbers

2. 법의 제정과 효력

2.1. 법의 제정 law making

○ 헌법 제40조는 입법권은 국회에 속한다고 규정하여 국회입법의 원칙을 선언하고 있으나, 제52조에서 국회의원과 정부는 법률안을 제출할 수 있다고 하여 정부에게도 법률안 제출권을 부여하고 있다.

○ 법률안 입안 과정

국회의원은 10인 이상의 찬성으로 의안을 발의할 수 있으며, 예산상의 조치를 수반하는 법률안의 경우에는 예산명세서를 함께 제출하여야 한다(국회법 제79조). 국회의 위원회도 그 소관사항에 관하여는 법률안을 입안하여 위원장 명의로 제출할수 있다(국회법 제51조) 헌법상 법률안 제안권이 없는 대법원, 중앙선거관리위원회, 감사원 등에서 각각 관련법안에 대한 개정의견을 국회에 제출하는 경우가 있는데, 의장이 이를 소관 위원회에 송부하여 법안입안이나 심사에 참고하도록 하며, 이 내용이 위원회안으로 제안되기도 한다.

정부제출 법률안은 국무회의의 심의를 거쳐 대통령 명의로 제출하되 국무총리와 관계 국무위원이 부서하여야 한다.(헌법 제82조, 제89조) 주무부처인 중앙행정기관이 그 소관 사항에 대하여 법령안을 입안하는데 이 때 법령에 내재하는 부패 유발 요인을 체계적으로 분석·평가, 그에 대한 사전 정비 및 종합적인 개선 대책을 강구하는 부패영향평가를 하여야 한다. 그리고 법령안에 대하여 발생할 수 있는 이견을 사전에 조정하기 위하여 그 내용과 관련이 있는 관계 기관과의 협의과정을 거치고, 국가의 중요정책사항이나 국민생활에 중대한 영향을 미치는 법령이라면 여당과 당정협의를 한다(물론 야당에 협조를 구하기도 한다). 국민의 다양한 의견을 수렴하기 위하여 입법예고절차를 거친다. 입법예고기간은 통상 40일 이상으로 한다. 규제를 신설 또는 강화하는 내용의 법령을 제정하거나 개정하려는 경우에는 규제영향분석서, 자체 심사의견 등을 첨부하여 규제개혁위원회에 규제심사를 받아야 한다. 법령안 주관기관의 장이 법령안 원안을 확정하면 법제처의 법령안 심사를 받고 심사가 완료되면 차관회의 및 국무회의의 심의를 거친다. 정부제출 법률안은 국무회의 심의를 거치기까지 약 5개월 내지 7개월 이상의 기간이 소요된다.

○ 법률안 심의 의결 과정

국회의장은 법률안이 제출되면 의원에게 배부하고 본회의에 보고하며 소관 상임위원회에 회부한다. 해당 위원회는 제안자(정부제출안은 담당 국무위원, 의원발의안은 국회의원)로부터 설명을 듣고 전문위원 검토보고를 들은 다음 법률안 전체의 문제점과 당부에 관한 질의와 답변 등 대체토론을 한다(국회법 제58조). 일반적으로는 대체토론 후에 법안심사소위원회를 구성하여 심사하고, 공청회를 열어 이해관계자 또는 학식경험이 있는 자등으로부터 의견을 듣는 절차를 거치기도 한다. 축조심사(제정, 전문개정이 아니면 생략가능) 후 원안, 수정안, 대안, 폐기 등에 관한 표결을 한다. 위원회 심사 결과 본회의 부의할 필요가 없다는 결정을 하는 경우 의원 30인 이상의 요구로 법률안을 본회의에 부의할 수 있다(국회법 제81조, 위원회의 해임). 위원회가 심사한 법률안은 법제사법위원회로 회부하여 체계와 자구 심사를 거친다. 체계심사란 법률안 내용의 위헌 여부, 관련 법률의 저촉 여부, 자체조항간의 충돌 여부 등을 심사하고 법률형식을 정비하는 것이고, 자구심사란 각 법률 간에 용어의 통일을 위하여 법률안의 용어의 적합성과 통일성을 심사하는 것이다. 위원회 중심주의로 인한 본회의의 형식화를 보완하기 위하여 정부조직에 관한 법률안, 조세에 관한 법률안 기타 국민에게 부담을 주는 법률안에 대하여는 제적의원 1/4 이상의 요구로 전원위원회를 개최하도록 할 수 있다(국회법 제63조의 2). 위원회의 심사를 마친 법률안이 본회의에 의제가 된 때에는 위원장이 심사경과 및 결과 등을 보고하며, 이후 질의 토론을 거쳐 표결한다. 본회의 의결 후에도 서로 저촉되는 조항 자구 숫자 기타 정리를 필요로 하는 경우 의장 또는 위원회에 위임할 수 있고, 의장이 정부에 이송한다.

○ 법률의 공포

정부에 이송된 법률안은 15일 이내 대통령이 공포하는데(헌법 제53조), 법률공포안에 대해 국무회의의 심의를 거쳐 대통령이 서명하고 국무총리와 관계 국무위원이 부서한다. 법률공포는 관보에 게재함으로써 행하며, 법률공포일은 관보가 발행된 날로 한다.(법령등 공포에 관한 법률 제12조) ★

○ 대통령의 법률안 환부와 재심의

대통령은 국회에서 이송되어 온 법률안에 이의가 있을 때에는 이송되어 온 지 15일 이내에 이의서를 붙여서 국회에 환부하고 재의를 요구할 수 있다.

★ 법령등 공포에 관한 법률 제12조에 의하면 법령의 공포일은 그 법령을 게재한 관보가 발행된 날로 한다고 규정하여 법령의 공포일을 그 법령을 게재한 관보의 발행일로 하고 있지만 실제로 법령의 효력발생시기는 법령의 공포가 법령의 내용을 일반국민에게 알리는 공시행위인 점을 감안하면 그 법령을 게재한 관보가 정부간행물센타에 도달한 때로 봄이 타당하고 사회보호법을 게재한 관보가 발행되어 정부간행물센타에 도착한 일시는 1980. 12. 18. 10 : 00이므로 동법의 효력은 그 시각부터 발생한다고 보아야 할 것이다. (대구고등법원 1981. 9. 25. 선고 81노747 형사부판결 : 확정[상습야간주거침입절도·강간치상피고사건], 대법원 1970.7.21. 선고 70누76 판결)

단 법률안의 일부에 대하여 또는 법률안을 수정하여 재의를 요구할 수 없다(헌법 제53조). 재의요구된 법률안은 본회의에 바로 상정되며 정부의 재의요구 이유 설명을 듣고 질의 토론을 거친 후 무기명투표로 표결하며, 수정의결 할 수 없다. (국회법 제112조 제5항). 재적의원 과반수의 출석과 출석의원 2/3 이상의 찬성으로 다시 의결하면 법률로서 확정되며, 대통령은 정부로 이송된 후 5일 이내 공포하여야 한다.

○ 국회의장의 법률 공포

정부로 이송된 법률안에 대하여 15일 이내에 대통령이 공포하지 않거나 재의요구를 하지 않는 경우①와 법률안이 재의 결과 의결정족수를 거친 경우②는 법률로 확정된다. 대통령이 확정된 후(①) 혹은 이송된 후(②) 5일 이내에 공포하지 않을 때에는 국회의장이 5일이 경과한 날부터 5일 이내에 공포하고 대통령에게 통지한다. 공포방식은 서울특별시에서 발행되는 일간 신문 2 이상에 게재하는 것이다.

○ 법률의 효력발생

법률은 부칙에서 정하고 있는 시행일에 효력을 발하여, 시행일 규정이 없는 경우 공포일로부터 20일을 경과함으로써 효력이 발생한다.

○ 청부입법(請負立法)의 문제

행정부가 법률안을 만들어 국회의원에게 발의를 청탁함으로써 해당 의원의 이름으로 법률안을 제출하는 관행을 말한다. 정부도 법안 제출권을 보유하지만 이 경우 부처 협의를 포함해 6개월~1년의 기간이 필요로 하는 것에 반하여 의원입법은 1개월 만에도 통과될 수 있어 심사 절차가 간편하기 때문에 이런 방법을 사용해 편법적으로 처리하는 것이다. 이에 신속한 입법이 필요한 경우, 국회의 협조를 받아 추진하는 경우가 나타나고 있다. 더구나 자신의 입법 실적을 부풀리기 위해 의원들이 정부 부처에 법안을 요구하는 역(逆) 청부입법도 늘고 있어 법안에 대해 졸속적인 심사가 이루어지는 부작용이 나타나기도 한다.

청부입법에서 지적되는 문제점으로는 행정부의 복잡한 절차를 생략하면서 내용도 잘 모르는 국회의원이 입법안을 제출한다든지 심지어는 자신이 제출한 법안에 반대의견을 낸다든지 하는 상황을 초래하고, 국회의원의 지역 이권사업과 행정부의 지역개발계획이 거래되고 있거나 국회의원의 민원성 청탁을 행정부가 해결해 준다거나 예산이 제대로 뒷받침되지 않는 의원입법이 통과 되어버리는 등의 것들이 제시된다.

2.2. 입법절차의 하자를 다투는 방법

○ 국회의 입법절차에서 국회법 등에 의한 절차에 위배되어 의결된 법률에 관하여 어떻게 다툴 수 있는가에 관해서는 현재 헌법재판에서의 심판절차를 이용하는 방법이 거론되고 있다.

○ 우선 법률안에 대하여 여야간의 대립이 심화되고 일반적인 표결절차가 진행되지 않아서 비정상적인 방법으로 이른바 기습, 변칙 혹은 장소변경 의결이 이루어지는 경우 국회의원이 국회의장을 상대로 자신의 법률안에 대한 심의 표결권이 침해당했다는 점을 청구원인으로 하여 권한쟁의심판을 청구하는 방법이 있다.

이에 대하여 헌법재판소는 국회의 부분기관인 국회의원의 당사자능력을 인정하고, 법률안에 대한 표결의 자유와 공정이 현저히 저해되고 이로 인하여 표결 결과의 정당성에 영향을 미칠 개연성이 인정되는 경우라면, 그러한 표결 절차는 헌법 제49조 및 국회법 제109조가 규정한 다수결 원칙의 대전제에 반하는 것으로서 국회의원의 법률안 표결권을 침해한다고 하여 입법절차에 관한 국회의 자율권에 분명한 한계를 설정하여 국회입법절차의 위법성을 인정하였다.

♣ 헌재 2009. 10. 29. 2009헌라8·9·10(병합) 국회의원과 국회의장 등 간의 권한쟁의
국회의원과 국회의장 등 간의 권한쟁의심판의 경우는 헌법상의 권한질서 및 국회의 의사결정체제와 기능을 수호·유지하기 위한 공익적 쟁송으로서의 성격이 강하므로, 청구인들 중 일부가 자신들의 정치적 의사를 관철하려는 과정에서 피청구인의 의사진행을 방해하거나 다른 국회의원들의 투표를 방해하였다 하더라도, 그러한 사정만으로 이 사건 심판청구 자체가 소권의 남용에 해당하여 부적법하다고 볼 수는 없으며, 헌법 제49조가 천명한 다수결의 원칙은 국회의 의사결정 과정의 합리성 내지 정당성이 확보될 것을 전제로 한 것이고, 국회의원의 법률안 표결권은 국회의 구성원으로서 자신과 다른 국회의원의 표결권이 모두 정당하게 행사되고 확인되는 과정을 거쳐 국회의 최종 의사로 확정되는 국회입법권의 근본적인 구성요소이다. 따라서 법률안에 대한 표결의 자유와 공정이 현저히 저해되고 이로 인하여 표결 결과의 정당성에 영향을 미칠 개연성이 인정되는 경우라면, 그러한 표결 절차는 헌법 제49조 및 국회법 제109조가 규정한 다수결 원칙의 대전제에 반하는 것으로서 국회의원의 법률안 표결권을 침해한다.

신문법 수정안 표결 전후의 무질서하였던 회의장 상황 및 현행 전자투표 방식의 맹점 등을 고려할 때, 피청구인으로서는 표결과정에서 요구되는 최소한의 질서를 확보하고 위법한 투표행위나 투표 방해행위를 제지하는 등의 조치를 취하였어야 함에도 그러지 못한 결과, 신문법 수정안에 대한 표결 과정에 권한 없는 자에 의한 임의의 투표행위, 위법한 무권 또는 대리투표행위로 의심받을 만한 여러 행위, 투표방해 또는 반대 투표행위 등 정상적인 절차에서 나타날 수 없는 투표행위가 다수 확인되는바, 신문법 수정안에 대한 표결 절차는 자유와 공정이 현저히 저해되었다. 신문법 수정안 표결 전후 상황, 위법의 의심이 있는 투표행위의 횟수 및 정도 등을 종합하면, 신문법 수정안의 표결 결과는 극도로 무질서한 상황에서 발생한 위법한 투표행위, 정당한 표결권 행사에 의한 것인지를 객관적으로 가릴 수 없는 다수의 투표행위들이 그대로 반영된 것으로서, 표결과정의 현저한 무질서와 불합리 내지 불공정이 표결 결과의 정당성에 영향을 미쳤을 개연성이 있다. 결국, 피청구인의 신문법안 가결선포행위는 헌법 제49조 및 국회법 제109조의 다수결 원칙에 위배되어 청구인들의 표결권을 침해한 것이다.

신문법안 가결선포행위에 대한 무효확인 청구의 인용 여부
앞서 본 바와 같이 신문법안 가결선포행위가 청구인들의 법률안 심의·표결권을 침해한 것으로 볼 수는 없으므로, 위 가결선포행위가 청구인들의 심의·표결권을 침해함을 전제로 구하는 무효확인 청구는 나아가 판단할 필요 없이 이유 없다.(2명) 권

한쟁의심판 결과 드러난 위헌·위법 상태를 제거함에 있어 헌법재판소는 피청구인의 정치적 형성권을 가급적 존중하여야 하므로, 재량적 판단에 의한 무효확인 또는 취소로 처분의 효력을 직접 결정하는 것은 권한질서의 회복을 위하여 헌법적으로 요청되는 예외적인 경우에 한정되어야 한다. 이 사건에 있어서도 국회의 입법에 관한 자율권을 존중하는 의미에서 헌법재판소는 처분의 권한 침해만을 확인하고, 권한 침해로 인하여 야기된 위헌·위법상태의 시정은 피청구인에게 맡겨 두는 것이 바람직하다.(2명) 피청구인의 가결선포행위가, 무효나 취소소송의 대상이 될 수 있는 행정처분의 성격을 갖는 경우가 아닌 한, 국회의 법률제정과정에서 비롯된 국회의원과 국회의장 사이의 이 사건 권한쟁의심판사건에 있어서 헌법재판소의 권한쟁의심판권은 피청구인이 청구인들의 심의·표결권을 침해하였는지 여부를 확인하는 것에 그치고, 그 후 법률안 가결선포행위의 효력에 대한 사후의 조치는 오직 국회의 자율적 의사결정에 의하여 해결할 영역에 속한다.(1명) 이 사건 각 법률안 가결선포행위의 무효 여부는 그것이 입법 절차에 관한 헌법의 규정을 명백히 위반한 흠이 있는지 여부에 의하여 가려져야 한다. 이 사건 신문법안은 재적의원 과반수의 출석과 출석의원 중 압도적 다수의 찬성으로 의결되었는바, 위 법률안 의결과정에서 피청구인의 질의·토론에 관한 의사진행이 국회법 제93조에서 규정한 절차를 위반하였다 하더라도, 다수결의 원칙(헌법 제49조), 회의공개의 원칙(헌법 제50조)등 헌법의 규정을 명백히 위반한 경우에 해당하지 아니하므로 무효라고 할 수 없다.(1명)

신문법안은 위원회의 심사를 거치지 아니하여 국회 본회의에서 질의·토론을 생략할 수 없음에도 불구하고 제안취지 설명이나 질의·토론 절차를 거치지 아니한 채 표결된 것이므로, 국회의 의결을 국민의 의사로 간주하는 대의효과를 부여하기 위한 실질적 요건을 갖추지 못하였다. 따라서 신문법안에 대한 국회의 의결은 국민의 의사로 간주될 수 없으므로 무효라고 봄이 상당하다. 더구나 신문법안의 경우 질의·토론 절차가 생략된 점 외에도, 표결 절차의 공정성, 표결 결과의 진정성을 의심하지 않을 수 없는바, 위의 사유들은 중첩적으로 결합하여 중대한 무효사유를 구성한다.(2명). 권한쟁의심판제도는 국가권력의 통제를 통한 권력분립의 실현과 소수의 보호를 통한 민주주의의 실질화, 객관적 헌법질서 유지 및 관련 국가기관의 주관적 권한의 보호를 목적으로 한다. 헌법재판소법 제61조 제2항, 제66조 제1, 2항도 권한쟁의심판이 객관적 쟁송과 주관적 쟁송의 성격을 동시에 지니고 있음을 나타낸다. 따라서 신문법안의 가결을 선포한 피청구인의 행위가 헌법과 국회법에 위배되는 것으로 인정한 이상 무효확인 청구를 인용함이 상당하다.(1명)

방송법안 가결선포행위에 대한 무효확인 청구의 인용 여부

앞서 본 바와 같이 방송법안 가결선포행위가 청구인들의 법률안 심의·표결권을 침해한 것으로 볼 수는 없으므로, 위 가결선포행위가 청구인들의 심의·표결권을 침해한 것임을 전제로 한 무효확인 청구는 나아가 판단할 필요 없이 이유 없다.(2명) 헌법재판소법 제66조는 권한침해확인과 아울러 원인되는 처분의 취소 또는 무효확인까지 할 것인지 여부를 헌법재판소의 재량에 맡겨놓고 있는바, 우리 헌법은 국회의 의사 절차에 관한 기본원칙으로 제49조에서 '다수결의 원칙'을, 제50조에서 '회의공개의 원칙'을 각 선언하고 있으므로, 결국 법률안의 가결선포행위의 효력은 입법 절차상 위 헌법규정을 명백히 위반한 하자가 있었는지에 따라 결정되어야 할 것이다. 피청구인의 방송법안 가결선포행위는 비록 국회법을 위반하여 청구인들의 심의·표결권을 침해한 것이지만, 그 하자가 입법 절차에 관한 헌법규정을 위반하는 등 가결선포행위를 취소 또는 무효로 할 정도에 해당한다고 보기 어렵다.(3명) 앞서 신문법안 가결선포행위의 무효확인 청구에서 밝힌 바와 같은 이유로, 방송법안 가결선포행위의 무효확인 청구도 기각되어야 한다.(1명)

방송법안의 경우 질의·토론 절차가 생략되어 심의·표결권을 침해한 절차의 하자가 이미 중대한 경우이므로 국회법 제92조(일사부재의) 위반의 점도 부가적 사유로 삼아, 가결선포행위의 무효를 선언하여야 한다.(2명)

그런데 입법절차와 관련하여 헌법 또는 법률에 위배되는 점이 인정된 경우 그러한 입법절차를 거쳐 공포·시행되고 있는 법률의 효력에는 어떤 영향을 미치는가 그리고 국회는 어떤 의무를 지는가에 관하여는 논란이 있다. 우선 입법절차의 하자는 법률의 효력에 영향을 끼치지 않는다는 견해와 권한침해 확인에 그친 경우와 취소 또는 무효확인까지 한 경우를 구별하여 후자는 영향이 있다고 보는 견해가 있다. 입법절차의 위헌성 위법성이 인정되어 권한쟁의가 인용된 결정의 기속력은 피청구인인 국회의장으로 하여금 위헌·위법성을 제거함으로써 합헌적 권한질서를 회복케 할 법적 의무를 부과하는 것으로써 재입법 또는 법개정의 의무가 부과된다고 보아야 할 것이다. 그리고 그 결정의 내용이 입법절차의 본질적이거나 중요한 요소를 이루는 사항[다수결원칙(헌법 §49), 의사공개의 원칙(§50), 정족수(국회법 §54, §73 등)], 표결 절차와 방법(국회법 §109, §112) 등에 대한 하자가 있는 것이라면 법률에 관하여 취소 또는 무효확인 결정을 할 수 있고 그로 인하여 해당 법률의 효력은 상실된다고 하여야 할 것이다.

○ 한편 입법절차가 무리하게 이루어지는 경우 입법절차의 하자로 직접 그 법률로부터 권리나 의무의 침해를 받게 되는 당사자인 국민들이 직접적으로 기본권을 침해받았다고 주장하여 헌법소원심판 청구를 할 수 있는가가 문제로 된다.

헌법재판소는 권한쟁의사건의 계기가 된 노동관계법의 적용을 받게 된 노동자들이 입법절차상의 하자를 이유로 위헌·무효인 노동관계법의 시행으로 인해 기본권 침해를 받았다고 주장하며 헌법소원을 청구한 데 대하여, 법률의 입법절차가 헌법이나 국회법에 위반된다고 하더라도 그러한 사유만으로는 그 법률로 인하여 국민의 기본권이 현재, 직접적으로 침해받는다고 볼 수 없으므로 헌법소원심판을 청구할 수 없으며, 청구인들이 주장하는 입법절차의 하자는 야당소속 국회의원들에게는 개의시간을 알리지 않음으로써 법률안의 심의에 참여할 수 있는 기회를 주지 아니한 채 여당소속 국회의원들만 출석한 가운데 국회의장이 본회의를 개의하고 법률안을 상정하여 가결선포하였다는 것이므로 그와 같은 입법절차의 하자를 둘러싼 분쟁은 본질적으로 법률안의 심의·표결에 참여하지 못한 국회의원이 국회의장을 상대로 권한쟁의에 관한 심판을 청구하여 해결하여야 할 사항이라고 하였다. ★

청구인들이 해당 법률의 실체적 내용으로 인하여 현재, 직접적으로 기본권을 침해받은 경우에 헌법소원심판을 청구하거나 이 사건 법률이 구체적 소송사건에서 재판의 전제가 된 경우에 위헌여부 심판의 제청신청을 하여 그 심판절차에서 입법절차에 하자가 있음을 이유로 해당 법률이 위헌임을 주장하는 것은 별론으로 하고, 단순히 입법절차의 하자로 인하여 기본권을 현재, 직접적으로 침해받았다고 주장하여 헌법소원심판을 청구할 수는 없다고 할 것이다. 이와 같은 입법절차의 하자를 둘러싼 분쟁은 본질적으로 국회의장이 국회의원의 권한을 침해하였는지 여부에 관한 다툼으로서 해당 법률의 심의·표결에 참여하지 못한 국회의원이 국회의장을 상대로 권

★ (노동조합및노동관계조정법 등 위헌확인 1998. 8. 27. 97헌마8·39(병합) 전원재판부)
국회선진화법(2012.5.30.부터 시행된 국회법 개정안의 별칭)에 의하면, 날치기 법안처리 등 다수당의 일방적인 국회운영과 의원간 몸싸움 등 국회 폭력을 예방하기 위하여, 국회의장의 직권상정요건을 강화(여야합의, 천재지변 전시 사변에 준하는 국가비상사태 등의 경우에만 직권상정 가능)하고, 무제한 토론(필리버스터)을 실시할 수 있게 하였고(재적1/3 이상 찬성이 있는 경우, 3/5이상의 중단결의가 있으면 중단), 3/5 이상의 동의가 있는 경우 신속처리안건으로 지정하여 최장 330일에 걸쳐 심사하고 본회의에 자동상정되도록 하였다.
헌법재판소는 이 국회법 개정 조항의 권한쟁의심판청구에 대하여 각하결정하였다.(2016.5.26. 2015헌라1)

한쟁의에 관한 심판을 청구하여 해결하여야 할 사항이라고 할 것이라고 하여 입법절차의 하자로 만들어진 법률의 내용이 직접적으로 기본권을 침해한 것으로 연결될 수 없다고 하였다.

○ 입법절차가 위헌이어서 제정 개정된 법률이 위헌 무효라고 하면서 위헌법률심판청구를 할 수 있는지 문제로 된다. 위헌법률심판은 헌법소원과 달리 '기본권침해의 가능성'이라는 적법요건이 부존재한다. 그래서 입법절차의 하자와 기본권침해의 가능성을 연결하는 논리가 불필요하다. 위헌법률심판의 심사기준은 기본권 침해여부에 국한하지 않고 전체 헌법규정과 헌법원리로 확대되며, 입법절차에 관하여 규율하는 헌법기준은 의회민주주의와 같은 헌법원리 뿐만 아니라 헌법 제49조(의사 및 의결종족수: 재과출 출과찬)의 위반이 되어 문제된 입법절차에 헌법원리나 헌법규정을 위반한 하자가 있다고 인정되면 해당법률은 곧 위헌으로 효력 상실될 수 있을 것이다.

♣ 헌재 1998. 8. 27. 97헌마8 노동조합및노동관계조정법 등 위헌확인
　구체적 소송사건에서 재판의 전제가 된 경우에 위헌여부심판의 제청신청을 하여 그 심판절차에서 입법절차에 하자가 있음을 이유로 이 사건 법률이 위헌임을 주장하는 것은 별론으로 하고...

♣ 헌재 1997. 1. 16. 92헌바6 국가보안법 제6조 제1항 등 에 대한 헌법소원
　국가보안법위반 사건의 피고인들이 자신들에게 적용되는 국가보안법에 개정절차상의 하자(국회의장이 의장석이 아닌 본회의장 뒤쪽 중앙통로에서 국가보안법 개정안에 대하여 제안설명, 심사보고, 수정제의보고 등 모든 절차를 서면으로 대체하고, '가결에 이의 없습니까'고 묻고, 야당의원들이 '이의 있다'고 하였음에도 불구하고 '일부 이의가 있으나 표결할 수 없는 상태이고 다수의원이 찬성하므로 가결을 선포한다'고 함)가 있어 위헌이라며 위헌제청을 하였으나 법원이 이를 기각하자 헌법소원을 청구)

　관계자료에 의하면, 1991. 5. 10. 속개된 제154회 임시국회 본회의는 당시 의장이 야당의원들의 거듭된 실력저지로 정상적인 의사진행에 의한 표결이 사실상 불가능한 상황이었음을 확인한 후 본회의장 내에서 헌법 및 국회법 소정의 의결정족수를 넘는 다수 의원들이 당해 안건에 대하여 찬성의사를 표시함을 확인하고 '국가보안법중 개정법률안'이 가결되었음을 선포하였던 것으로 인정된다. 그렇다면 신법의 개정절차에 헌법 제40조 및 제49조 등을 위반한 위헌적 요소가 있었다고는 볼 수 없으므로 이 부분에 관한 청구인들의 주장은 이를 받아들일 수 없다.

♣ 헌재 2001. 4. 26. 98헌바79 보안관찰법 부칙 제2조 제2호 등 위헌소원 " (동법 제4조 제1항, 제24조)"
구 국방경비법 사건
보안관찰 관련 처분을 행정소송으로 다투면서 보안관찰 해당범죄의 근거법률인 구 국방경비법이 성립절차상의 하자로 무효임을 다툰 사건
보안관찰 해당 범죄의 경력이 보안관찰처분의 근거가 되기 위해서는 보안관찰해당 범죄로 처벌할 당시 그 처벌규정(구 국방경비법)이 유효하게 성립하고 있었음을 전제로 한다고 한 다음, 구 국방경비법의 성립경위에 대하여 판단 (제정, 공포경위가 명백히 밝혀지지 않기는 하나 그 유효한 성립을 인정)

○ 입법절차가 정당하고 적법하여야 한다는 것은 의회민주주의의 가장 본질적인 요청이고 국민의 기본권에 관련되는 사항을 규율하기 위한 가장 기초적인 요건이다. 다원적 개방성을 전제로 한 토론과 심의, 다수결원칙에 의한 결정 등 입법절차에 있어 반드시 준수하여야 할 사항들을 무시한 채 공포, 시행되는 법률이 있다면 그것은 민주주의적 정당성을 지닌 법률이라 할 수 없고, 그러한 법률에 의한 기본권 제한은 정당화될 수 없다. 그럼에도 불구하고 아직도 이런 기초적 정당성과 적법성을 갖추지 못한 외형상의 법률이 간헐적으로 탄생하는 것이 우리의 현실인데, 이러한 현실에서 민주주의를 지키고, 국민의 기본권을 보호하는 것이 헌법재판소의 과제와 기능이라고 할 때, 이런 과제를 이행하는 수단을 헌법재판의 어떤 특정 유형에 국한할 필요 없다고 할 것이다.

권한쟁의심판을 통해서는 권한 법질서의 확인이 이루어지고 정당국가적 의회분쟁이 해결되는데, 문제제기와 공방은 국회 다수파와 소수파를 중심으로 이루어진다. 위헌법률심판을 통해서는 재판당사자인 국민 또는 법원의 문제 제기에 의하여 실체적 내용의 위헌 여부와 별도로 성립과정상의 위헌 여부를 심사할 수 있다. 규범통제라는 위헌법률심판제도의 목적과 본질에 비추어, 재판의 전제성이라는 요건이 갖추어 진다면 달리 절차적 하자에 대한 심사를 방해할 만한 요소는 없을 것이다.

2.3. 법의 효력의 범위 및 효력 확보 방법

2.3.1. 법의 효력의 범위 scope of the force and effect of law

○ 법의 시간적 효력

법은 시행일부터(from the time of enactment forward) 폐지일까지 유효하다. 법률에 시행일이 따로 규정되지 않은 경우 헌법 제53조 제2항에 따라 공포한 날로부터 20일이 경과하면 효력이 발생하는데, 공포는 관보에 게재하는 것으로 한다. 단 국민의 권리제한 의무부과와 관련된 법령은 30일이 경과하면 효력을 발생한다(법령등 공포에 관한 법률 제13조 제2항)

법률이 명시적으로 폐지가 되는 경우로는 신법에 폐지되는 구법을 표시하든지(국토기본법 부칙 제2조(다른 법률의 폐지 --- 국토건설종합계획법은 이를 폐지한다), 구법의 폐지법률(예: 군정법령폐지에 관한 법률, 신문지법 폐지에 관한 법률, 한국전기통신공사법폐지법률)을 만들든지, 법령에 그 시행기간을 미리 정해 놓아 기간이 종료되면 폐지되도록 하는 방식(한시법 限時法)으로 한다. 한편 묵시적으로 폐지되는 경우가 있는데, 신법에 저촉되는 구법은 그 한도에서 폐지된다든지 [(신법우선의 원칙, 다만 신법이 일반법인 경우는 특별법이 우선하므로 이전의 특별법이 적용된다, 상법시행법 제3조(상사특별법령의 효력 --- 상사에 관한 특별한 법령은 상법시행후에도 그 효력이 있다.)], 법률의 정해진 목적사항이 소멸되어 더 이상 법률이 적용되는 경우가 없어진다든지 하는 경우가 있다.

법률은 제정 혹은 개정된 이후에 적용되는 것이 원칙이며, 특히 헌법은 모든 국민은 행위시의 법률에 의하여 범죄를 구성하지 아니하는 행위로 소추되지 아니하며, 동일한 범죄에 대하여 거듭 처벌받지 아니한다(제13조 제1항), 모든 국민은 소급입법(retroactive law)에 의하여 참정권의 제한을 받거나 재산권을 박탈당하지 아니한다(제13조 제2항)라고 규정하여 법률불소급의 원칙을 표시하고 있다. 즉 사후입법(ex post facto law)의 금지와 기득권 존중의 원칙(unconstitutional if impairs vested rights)을 법률의 시간적 효력에 관해서 기본으로 하고 있다. 그러나 소급 적용이 당사자에게 유리한 경우(형법 제1조 제2항 : 범죄 후 법률의 변경에 의하여 그 행위가 범죄를 구성하지 아니하거나 형이 구법보다 경한 때에는 신법에 의한다. 제1조 제3항 : 재판확정 후 법률의 변경에 의하여 그 행위가 범죄를 구성하지 아니하는 때에는 형의 집행을 면제한다.)나, 제도와 사회의 변화를 유도하기 위한 경우(상법시행법 제2조 제1항 : 상법은 특별한 규정이 없으면 상법시행전에 생긴 사항에도 적용한다. 그러나 구법에 의하여 생긴 효력에 영향을 미치지 아니한다.)에는 소급적용이 이루어진다. 그러나 예외적 상황에서는 특별법으로 소급적용을 명시적으로 표시하는 경우도 있는데 반민족행위자처벌 특별법(1948.9.22.), 반민주행위공민권제한법(1960.12.31.), 부정축재처리법(1961.6.14.), 부정축재환수절차법(1961.10.26.), 친일반민족행위자 재산의 국가귀속에 관한 특별법(2005.12.29.) 등이 그것이다.

○ 법의 장소적 효력

한 나라의 법률은 그 나라의 주권이 미치는 영토에서 적용된다(territorial principle). 영토, 영해, 영공을 포함한 국가 안에서 자국법이 적용되는데, 외국대사관, 외국군대주둔지, 외국군함, 외국군용항공기는 그 나라 안에 있더라도 해당 국가의 법률이 적용될 수 없는 치외법권 지역(extraterritoriality)이다.

♣ 외국대사관의 명도집행에 있어 해당 지역이 치외법권지역이라고 해서 강제집행신청 접수가 거부된 경우

♣♣ 대법원 1997.4.25. 선고 96다16940 판결 [보상금]
　헌법재판소 1998.5.28. 96헌마44 결정 [입법부작위위헌확인]

　　한 서울시민이 1990년 서울 논현동 주택을 아프리카의 자이레공화국(현 콩고민주공화국)의 한국대사관으로 월 5천달러의 차임을 받기로 하고 빌려주었는데, 자이레공화국 대사관이 1년정도 지난 후부터 월세를 내지 않았다. 이에 그 시민은 건물명도와 밀린 월세의 지급 청구 소송을 제기하였고 대사관측이 법정에 출석하지 않아서 원고의 청구를 모두 인용하는 의제자백 판결이 선고되었다. 그런데 1993년 명도의 강제집행을 집행관에게 의뢰하였으나 외국대사관이어서 출입을 할 수 없어서 강제집행신청이 거부되었다. 수년이 지나도 속수무책이자 이에 그 시민은 1994년 국가를 상대로 손해배상청구 소송을 제기하였는데, 청구원인은 외교관계에 관한 비엔나협약의 적용에 의하여 외국 대사관저에 대한 강제집행을 하지 못함으로써 발생한 손해에 대하여 국가가 손실보상책임이나 손해배상책임을 져야한다는 것이었다. 그러나 대법원에서 '외교관계에 관한 비엔나협약이 대사관저에 대한 명도집행뿐만 아니라 공관 내의 재산에 대한 강제집행을 직접적으로 금하고 있다고 하더라도, 협약규정 자체가 직접적으로 외국대사관과 어떠한 법률행위를 강제하는 등으로 국민의 재산권을 침해하는 것은 아니고, 협약규정의 적용을 받는 외국대사관과 어떠한 법률행위를 할 것인지의 여부는 전적으로 국민의 자유의사에 맡겨져 있다고 할 것이므로 협약규정의 적용에 의하여 어떠한 손해가 발생하였다고 하여 그것이 국가의 공권력행사로 말미암은 것이라고 볼 수 없고, 나아가 외국 대사관이 사전에 승소판결에 기한 강제집행을 거부할 의사를 명시적으로 표시하였으므로 손해가 집달관의 강제집행 거부를 직접적인 원인으로 하여 발생한 것이라고 볼 수 없으므로 손실보상의 대상이 되지 아니하고, 또한 국가가 보상입법을 하지 아니하였다거나 집달관이 협약의 관계 규정을 내세워 강제집행을 거부하였다고 하여 이로써 불법행위가 되는 것은 아니다.' 는 판결이 선고되었다

　　그 사이 그 시민은 헌법재판소에 입법부작위위헌확인 헌법소원을 제기하였는데 그 청구원인은 외국의 대사관저에 대하여 강제집행을 할 수 없다는 이유로 집달관이 청구인들의 강제집행의 신청의 접수를 거부하여 강제집행이 불가능하게 된 경우 국가가 청구인들의 재산권을 보호하여야 할 즉 손실을 보상하는 법률을 제정하여야 할 의무가 있음에도 이를 하지 않은 것은 위헌이라는 것이었다. 그러나 헌법재판소는 그러한 그 경우에 있어서 손실보상 입법제정에 대하여 헌법상의 명시적인 입법위임은 인정되지 아니하고, 헌법의 해석으로도 그러한 법률을 제정함으로써 청구인들의 기본권을 보호하여야 할 입법자의 행위의무 내지 보호의무가 발생하였다고 볼 수 없다고 심판청구가 각하되었다(헌재 1998.5.28. 96헌마44). 한편 헌법재판소는 '강제집행은 채권자의 신청에 의하여 국가의 집행기관이 채권자를 위하여 채무명의에 표시된 사법상의 이행청구권을 국가권력에 의하여 강제적으로 실현하는 법적 절차를 지칭하는 것이다. 강제집행권은 국가가 보유하는 통치권의 한 작용으로서 민사사법권에 속하는 것이고, 채권자인 청구인들은 국가에 대하여 강제집행권의 발동을 구하는 공법상의 권능인 강제집행청구권만을 보유하고 있을 따름으로서 청구인들이 강제집행권을 침해받았다고 주장하는 권리는 헌법 제23조 제3항 소정의 재산권에 해당되지 아니한다. 외교관계에 관한 비엔나협약 제32조 제1항과 제4항에 의하여 외교관 등을 파견한 국가는 판결의 집행으로부터의 면제의 특권을 포기할 수도 있는 것이므로 위 협약에 가입하는 것이 바로 헌법 제23조 제3항 소정의 '공공필요에 의한 재산권의 제한'에 해당하는 것은 아니다. '라고 판시하였다.

그 나라의 주권이 미치는 영토의 범위를 벗어나서 외국에서 사법권을 행사하는 것은 허용되지 않으므로, 범죄인이 외국으로 도피한 경우 그 범죄인을 국내로 인도받기 위하여 외국과의 범죄인인도협정(extradition treaty)이 체결되어 있고, 국내의 내외국인 범죄인을 외국으로 인도하기 위한 범죄인인도법도 제정되어 있으며, ★ 재판에서 송달과 증거조사 등의 협조를 하기로 하는 형사사법공조조약도 체결되어 있다.

♣ 헌재 2003.1.30. 2001헌바95 [범죄인인도법 제3조 위헌소원]

법원의 범죄인인도결정은 신체의 자유에 밀접하게 관련된 문제이므로 범죄인인도심사에 있어서 적법절차가 준수되어야 한다. 그런데 심급제도는 사법에 의한 권리보호에 관하여 한정된 법발견, 자원의 합리적인 분배의 문제인 동시에 재판의 적정과 신속이라는 서로 상반되는 두 가지의 요청을 어떻게 조화시키느냐의 문제이므로 기본적으로 입법자의 형성의 자유에 속하는 사항이다. 한편 법원에 의한 범죄인인도심사는 국가형벌권의 확정을 목적으로 하는 형사절차와 같은 전형적인 사법절차의 대상에 해당되는 것은 아니며, 법률(범죄인인도법)에 의하여 인정된 특별한 절차라 볼 것이다.

그렇다면 심급제도에 대한 입법재량의 범위와 범죄인인도심사의 법적 성격, 그리고 범죄인인도법에서의 심사절차에 관한 규정 등을 종합할 때, 이 사건 법률조항이 범죄인인도심사를 서울고등법원의 단심제로 하고 있다고 해서 적법절차원칙에서 요구되는 합리성과 정당성을 결여한 것이라 볼 수 없다.

헌법 제27조의 재판을 받을 권리는 모든 사건에 대해 상소심 절차에 의한 재판을 받을 권리까지도 당연히 포함된다고 단정할 수 없는 것이며, 상소할 수 있는지, 상소이유를 어떻게 규정하는지는 특단의 사정이 없는 한 입법정책의 문제로 보아야 한다는 것이 헌법재판소의 판례이다.

이 사건에서 설사 범죄인인도를 형사처벌과 유사한 것이라 본다고 하더라도, 이 사건 법률조항이 적어도 법관과 법률에 의한 한 번의 재판을 보장하고 있고, 그에 대한 상소를 불허한 것이 적법절차원칙이 요구하는 합리성과 정당성을 벗어난 것이 아닌 이상, 그러한 상소 불허 입법이 입법재량의 범위를 벗어난 것으로서 재판청구권을 과잉 제한하는 것이라고 보기는 어렵다.

재판관 권성의 반대의견

헌법의 국민보호원칙은 국제형사사법공조의 한 내용인 범죄인 인도절차에서도 준수되어야 한다. 범죄인인도절차는 그 내용의 측면에서 볼 때 외국국가가 가진 국가로서의 대내적인 형벌권을 확보시켜주는 것이라는 점을 부인할 수 없기 때문에 종국적으로 형사처벌절차의 범주에 포함시키지 않을 수 없다. 법원의 인도심사 결정에서는

★ 우리나라의 범죄인인도법은 인도결정 재판을 서울고등법원의 단심결정으로 규정하고 있고 불복절차를 보장하지 않고 있어서 위헌성의 논란이 있으나, 헌법재판소는 합헌이라고 결정하고 있다. (헌재 2003.1.30. 2001헌바95) 그러나 이는 가장 기본이된 미국 판례를 기본적으로 잘못 이해한 데서 출발한 것으로 불복절차가 보장되어야 할 것으로 본다.

범죄인(범죄인인도법 제2조 제4호)에 해당하는지 여부, 인도대상범죄(동법 제2조 제3호, 제6조)에 해당하는지 여부 등에 대한 증거조사와 판단이 필요한데 이러한 판단은 본질적으로 형사소송절차적 성질을 갖는 것이다.

나아가, 재판절차로서의 형사소송절차는 당연히 상급심에의 불복절차를 포함하는 것이므로, 범죄인인도허가결정에 대하여도 당연히 상급심인 대법원에 대한 불복이 허용되어야 함이 원칙이다. 그런데 이 사건 법률조항이 불복을 불허하는 뜻으로 그 의미가 고착된 상태에 있는 결과로 범죄인(동법 제2조 제4호)에 해당하는지 여부, 인도대상범죄(동법 제2조 제3호, 제6조)에 해당하는지 여부, 범죄의 혐의를 인정할 상당한 이유가 없는지 여부 등을 판단함에 있어서 필요한 증거조사와 인도될 국가에서의 인권보장수준 등에 대한 고려 없이 법관의 주관적 자의가 작용한 경우 상급심의 불복심사에 의하여 이를 시정할 수 없게 되었다. 이것은 국제공동체의 일원으로서 형사정의의 국제적인 실현에 협력할 의무와 범죄인 개인의 인권을 보호할 의무와의 사이에 유지되어야 할 균형을 상실한 것이다. 따라서 이 사건 법률조항은 청구인의 재판청구권을 침해하는 것이다.

한편 세계무역이 자유화 개방화되면서 다른 나라에서 일어나는 경제행위가 자국에 영향을 미치는 경우가 많아지게 되었고, 기업활동이 국제화하면서 자국 영역밖의 반경쟁적 행위가 자국시장에 영향을 미치는 일이 빈번하게 발생함에 따라 외국인 또는 자국의 영역 밖에서 행해지는 행위에 대하여 자국의 법률을 적용하는 현상이 생겨나기 시작했다. 이것을 법률의 역외적용이라고 한다(extraterritorial application of law). 특히 미국은 반독점법, 증권거래법, 수출관리법, 환경규제법의 적용에 있어 외국에서 외국기업이 행하는 행위에 대해서도 규제하고 있다.

그리고 인터넷거래를 통한 국제거래가 이루어지면서 이에 대한 장소적 관할이 문제로 되고 있다. 야후(yahoo)가 야후미국의 경매사이트에 나치 국장이 그려져 있는 T 셔츠와 나치 친위대 모병포스터, 아돌프 히틀러가 그린 수채화복사품 등의 나치기념품을 판매하자 프랑스법원이 2000년 11월 미국의 인터넷 포털업체인 야후의 나치 기념품 경매 사이트에 프랑스인들이 접속하는 것을 차단하라고 명령했다. 프랑스 법인 '반(反)인종차별주의자 법' 에 근거해 "야후는 향후 3개월 내 프랑스 국적을 가진 네티즌들이 나치 경매 사이트에 접속할 수 없도록 대책을 마련해야 하며 이를 어길 경우 하루에 10만프랑(약 1만3천달러)씩 벌금을 부과하겠다"고 판결한 것이다. 이에 대해 야후 측은 프랑스법원의 결정이 효력을 발휘하지 못하도록 해 줄 것을 미국법원에 요청했다. "프랑스 법률로 미국 회사가 미국에서 운영하는 사이트를 규제하는 것은 표현의 자유를 규정한 미 수정헌법의 이념에 반하는 판결"이라고 반발하면서 "기술적으로도 프랑스인들만 골라내 접속을 차단하기란 불가능하다"고 주장한 것이다(물론 야후미국은 이 사이트를 중지하였다). 2001년 산호세 연방지방법원은 미국수정헌법 1조의 언론의 자유 규정에 의해 프랑스법원의 명령으로부터 보호를 받아야 한다고 결정했으나, 2004년 8월 연방항소법원은 미국 법원이 2개의 프랑스 시민단체에 대하여 관할권을 가지고 있지 않다고 하여 기각 판결하였다. 이후 2006년 1월 연방항소법원 전원재판부는 6:5로 프랑스형법을 위반하는 것이 허용될 정도로 수정헌법1조의 자유를 역외적용할 권리가 없다고 하면서 1심판결을 파기하였고, 2006년 5월 연방대법원은 심리불속행 결정을 하였다. ★

○ 법의 인적 효력

우리나라의 민사재판권은 국내에 있는 모든 자연인이나 법인에게 미치지만, 외국국가(단 우리나라 영토 내에서 행해진 사법적 私法的 행위에 대해서는 재판권 행사 가능), 외교관 및 그 가족(주재국의 국민인 경우 제외), 주한미군의 구성원 및 내국인 아닌 고용원(다만 공무집행 중의 불법행위에 관한 민사재판), 국제기구 및 그 구성원 등에 대해서는 재판권이 미치지 않는다. 국회의원의 경우 국회에서 직무상 행한 발언과 표결에 대해서 외

★ 다국적 인터넷기업은 이용자 피해나 분쟁 발생 시 약관을 근거로 외국 법원 관할권과 준거법 적용을 주장하고 있다. 국내 이용자·기업·정부가 다국적 인터넷기업에 소송을 제기할 경우 국제 소송 부담이 발생할 가능성이 커진다. 글로벌 인터넷 사업자 약관에 불공정한 재판 관할권과 준거법 조항이 포함됐는지 여부를 점검, 약관 변경을 유도하는 것이 필요하다. 한편 국내에 서비스되고 있는 글로벌 기업 가운데 이런 문제점을 인지해 약관을 변경한 경우도 있다. 마이크로소프트(MS)가 인수한 화상통화 서비스 스카이프(Skype)는 약관에서 '소비자 보호법, 불공정거래법 및 기타 불법 행위에 따른 청구를 포함하여 기타 다른 모든 청구에 대해서는 귀하가 거주하고 있는 지방 또는 국가의 법이 적용됩니다'라고 명시하고 있다.

부에서 책임을 지지 않는데, 이 책임에는 민사 재판도 포함된다.

우리나라의 형사재판권은 영토 내에서 범죄행위를 한 외국인에게도 미친다. 그리고 대통령은 재직중 내란죄·외환죄 이외는 형사처벌을 받지 않으며, 국회의원은 회기중 국회의 동의 없이 체포되지 않으며 국회에서 직무상 행한 발언과 표결에 대해서는 외부에서 책임을 지지 않으며, 외교관은 형사재판에서의 면책특권(diplomatic immunity)이 있다.

한편 항공기 범죄, 인질범죄, 외교관 등에 대한 범죄, 테러리즘, 마약거래, 해양오염 등의 방지를 위해서 각국이 조약을 체결하여, 처벌의무를 지는 국가를 특정하고 그 의무를 이행하도록 각국에 국내 입법의무를 부과하며 구체적인 경우에 '처벌할 것인지, 인도할 것인지'(aut dedere, aut punire)의 선택을 의무화함으로써 법의 인적 효력의 범위를 넓히고 있다(전 세계 인류가 공동을 대처해야 할 범죄에 대해서는 모든 국가가 관할권을 가진다).

2.3.2. 법의 효력 확보 방법 -- 제재(制裁 sanction)

법이나 규정을 어겼을 때 국가가 처벌이나 금지 따위를 행하는 것인데 법의 이념인 정의, 합목적성, 법적 타당성을 실현하기 위한 강제성을 부여하기 위한 것이다. 즉 법의 실효성과 타당성을 보장하기 위하여 구속력을 부과하고, 위반한 자에 대하여 제재를 가한다. 민사법상의 제재, 형사법상의 제재 그리고 공법상의 제재 순서로 보기로 한다.

(1) 민사법상의 제재

1) 손해배상(remedy, damage)

민사법상으로 법 규정을 어겨 제재를 받는 것은 당사자간의 계약을 이행하지 않는 데 대하여 법에 따른 이행의무와 손해배상책임의 제재를 가하는 채무불이행(계약불이행, breach of contract)책임과 타인에게 위법한 손해를 가함으로 인해 배상책임의 제재를 받는 불법행위책임(tort)으로 나눌 수 있다. 채무불이행책임이 생기는 부분에 있어서는 동시에 불법행위책임이 생길 수가 있어서 이 경우에 채무불이행에 의한 손해배상책임을 물을 수도 있고 또는 불법행위에 의한 손해배상책임을 물을 수도 있게 된다.

손해배상의 원칙은 원상회복과 금전배상이다. 그리고 필요한 경우 명예회복에 적당한 처분을 할 수 있다(민법 제764조, 단 사죄광고 게재의무 부과는 양심의 자유를 위반하게 하는 것으로 위헌). 손해는 위법행위(채무불이행 또는 불법행위)가 없었더라면 존재하였을 상태와 위법행위가 있은 현재의 이익상태와의 차이이며, 불이익이 생긴 법익은 재산·신체 기타 법적으로 보호하기에 상당한 것이면 모두 해당될 수 있다. 손해는 적극적 손해(지출 손해), 소극적 손해(일실수입), 정신적 손해(위자료)로 3분될 수 있다. 그리고 통상손해와 특별손해로도 분류되는데, 특별손해는 당사자 사이에 있어서의 개별적·구체적 사정에 의한 손해를 말하며, 이러한 손해를 배상하기 위하여는 채무자가 그러한 특별사정을 알았거나 알 수 있어야 한다(민법 제393조 제2항).

한편 손해는 일반적으로 보상적 손해배상(compensatory damage)을 의미하는데, 불법행위가 고의적·악의적·반사회적 의도로 이루어진 경우 피해자에게 입증된 재산상 손해보다 훨씬 많은 금액의 배상을 하도록 하는 징벌적 손해배상(懲罰的 損害賠償, punitive damage)이 부가되는 경우도 있다. 징벌적 손해배상은 보상적 손해배상만으로는 예방적 효과가 충분하지 않기 때문에 고액의 손해배상을 하게 함으로써 장래에 그러한 범죄나 부당 행위를 다시 반복하지 않도록 하고, 동시에 다른 사람(또는 기업)이 그러한 부당 행위를 범하지 않도록 예방하는 데에 주 목적이 있다. 징벌적 손해배상액수가 보상적 손해배상액수와 비교하여 어느 정도의 비율(punitive-to-compensatory ratio)이 적당한가에 대하여 미국 법원은 보상적 손해배상액의 4배 정도가 적정하며 10배를 초과하는 경우는 명백히 위헌일 수 있다고 하지만, 526배가 된 경우에도 위헌이지 않다고 하는 판

례도 있다. ★

　그러나 우리나라에서는 아직 일반적 원칙으로 징벌적 손해배상제도를 인정하고 있지 않으며, 다만 개별법 상으로 3배의 배상액을 정할 수 있다고 규정하고 있고 확대되는 추세이다. ★★ 문제는 징벌적 손해배상을 인정한 외국법원의 판결을 우리나라에서 집행할 수 있는가이다. 대법원은 '민사소송법 제217조 제1항 제3호는 외국법원의 확정판결 또는 이와 동일한 효력이 인정되는 재판의 승인이 대한민국의 선량한 풍속이나 그 밖의 사회질서에 어긋나지 아니할 것을 외국재판 승인요건의 하나로 규정하고 있는데, 여기서 외국법원의 재판 등을 승인한 결과가 대한민국의 선량한 풍속이나 그 밖의 사회질서에 어긋나는지는 승인 여부를 판단하는 시점에서 외국법원의 재판 등의 승인이 우리나라의 국내법 질서가 보호하려는 기본적인 도덕적 신념과 사회질서에 미치는 영향을 확정재판 등이 다룬 사안과 우리나라와의 관련성의 정도에 비추어 판단하여야 한다'고 하면서 징벌적 손해배상의 외국법원 판결의 집행판결의 승인이 되지 않을 수도 있다고 한다.(대법원 2015.10.15. 선고 2015다1284 판결[집행판결청구]) ★★★ 그런데

★ In the case of **Liebeck v. McDonald's Restaurants** (1994), 79 year old Stella Liebeck spilled McDonald's coffee in her lap which resulted in second and third degree burns on her thighs, buttocks, groin and genitals. The burns were severe enough to require skin grafts. Liebeck attempted to have McDonald's pay her $20,000 medical bills as indemnity for the incident. McDonald's refused, and Liebeck sued. During the case's discovery process, internal documents from McDonald's revealed the company had received hundreds of similar complaints from customers claiming McDonald's coffee caused severe burns. At trial, this led the jury to find McDonald's knew their product was dangerous and injuring their customers, and that the company had done nothing to correct the problem. The jury decided on $200,000 in compensatory damages, but attributed 20 percent of the fault to Liebeck, reducing her compensation to $160,000. The jury also awarded Liebeck $2.7 million in punitive damages, which was at the time two days of McDonald's coffee sales revenue. The judge later reduced the punitive damages to $480,000. The case is often criticized for the very high amount of damages the jury awarded. TXO Production Corp. v. Alliance Resources Corp. (1993))에서는 보상적 손해배상액이 $19,000이었으나, 징벌적 손해배상액은 $10,000,000이었는데, 이 500배가 넘는 징벌적 손해배상액을 합헌으로 결정한 사례가 있다. 미국연방대법원은 피고의 행위가 심히 중대하고 터무니없는 정도의 행위(Egregiously insiduous conduct)라 보고, 징벌적 손해배상액의 액수는 과도하게 지나치지 않다고 판단하였다.

★★ 제조물책임법 제3조 제2항 (.... 제조업자가 제조물의 결함을 알면서도 그 결함에 대하여 필요한 조치를 취하지 아니한 결과로 생명 또는 신체에 중대한 손해를 입은 자가 있는 경우에는 그 자에게 발생한 손해의 3배를 넘지 아니하는 범위에서 배상책임을 진다,....)
하도급거래의 공정화에 관한 법률 제35조 제2항 (원사업자가 제4조제1항 부당한 하도급대금 결정, 제8조 제1항 부당한 위탁취소, 제10조 부당반품, 제11조제1항·제2항 하도급대금 감액, 제12조의3 제3항 기술자료제공 요구와 유용을 위반함으로써 손해를 입은 자가 있는 경우에는 그 자에게 발생한 손해의 3배를 넘지 아니하는 범위에서 배상책임을 진다. 다만, 원사업자가 고의 또는 과실이 없음을 입증한 경우에는 그러하지 아니하다)

★★★ Japanese courts do not award punitive damages as a matter of public policy, and Japanese law prohibits the enforcement of punitive damage awards obtained overseas. In Japan, medical negligence and other species of

미국법원이 2011년 11월 듀폰이 코오롱인터스트리에 대하여 아라미드섬유의 기술비밀을 침해했다는 이유로 제기한 손해배상청구소송에서 1조원에 가까운 배상판결을 하였는데, 이에 대한 집행판결 등 문제가 제기되자, 민사소송법 217조의 2가 신설되고 '손해배상에 관한 외국법원의 확정재판등이 대한민국의 법률 또는 대한민국이 체결한 국제조약의 기본질서에 현저히 반하는 결과를 초래할 경우에는 해당 확정재판등의 전부 또는 일부를 승인할 수 없다.'로 규정되어 (2014.5.20. 개정 시행) 외국법원의 징벌적 배상판결에 대한 일부 집행 불승인도 가능하게 되었다. ★

2) 강제이행

이행의무를 지게 된 채무자가 이행하지 않는 경우 직접강제(민사집행)를 하거나, 대체집행(채무자 대신 철거 채무자에게 비용 추심)하거나, 간접강제(지연기간에 대한 배상금 지급 명령)를 통하여 이행하게 할 수 있다.

3) 효력부인

계약위반의 경우 혹은 권리불행사의 경우 실권시키거나(친권상실, 소멸시효), 그 행위를 무효로 처리해버리거나(강행법규위반행위, 반사회질서 법률행위, 불공정법률행위, 비진의표시, 허위표시), 취소할 수 있는 행위로 하여 취소할 수 있도록 한다(사기 강박에 의한 의사표시, 착오에 의한 의사표시).

(2) 형법상의 제재

불법행위가 형법 상의 범죄행위로 되는 경우 형사재판절차를 거쳐서 형벌을

---

negligence are governed by the criminal code, which may impose much harsher penalties than civil law. For instance, many causes of action which would subject a defendant to a potential punitive damage award in the U.S. would subject the same individual to prison time in Japan.

★ 2015.4. 코오롱이 민사 합의금 2,954억원과 형사 벌금 913억원을 각각 납부하기로 하여 이 사건은 종결되었다. 코오롱은 2017.에 이 배상금을 모두 지급하였다.

부가한다. 형벌에는 생명형, 자유형, 명예형, 재산형, 사회봉사명령, 수강명령 등이 있다(형법 제41조). 생명형는 사형을 말하며, 자유형에는 징역, 금고, 구류가 있는데, 징역형에서 유기징역은 유기 1월 이상 15년 이하의 형을 선고하고 25년까지 가중할 수 있고, 무기징역은 기간의 정함이 없으나 10년 경과 후 가석방이 가능하다. 금고는 정역에 복무하지 않는데, 법정형으로 주로 과실범에 대하여 규정되어 있다. 구류는 1일 이상 30일 미만 유치장에 구속시키는데 과실상해죄(제266조)와 경범죄처벌법 등에 규정되어 있다.

명예형으로는 자격상실과 자격정지가 있는데, 자격상실은 사형, 무기징역(금고)의 경우에 선고되며 공무원자격, 공법상의 선거권과 피선거권, 공법상의 업무자격, 법인 이사, 감사, 지배인, 검사역, 재산관리인 자격 등을 상실시키는 것이며, 자격정지는 당연정지(제43조 제2항) 와 선고정지(제44조 제1항)가 있다.

재산형에는 벌금, 과료, 몰수가 있는데, 벌금은 5만원 이상의 금액을 선고하고 벌금을 납입하지 않는 경우 노역장에 유치하는 환형처분을 할 수 있으며 이때 벌금 1억원 이상은 300일 이상, 벌금 5억원 이상은 500일 이상, 벌금 50억원 이상은 1000일 이상을 환형유치하게 하고 있으며 환형유치기간은 3년 이하로 제한된다(제69조). 과료는 2천원 이상 5만원 미만의 금액을 선고하는데 주로 경범죄처벌법상의 범죄에 대하여 행해지고 단기간 노역장유치(1일~30일)를 하게 된다. 몰수는 범죄에 관련된 재산을 국고에 귀속시키는 부가형인데, 범죄수익은닉의 규제 및 처벌 등에 관한 법률에 의하여 그 범위가 확대되었다. 범죄에 제공하였거나 제공하려고 한 물건, 범죄행위로 인하여 발생하였거나 이로 인하여 취득한 물건, 이들의 대가로 취득한 물건의 전부 또는 일부인데 범인 이외의 자의 소유가 아니거나, 범죄 후 범인 이외의 자가 그 정(情)을 알면서 취득한 물건이 그 대상이다. 그리고 추징은 몰수에 갈음하여 몰수할 물건의 가액의 납부를 강제하는 처분이다. 몰수 대상이 몰수 불능한 때 그 가액을 추징한다(제48조 제2항).

사회봉사명령은 죄질이 경미하거나 집행유예·가석방 등으로 풀려나는 범죄인에 대해 처벌·교화 효과를 위해 일정한 기간 동안 무보수로 다양한 봉사활동에 종사하도록 하는 형벌인데, 1989년 소년법에서 청소년들을 대상으로 범죄가 격리수용할 정도로 무거운 것이 아닐 경우에 실시해 오다 1992년 형사법 개정으로 도입되었고 1997년부터 성인까지 500시간 이내로 확대 시행되고 있다. 수강명령은 유죄가 인정된 의존성·중독성 범죄자를 교도소등에 구금하는 대신 자유로운 생활을 허용하면서 일정시간 보호관찰소 또는 보호관찰소 지정 전문기관에서 교육을 받도록 명하는 제도이며, 보호관찰제도와 함께 도입, 시행되고 있으며, 형법을 위반한 성인범의 경우 200시간 이내로 실시할 수 있다. 교육내용으로는 약물 오·남용 방지교육, 준법운전, 알코올남용 방지교육, 정신·심리치료교육, 성폭력 방지교육, 인간관계훈련, 심성계발 훈련 등 인성교육을 위한 집단지도, 극기훈련, 체육활동 등 심신단련활동, 예절 및 준법교육, 명사·출소자 등의 경험담 또는 자유토론, 직업교육, 일반교양 함양을 위한 교육 등이 있다.

(3) 공법상의 제재

1) 헌법상의 제재

헌법위반자에 대한 제재로는 탄핵심판(헌법 제65조 제1항, 제111조 제1항 제2호), 정당해산(헌법 제8조 제4항), 국회의원에 대한 징계(헌법 제64조) 등이 있다. 탄핵심판은 국회의 의결과 헌법재판소 심판절차를 거치며, ★ 정당해산은 헌법재판소의 심판절차를 거쳐야 한다. ★★

2) 행정법상의 제재

① 일반국민에 대한 제재

행정강제와 행정벌, 과징금 등 부과, 인허가 철회, 정지, 불리한 사항 공개 공

★ 헌재 2017. 3. 10. 2016헌나1 대통령(박근혜) 탄핵, 헌재 2004. 5. 14. 2004헌나1 대통령(노무현)탄핵의 2건의 심판이 있었다.

★★ 헌재 2014. 12. 19. 2013헌다1 통합진보당해산의 1건의 심판이 있었다.

표, 관허사업제한 등으로 나누어 볼 수 있다.

○ 행정강제는 행정법상의 의무불이행자에 대하여 개인의 신체, 재산에 대한 실력행사를 하는 것인데, 행정상의 강제집행과 행정상의 즉시강제가 있다. 행정상의 강제집행은 대집행, 직접강제(출입국관리법 등에서 외국인의 출국정지, 퇴거강제), 행정상의 강제징수(국세징수법) 등이 있다. 한편 이행강제금은 간접강제의 수단으로 볼 수 있다.

♣ 대법원 2016. 7. 14. 선고 2015두46598 판결[이행강제금부과처분무효확인등]
건축법 제79조 제1항, 제80조 제1항, 제2항, 제4항 본문, 제5항의 내용, 체계 및 취지 등을 종합하면, 건축법상 이행강제금은 시정명령의 불이행이라는 과거의 위반행위에 대한 제재가 아니라, 시정명령을 이행하지 않고 있는 건축주・공사시공자・현장관리인・소유자・관리자 또는 점유자('건축주 등')에 대하여 다시 상당한 이행기한을 부여하고 기한 안에 시정명령을 이행하지 않으면 이행강제금이 부과된다는 사실을 고지함으로써 의무자에게 심리적 압박을 주어 시정명령에 따른 의무의 이행을 간접적으로 강제하는 행정상의 간접강제 수단에 해당한다. 그리고 건축법 제80조 제1항, 제4항에 의하면 문언상 최초의 시정명령이 있었던 날을 기준으로 1년 단위별로 2회에 한하여 이행강제금을 부과할 수 있고, 이 경우에도 매 1회 부과 시마다 구 건축법 제80조 제1항 단서에서 정한 1회분 상당액의 이행강제금을 부과한 다음 다시 시정명령의 이행에 필요한 상당한 이행기한을 정하여 그 기한까지 시정명령을 이행할 수 있는 기회('시정명령의 이행 기회')를 준 후 비로소 다음 1회분 이행강제금을 부과할 수 있다. 따라서 비록 건축주 등이 장기간 시정명령을 이행하지 아니하였더라도, 그 기간 중에는 시정명령의 이행 기회가 제공되지 아니하였다가 뒤늦게 시정명령의 이행 기회가 제공된 경우라면, 시정명령의 이행 기회 제공을 전제로 한 1회분의 이행강제금만을 부과할 수 있고, 시정명령의 이행 기회가 제공되지 아니한 과거의 기간에 대한 이행강제금까지 한꺼번에 부과할 수는 없다. 그리고 이를 위반하여 이루어진 이행강제금 부과처분은 과거의 위반행위에 대한 제재가 아니라 행정상의 간접강제 수단이라는 이행강제금의 본질에 반하여 구 건축법 제80조 제1항, 제4항 등 법규의 중요한 부분을 위반한 것으로서, 그러한 하자는 중대할 뿐만 아니라 객관적으로도 명백하다.

♣ 대법원 2016. 6. 23. 선고 2015두36454 판결[이행강제금부과처분취소]
부동산 실권리자명의 등기에 관한 법률(이하 '부동산실명법'이라 한다) 제10조 제1항, 제4항, 제6조 제2항의 내용, 체계 및 취지 등을 종합하면, 부동산의 소유권이전을 내용으로 하는 계약을 체결하고 반대급부의 이행을 완료한 날로부터 3년 이내에 소유권이전등기를 신청하지 아니한 등기권리자 등(이하 '장기미등기자'라 한다)에 대하여 부과되는 이행강제금은 소유권이전등기신청의무 불이행이라는 과거의 사실에 대한 제재인 과징금과 달리, 장기미등기자에게 등기신청의무를 이행하지 아니하면 이행강제금이 부과된다는 심리적 압박을 주어 의무의 이행을 간접적으로 강제하는 행정상의 간접강제 수단에 해당한다. 따라서 장기미등기자가 이행강제금 부과 전에 등기신청의무를 이행하였다면 이행강제금의 부과로써 이행을 확보하고자 하는 목적은 이미 실현된 것이므로 부동산실명법 제6조 제2항에 규정된 기간이 지나서 등기신청의무를 이행한 경우라 하더라도 이행강제금을 부과할 수 없다.

행정상의 즉시강제는 급박한 행정상의 장해를 제거할 필요가 있고 미리 의무를 명할 시간적 여유가 없거나 의무를 명하는 것으로는 행정목적을 달성할 수 없을 때 행해지는데, 강제격리(전염병예방법), 무기사용(경찰관 직무집행법), 소방대상물처분(소방법), 살처분(殺處分, 가축전염병예방법) 등이 있다. 검문·강제수용과 같은 대인적 강제와 물건·장부의 검사·압수·영치·폐기와 같은 대물적 강제 그리고 가택출입·임검·수색과 같은 대가택 강제일 때도 있다. 행정상 즉시강제가 적법한 경우에도 법률은 특별한 손실에 대한 보상규정을 두어야 하며, 위법한 강제의 경우에는 행정쟁송·국가배상·정당방위 등 문제가 발생될 수 있으나 즉시 강제권의 성질상 단시간에 행위가 종료되어 회복할 수 없는 손해가 발생해 버리는 경우가 많으므로, 처분청이나 감독청에 즉시강제권 발동의 중지를 촉구하는 것이 더 효과적일 수 있다. 그 밖에 행위자인 공무원의 형사책임·징계책임을 묻는 것도 심리적인 남용예방의 효과를 거둘 수 있을 것이다.

♣ 대법원 2017. 9. 21. 선고 2017도10866 판결 [마약류관리에관한법률위반(향정)·절도·공무집행방해·상해]

[1] 사법경찰관 등이 체포영장을 소지하고 피의자를 체포하기 위해서는 체포영장을 피의자에게 제시하고(형사소송법 제200조의6, 제85조 제1항), 피의사실의 요지, 체포의 이유와 변호인을 선임할 수 있음을 말하고 변명할 기회를 주어야 한다(형사소송법 제200조의5). 이와 같은 체포영장의 제시나 고지 등은 체포를 위한 실력행사에 들어가기 이전에 미리 하여야 하는 것이 원칙이다. 그러나 달아나는 피의자를 쫓아가 붙들거나 폭력으로 대항하는 피의자를 실력으로 제압하는 경우에는 붙들거나 제압하는 과정에서 하거나, 그것이 여의치 않은 경우에는 일단 붙들거나 제압한 후에 지체 없이 하여야 한다.

[2] 형법 제136조가 규정하는 공무집행방해죄는 공무원의 직무집행이 적법한 경우에 한하여 성립한다. 이때 적법한 공무집행은 그 행위가 공무원의 추상적 권한에 속할 뿐 아니라 구체적 직무집행에 관한 법률상 요건과 방식을 갖춘 경우를 가리킨다. 경찰관이 적법절차를 준수하지 않은 채 실력으로 피의자를 체포하려고 하였다면 적법한 공무집행이라고 할 수 없다. 그리고 경찰관의 체포행위가 적법한 공무집행을 벗어나 불법하게 체포한 것으로 볼 수밖에 없다면, 피의자가 그 체포를 면하려고 반항하는 과정에서 경찰관에게 상해를 가한 것은 불법체포로 인한 신체에 대한 현재의 부당한 침해에서 벗어나기 위한 행위로서 정당방위에 해당하여 위법성이 조각된다.

[3] 경찰관들이 체포영장을 소지하고 메트암페타민(일명 필로폰) 투약 등 혐의로 피고인을 체포하려고 하자, 피고인이 이에 거세게 저항하는 과정에서 경찰관들에게 상해를 가하였다고 하여 공무집행방해 및 상해의 공소사실로 기소된 사안에서, 피고인이 경찰관들과 마주하자마자 도망가려는 태도를 보이거나 먼저 폭력을 행사하며 대항한 바 없는 등 경찰관들이 체포를 위한 실력행사에 나아가기 전에 체포영장을 제시하고 미란다 원칙을 고지할 여유가 있었음에도 애초부터 미란다 원칙을 체포 후에 고지할 생각으로 먼저 체포행위에 나선 행위는 적법한 공무집행이라고 보기 어렵다는 등의 이유로 공소사실에 대하여 무죄를 선고한 원심판단은 정당하다.

♣ 대법원 2011. 5. 26. 선고 2011도3682 판결[상해 · 공무집행방해]

[1] 현행범인은 누구든지 영장 없이 체포할 수 있는데(형사소송법 제212조), 현행범인으로 체포하기 위하여는 행위의 가벌성, 범죄의 현행성 · 시간적 접착성, 범인 · 범죄의 명백성 이외에 체포의 필요성 즉, 도망 또는 증거인멸의 염려가 있어야 하고, 이러한 요건을 갖추지 못한 현행범인 체포는 법적 근거에 의하지 아니한 영장 없는 체포로서 위법한 체포에 해당한다. 여기서 현행범인 체포의 요건을 갖추었는지는 체포 당시 상황을 기초로 판단하여야 하고, 이에 관한 검사나 사법경찰관 등 수사주체의 판단에는 상당한 재량 여지가 있으나, 체포 당시 상황으로 보아도 요건 충족 여부에 관한 검사나 사법경찰관 등의 판단이 경험칙에 비추어 현저히 합리성을 잃은 경우에는 그 체포는 위법하다고 보아야 한다.

[2] 형법 제136조가 규정하는 공무집행방해죄는 공무원의 직무집행이 적법한 경우에 한하여 성립하고, 여기서 적법한 공무집행은 그 행위가 공무원의 추상적 권한에 속할 뿐 아니라 구체적 직무집행에 관한 법률상 요건과 방식을 갖춘 경우를 가리킨다. 경찰관이 현행범인 체포 요건을 갖추지 못하였는데도 실력으로 현행범인을 체포하려고 하였다면 적법한 공무집행이라고 할 수 없고, 현행범인 체포행위가 적법한 공무집행을 벗어나 불법인 것으로 볼 수밖에 없다면, 현행범이 체포를 면하려고 반항하는 과정에서 경찰관에게 상해를 가한 것은 불법체포로 인한 신체에 대한 현재의 부당한 침해에서 벗어나기 위한 행위로서 정당방위에 해당하여 위법성이 조각된다.

[3] 피고인이 경찰관의 불심검문을 받아 운전면허증을 교부한 후 경찰관에게 큰 소리로 욕설을 하였는데, 경찰관이 모욕죄의 현행범으로 체포하겠다고 고지한 후 피고인의 오른쪽 어깨를 붙잡자 반항하면서 경찰관에게 상해를 가한 사안에서, 피고인은 경찰관의 불심검문에 응하여 이미 운전면허증을 교부한 상태이고, 경찰관뿐 아니라

인근 주민도 욕설을 직접 들었으므로, 피고인이 도망하거나 증거를 인멸할 염려가 있다고 보기는 어렵고, 피고인의 모욕 범행은 불심검문에 항의하는 과정에서 저지른 일시적, 우발적인 행위로서 사안 자체가 경미할 뿐 아니라, 피해자인 경찰관이 범행현장에서 즉시 범인을 체포할 급박한 사정이 있다고 보기도 어려우므로, 경찰관이 피고인을 체포한 행위는 적법한 공무집행이라고 볼 수 없고, 피고인이 체포를 면하려고 반항하는 과정에서 상해를 가한 것은 불법체포로 인한 신체에 대한 현재의 부당한 침해에서 벗어나기 위한 행위로서 정당방위에 해당한다는 이유로, 피고인에 대한 상해 및 공무집행방해의 공소사실을 무죄로 인정한 원심판단은 정당하다.

○ 행정벌은 행정법상의 의무 위반자에 대하여 가해지는 처벌이다. 행정형벌과 행정질서벌로 구분된다. 행정형벌은 행정상의 의무를 위반하여 형법에 형명(刑名)이 있는 형벌을 과하는 것으로, 행정형벌을 과할 때는 원칙적으로 형법의 규정이 적용된다. 다만 벌금(범칙금), 과료. 추징금 납부에는 통고처분으로 하며, ★ 20만원 이하의 벌금, 구류, 과료 등 형벌에는 즉결심판절차가 이용된다. 행정질서벌은 행정법상 의무위반에 대한 제재로서, 신고 보고 서류비치 등 행정상의 질서에 장애를 줄 우려가 있는 의무 위반자에 대하여 과태료가 과하여지는 것이다.

○ 과징금은 주로 경제법상의 의무를 위반한 자가 위반행위를 함으로써 경제적 이익을 얻을 것이 예정되어 있을 경우 부과한다. 이것은 위반행위로 인한 불법적인 경제적 이익을 박탈하고 오히려 경제적 불이익이 생기게 하려는 것이다. 따라서 그 이익액에 따라 과하여지는 행정제재금이라 할 수 있으며 간접적으로 의무이행을 강제하는 효과를 갖게 된다. 한편 행정의무위

★ 조세범(租稅犯)·교통사범(交通事犯) 및 출입국관리사범(出入國管理事犯) 등에 인정되고 있다(조세범처벌절차법 제9장 제15조, 도로교통법 제163조, 출입국관리법 제102조). 통고처분의 효과는 범칙자가 통고를 받은 날부터 소정의 기간 안에 통고된 내용을 이행함으로써 통고처분은 확정판결과 같은 효력을 발생하고, 그 결과 일사부재리(一事不再理)의 원칙이 적용된다. 그러나 소정의 기간 내에 범칙자가 통고내용을 이행하지 아니하면 당해 통고처분은 당연히 효력을 상실하고, 통고처분을 한 행정청은 지체 없이 고발하여야 한다.
범칙금은 도로교통법 경범죄처벌법 위반 등 일상생활에서 흔히 일어나는 경미한 범죄행위(경범죄)에 대해 부과하는 것으로 경찰서장이 법규 위반자에게 발부한다. 경범죄처벌법상 쓰레기 방치·자연훼손·노상방뇨·담배꽁초 버리기·도로 무단횡단·공공장소에서의 흡연·공중에게 혐오감을 주는 행위 등도 범칙금 부과 대상이다. 만약 부과된 범칙금을 내지 않을 경우 경찰서는 사건 처리를 법원에 넘기고 이 때는 즉결심판에 회부되는데 판사가 사건의 내용을 파악, '범칙금'이 아닌 '벌금'을 부과하게 된다. 그러나 경범죄는 관행상 범칙금을 내지 않아도 3년 시효가 지나면 별다른 처벌을 받지 않고 있어 상습 미납자가 양산되고 법 집행의 형평성 문제 등으로 논란이 되고 있다.

반을 이유로 영업정지등 처분을 내리는 대신에 과징금을 부과하는 경우도 있는데, 영업의 내용이 공공서비스와 관련된 경우의 일반 국민에 대한 피해를 줄이기 위해서 하는 것이다. 가산금은 납세의무자가 그 납기까지 조세를 납부하지 아니한 경우에 독촉을 하면서 징수하는 금액인데 국세의 경우 체납된 국세의 100분의 3에 상당하는 가산금을 징수하며(국세징수법 제21조 제1항), 납부기한이 경과한 날로부터 매 1개월이 경과할 때마다 체납된 국세의 1000분의 12에 상당하는 중가산금(重加算金)을 가산금에 가산하여 징수한다. 한편 가산세(10%~40%)는 세법상의 성실한 신고·납부의무의 준수에 중점을 둔 행정벌인 데에 비하여 가산금은 납기의 준수에 중점을 두는 것이다.

② 공무원에 대한 제재

법률을 위반한 공무원은 특별한 제재를 받는데 징계, 직위해제 등이 있다.

○ 징계 -- 국가공무원법위반, 국가공무원법에 의한 명령 위반 및 직무상 의무 위반, 태만 그리고 직무 내외를 불문하고 체면 위신을 손상한 행위에 대하여 징계할 수 있는데, 징계의 종류는 파면(공무원신분 박탈, 5년간 공무담임금지), 해임(공무원신분 박탈, 연금 지급, 3년간 공무담임금지), 정직(1월~3월, 2/3 보수 감액), 감봉(1월~3월, 1/3 감액), 견책 등이 있다.

○ 직위해제 -- 직무수행능력이 부족하거나 근무성적이 불량한 경우 혹은 징계의결이 요구 중인 자, 형사사건으로 기소된 자에 대하여 직위해제를 할 수 있다. 이 경우 급여의 80%만 지급된다. 직무수행능력이 부족하거나 근무성적이 불량한 경우에 직위해제와 동시에 대기명령(3월 이내)을 내릴 수 있고, 이때는 직무에 종사할 수 없으며, 출근도 정지된다. 다만 직위해제사유가 소멸된 경우에는 지체 없이 직위를 부여해야 하는데, 그 이후에도 직무능력이나 업무성적의 향상이 기대하기 곤란한 상황이 계속되면 직권면직처리된다. 이때는 징계위원회의 동의를 받아야 한다.

3. 법의 지배(rule of law)와 적법절차(due process of law)

3.1. 법의 지배(법치주의 法治主義, rule of law, nomocracy)

○ 사람이나 폭력이 아닌 법이 지배하는 헌법원리이다. 공포되고 명확하게 규
정된 법에 의해 국가권력을 제한·통제함으로써 자의(恣意)적인 지배를 배
격하는 것이며, 통치자의 자의에 의한 지배가 아닌 합리적이고 공공적인
규칙에 의한 지배를 통해 공정한 사회협동의 체계를 확보하려는 데에 있
다. 사회 내 특정 세력이 다른 세력들을 압도할 만한 힘을 가지지 못한 상
황에서 법의 지배는 부각되고 정치행위 주체들은 법에 의거해 갈등을 해결
하려 한다. 법의 지배는 모든 국민은 법에 의해서만 채무불이행책임이나
불법행위배상책임을 지거나 범죄로 인정되어 처벌받을 수 있으며(rule
according to law), 정부나 권력자도 법 밖에서 자의적으로 행위할 수 없으
며(rule under law, no one is above the law), 공정 형평 정의의 일반원칙에
어긋나는 법은 정부가 집행할 수 없다는 원칙 등을 의미한다(rule according
to higher law). 그래서 법의 지배(rule of law)를 법에 의한 지배(rule by
law)와 구별하여, 법의 지배는 법이 최고의 권력을 가진 자도 구속하며, 법
에 의한 지배는 법을 통치자의 의사를 실현하는 단순한 수단에 불과한 도
구로 전락시키는 것으로 보아 법치주의의 진정한 의미와는 다르다고 한다.
엄격한 법집행과 법준수의무의 강조로만 법치주의를 온전히 설명할 수 없
으며 법의 지배에는 최고의 권력자나 실력자도 법 위에 설 수 없다는 내용

이 들어가야 한다.

○ 플라톤(Plato)의 법사상에서 '법이 정부의 주인이고 정부가 법의 노예라면 그 상황은 전도유망하고, 인간은 신이 국가에 퍼붓는 축복을 만끽할 것입니다.'라고 하여 철인(哲人)에 의한 지배가 이상적이지만 법의 지배는 차선 가운데 가장 뛰어난 것으로 평가하고 있다고 한다. 아리스토텔레스(Aristoteles)도 '가장 훌륭한 사람일지라도 욕망의 지배를 받을 수 있기 때문에 법으로 하여금 지배하게 하는 것이 낫다.'고 하여 욕망 없는 이성의 지배로서 법의 지배를 들고 있다. 아테네시민들은 정치철학을 '대중이 다스리는 정치'란 의미의 비하적 의미를 담은 데모크라시(democracy)가 아니라 '모든 사람이 법 앞에서 평등하다'라는 의미를 지닌 이소노미(isonomy, 구성원 간 평등과 서로 간 지배하지 않음을 전제)라고 불렀다고 한다.

○ 영미법 : 고대 그리스에서 싹트고 로마에서 체계화된 법치 사상은 영국에 전래되어 법의 지배론, 법의 우위론으로 전개되었다. 이른바 행정권이 법에 따라 행사되어야 한다는 원칙이 되어 사람의 지배, 권력의 지배의 대어(對語)로서 의미를 지니게 되었다. 지배자의 자의적인 권력 행사를 통제하기 위해 마그나 카르타, 권리청원, 권리장전이 제정되었으며, 17세기에 와서는 에드워드 쿡(Edward Coke)이 자연법은 영국법의 한 부분이며 신으로부터 비롯되어 영원하며 변하지 않기 때문에 세속적인 법에 우선한다고 하였고, 의회제정법이 일반원리 또는 이성에 반하거나, 모순되거나, 실행이 불가능한 경우에는 보통법(common law)이 그것을 통제하며 그러한 법을 무효라고 결정할 것이라고 하여 보통법의 우월성을 주장하였다. 쿡은 국왕이 아니라 성문법이 절대적이라고 하면서 권리청원을 주도하였다. 명예혁명 이후 법의 지배는 국가의 통치 원리로 확실히 자리 매김하게 되었으며, 영국에서 전개된 법의 지배론은 미국으로 건너가 국가 원리로 역시 기능하였고 사법권의 우위론으로 전개되었으며 연방대법원의 위헌 법률

심사권을 인정하기에 이르게 된다.

○ 대륙법 : 법치국가(Rechtsstaat)론. 독일에서의 법치주의 사상은 법치국가론
   이었다. 법치국가는 경찰국가나 관료국가에 대비되는 국가원리이다. 법률
   우위의 원칙에 입각하여 행정의 법률적합성에 의거하는 국가가 법치국가
   라고 하였다. 따라서 권력분립이 정해지고, 국민의 권리·자유를 침해하는
   행정이 법률에 기하여 행하여지고, 이 행정의 법률 적합성을 재판에 의해
   보장하는 제도가 설치되어 있으면 법치국가가 실현되고 있다고 보았다. 그
   러나 법치국가를 외견적으로나마 유지하면서 불법의 체계를 만들어낸 나
   치스의 독재를 경험하여, ★ 제2차 세계대전 후의 독일에서는 법치국가 개
   념이 실질적으로 이해되면서 법치국가이기 위해서는 형식적 법치국가 사
   상이 요구하는 여러 요건에 더하여 법의 최고가치인 인간의 존엄을 보장하
   기 위하여 불가결한 제도가 있어야 한다고 보았다.

○ 법치주의의 내용은 기본권의 보장 (protection of human rights), 적법절차
   의 원리 (due process of law), 권력분립 (separation of powers, trias politica
   principle), 행정의 합법률성 (principle of legality in administrative law), 포
   괄적 위임입법의 금지 (prohibition of comprehensive lawmaking delegation),
   공권력 행사에 대한 예측가능성과 신뢰보호의 원칙(protection of legitimate
   expectation), 위헌법률심사제도 (constitutional review, constitutionality
   review) 등을 포함하고 있다.

○ 형식적 법치주의·실질적 법치주의

법치주의는 국왕의 절대권력을 견제하기 위한 이념과 제도로 발전하여 왔
으며 시민혁명의 촉발로 서구 근대국가의 기본적 구조로 되었다. 부르주아

★ 라드부르흐(Gustav Radbruch)는 이러한 상태를 합법률적 불법(gesetzliches Unrecht)이라고 하였다.

세력은 국왕을 절대 권좌에서 끌어내리고 부르주아가 중심으로 구성된 의회의 의사로 구현된 법을 최고의 가치로 만들고 행정과 사법은 의회가 제정한 법에 따라야 한다고 하였다. 그런데 의회가 적법한 절차를 거쳐 법을 제정하기만 했다면 그 법의 목적이나 내용은 문제 삼을 수 없다는 형식적 법치주의로 되어 의회를 장악한 다수의 횡포나 대중을 선동하여 등장한 독재자의 전제를 전혀 견제할 수 없게 되었고 오히려 형식적 통치원리로서의 법치주의가 권력자의 통치권을 강화하는 데 일조하는 역기능을 낳고 말았다. 마틴 루터 킹(Martin Luther King) 목사가 "히틀러의 만행이 당시 합법이었다는 것을 잊지 말아야 합니다(Never forget that everything Hitler did in Germany was legal)." 라고 말한 것은 이 형식적 법치의 문제점을 단적으로 지적한 것이다. 형식적 법치주의의 폐해는 히틀러의 나치 독일에서 극적으로 나타났는데 법을 오직 통치의 수단으로서만 이용하고 개인의 자유와 권리를 탄압하는 합법률적 불법(Gesetzliches Unrecht)의 탄생을 낳았다. 파시즘이 2차 대전에서 패배하고 형식적 법치주의는 이른바 실질적 법치주의로 변경되었다.

실질적 법치주의는 공권력의 행사가 법률에 기초를 두고 있다고 할지라도 법률 그 자체의 내용이 정당하지 않다면 법치주의를 벗어나는 외견적 법률주의에 불과하다고 한다. 따라서 인간의 존엄을 바탕에 두고 기본권을 보장하며 실질적 평등을 추구하는 내용을 담은 법률이 전제되는 법치주의가 실질적 법치주의이다. 형식적 법치주의는 합법성에만 초점을 두었다면 실질적 법치주의는 합법성과 더불어 정당성에도 초점을 두는 원리이다. 제2차 세계 대전 이후 대부분의 국가는 헌법의 규범력을 강화하고 위헌법률심사제도를 구축함으로써 단순한 법의 지배가 아닌, "정당한" 법의 지배를 꾀하고 있다. 그후 적법한 선거에 의한 다수 세력의 정치적 의사로 확립된 법률들이 소수의 법관(대법원의 판사나 헌법재판소의 재판관)들에 의하여 무효화되는 사례가 적지 않게 되었다. 이런 사례들이 나타나면서, 헌법재판소(또는 대법원)의 권한 및 그 범위에 대한 논쟁, 민주주의와 법치주의의 충돌과 조화 문제, 통상 보수 성향을 가진 법관의 구성 논쟁, 정치의 사법화(judicialization of politics)와 사법의 정치화 문제, 사법적극주의와 사법소극주의의 대립 등 여러 논의들이 있어왔고 진행 중이다.

♣ 헌재 2002. 11. 28. 2002헌가5 [국가보안법 제13조 위헌제청]
  우리 헌법은 국가권력의 남용으로부터 국민의 기본권을 보호하려는 법치국가의 실현을 기본이념으로 하고 있고 그 법치국가의 개념에는 헌법이나 법률에 의하여 명시된 죄형법정주의와 소급효의 금지 및 이에 유래하는 유추해석금지의 원칙 등이 적용되는 일반적인 형식적 법치국가의 이념뿐만 아니라 법정형벌은 행위의 무거움과 행위자의 부책에 상응하는 정당한 비례성이 지켜져야 하며, 적법절차를 무시한 가혹한 형벌을 배제하여야 한다는 자의금지 및 과잉금지의 원칙이 도출되는 실질적 법치국가의 실현이라는 이념도 포함되는 것이다.

♣ 헌재 1994. 6. 30. 92헌가18 [형사소송법 제331조 단서규정 에 대한 위헌심판]
  대통령에게 초헌법적인 국가긴급권을 부여하고 있는 국가보위에관한특별조치법은 헌법을 부정하고 파괴하는 반입헌주의, 반법치주의의 위헌법률이다.

♣ 대법원 2016. 12. 15. 선고 2016두47659 판결[증여세등부과처분취소]
  법치국가원리는 국가권력의 행사가 법의 지배 원칙에 따라 법적으로 구속을 받는 것을 뜻한다. 법치주의는 원래 국가권력의 자의적 행사를 막기 위한 데서 출발한 것이다. 국가권력의 행사가 공동선의 실현을 위하여서가 아니라 특정 개인이나 집단의 이익 또는 정파적 이해관계에 의하여 좌우된다면 권력의 남용과 오용이 발생하고 국민의 자유와 권리는 쉽사리 침해되어 힘에 의한 지배가 되고 만다. 법치주의는 국가권력의 중립성과 공공성 및 윤리성을 확보하기 위한 것이므로, 모든 국가기관과 공무원은 헌법과 법률에 위배되는 행위를 하여서는 아니 됨은 물론 헌법과 법률에 의하여 부여된 권한을 행사할 때에도 그 권한을 남용하여서는 아니 된다.

  조세법의 영역에서 법치국가원리는 조세법률주의로 나타난다(헌법 제59조). 조세법률주의는 조세의 종목과 세율 그 밖의 과세요건과 조세의 부과·징수절차를 법률로 정하여야 한다는 것을 그 기본내용으로 한다. 조세채무는 법률이 정하는 과세요건이 충족되는 때에는 당연히 자동적으로 성립한다. 그러나 법률의 규정에 의하여 조세채무가 성립한다고 하더라도 그 내용을 적법하게 확정하여 납부 및 징수 등의 후속절차가 이루어지도록 하려면 과세관청이 과세요건이 되는 사실관계를 정확하게 파악할 수 있어야 한다. 이러한 취지에서 세법은 세무공무원에게 납세의무자 또는 관계인에게 필요에 따라 질문을 하고, 관계서류, 장부 그 밖의 물건을 검사할 수 있는 권한을 부여하고 있다(소득세법 제170조, 법인세법 제122조, 부가가치세법 제74조 등). 질문검사권의 행사를 통해 과세요건사실을 조사·확인하고 과세에 필요한 직접·간접의 자료를 수집하는 일련의 행위가 세무조사이다(국세기본법 제81조의2 제2항 제1호). 국세기본법은 제81조의4 제1항에서 "세무공무원은 적정하고 공평한 과세를 실현하기 위하여 필요한 최소한의 범위에서 세무조사를 하여야 하며, 다른 목적 등을 위하여 조사권을 남용해서는 아니 된다."라고 규정하고 있다. 이 조항은 세무조사의 적법 요건으로 객관적 필요성, 최소성, 권한 남용의 금지 등을 규정하고 있는데, 이는 법치국가원리를 조세절차법의 영역에서도 관철하기 위한 것으로서 그 자체로서 구체적인 법규적 효력을 가진다. 따라서 세무조사가 과세자료의 수집 또는 신고내용의 정확성 검증이라는 그 본연의 목적이 아니라 부정한 목적을 위하여 행하여진 것이라면 이는 세무조사에 중대한 위법사유가 있는 경우에 해당하고 이러한 세무조사에 의하여 수집된 과세자료를 기초로 한 과세처분 역시 위법하다고 보아야 한다. 세무조사가 국가의 과세권을 실현하기 위한 행정조사의 일종으로서 과세자료의 수집 또는 신고내용의 정확성 검증 등을 위하여 필요불가결하며, 종국적으로는 조세의 탈루를 막고 납세자의 성실한 신고를 담보하는 중요한 기능을 수행한다 하더라도 만약 그 남용이나 오용을 막지 못한다면 납세자의 영업활동 및 사생활의 평온이나 재산권을 침해하고 나아가 과세권의 중립성과 공공성 및 윤리성을 의심받는 결과가 발생할 것이기 때문이다.

위와 같은 법리에 비추어 원심판결을 살펴본다. 원심이 인정한 사실관계에 의하면, 이 사건 세무조사는 세무공무원인 소외 2가 소외 1과 토지 관련 분쟁관계에 있던 소외 3의 부탁을 받고 세무조사라는 이름으로 소외 1을 압박하여 분쟁 토지의 소유권을 반환하게 하기 위한 방편으로 행하여진 것으로서 세무조사의 객관적 필요성이 결여된 것이다. 또한 이 사건 세무조사를 담당한 서울지방국세청 조사3국 조사관리과로서는 조사 개시 직후 소외 1에게 부동산 저가 양수로 인한 증여세 포탈 혐의를 인정할 수 없다는 결론을 내렸음에도 불구하고 합리적인 이유 없이 이 사건 회사에 대한 포괄적인 법인세 통합조사로 조사의 범위를 확대하였는데 이는 최소성의 원칙에도 위반된 것이다. 끝으로 이 사건 세무조사는 외관상으로는 세무조사의 형식을 취하고 있으나 그 실질은 세무공무원이 개인적 이익을 위하여 그 권한을 남용한 전형적 사례에 해당하고 그 위법의 정도가 매우 중대하다. 결국 이 사건 세무조사는 위법하므로 그에 근거하여 수집된 과세자료를 기초로 이루어진 이 사건 처분 역시 위법하다.

3.2. 적법절차 (適法節次, due process of law)

국가권력의 행사는 법률로 정하여진 정의에 합치하는 절차에 따라야 한다는 영미법상(英美法上)의 원칙이며 적법절차조항의 목적은 전제적 정치행동에 대하여 개인의 기본권을 보장하려는데 있다.

○ 적법절차는 영국의 대헌장(Magna Charta, 1215년) 제29조에 "자유인은 동료의 적법한 판결이나 국법에 의하지 않고는 체포·구금되지 않으며, 재산과 법익을 박탈당하지 않고, 추방되지 않으며, 또한 기타 방법으로 침해받

지 않는다" (No Freeman shall be taken or imprisoned, or be disseised of his Freehold, or Liberties, or free Customs, or be outlawed, or exiled, or any other wise destroyed; nor will We not pass upon him, nor condemn him, but by lawful judgment of his Peers, or by the Law of the land. We will sell to no man, we will not deny or defer to any man either Justice or Right.) ★ 고 한 조항에서 시작한다. 그리고 1354년 의회 법에서 적법절차라는 말이 등장한다 (no man, of whatever estate or condition he may be, shall be put out of his land or tenement, nor be taken or imprisoned, or disinherited, without being brought to answer by due process of law). 그리고 영국의 에드워드 쿡(Edward Coke)은 적법절차란 배심에 의한 기소와 재판이라고 말했다. ★★

○ 미국 수정헌법 제5조 : 누구라도, 대배심에 의한 고발 또는 기소가 있지 아니하는 한, 사형에 해당하는 죄 또는 파렴치죄에 관하여 심리를 받지 아니한다. 다만, 육군이나 해군에서 또는 전시나 사변시에 복무중에 있는 민병대에서 발생한 사건에 관하여서는 예외로 한다. 누구라도 동일한 범행으로 생명이나 신체에 대한 위협을 재차 받지 아니하며, 어떠한 형사 사건에 있어서도 자기에게 불리한 증언을 강요당하지 아니하며, 누구라도 정당한 법의 절차에 의하지 아니하고는 생명, 자유 또는 재산을 박탈당하지 아니한다. 또 정당한 보상 없이, 사유재산을 공공용(公共用)으로 수용당하지 아니한다. (Amendment 5 - Trial and Punishment, Compensation for Takings ; No person shall be held to answer for a capital, or otherwise infamous crime, unless on a presentment or indictment of a Grand Jury, except in cases

---

★ "law of the land" seems to have meant, originally, the body of decisional, statutory, and especially customary law that established the manner of proceeding by the monarch against individuals.

★★ Sir Edward Coke identified the "law of the land" with "due process of law" in his famous *Institutes*. "[B]y the law of the land [means] by the due course and process of law," which Coke later defined as "by indictment or presentment of good and lawful men, where such deeds be done in due manner, or by writ original of the Common Law."s
E. COKE, THE SECOND PART OF THE INSTITUTES OF THE LAWS OF ENGLAND 46,50 (3d ed. 1669)

arising in the land or naval forces, or in the Militia, when in actual service in time of War or public danger; nor shall any person be subject for the same offense to be twice put in jeopardy of life or limb; nor shall be compelled in any criminal case to be a witness against himself, nor be deprived of life, liberty, or property, without due process of law; nor shall private property be taken for public use, without just compensation.)

미국 수정 헌법 제14조 제1항 : 합중국에서 출생하고 또는 귀화하고, 합중국의 관할권에 속하는 모든 사람은 합중국 및 그 거주하는 주의 시민이다. 어떠한 주도 합중국 시민의 특권과 면책권을 박탈하는 법률을 제정하거나 시행할 수 없다. 어떠한 주도 정당한 법의 절차에 의하지 아니하고는 어떠한 사람으로부터 생명, 자유 또는 재산을 박탈할 수 없으며, 그 관할권내에 있는 어떠한 사람에 대하여도 법률에 의한 평등한 보호를 거부하지 못한다. (Amendment 14 Section 1. All persons born or naturalized in the United States, and subject to the jurisdiction thereof, are citizens of the United States and of the State wherein they reside. No State shall make or enforce any law which shall abridge the privileges or immunities of citizens of the United States; nor shall any State deprive any person of life, liberty, or property, without due process of law; nor deny to any person within its jurisdiction the equal protection of the laws.)

미국에서 절차적 적법절차란 개인의 자유, 신체, 재산을 침해하는 경우에 고지와 청문의 사전절차를 제공하여야 한다는 것이다. 실체적 적법절차란 법률이 적법절차에 의해서 제정되었고 그 내용이 적법한가에 관해서 입법부, 행정부, 사법부의 권력행사의 적정성을 심의하여 위헌결정을 내리는 것이다.

○ 대한민국 헌법 제12조 제1항 후문 : 누구든지 법률에 의하지 아니하고는 체포·구속·압수·수색 또는 심문을 받지 아니하며, 법률과 적법한 절차에 의하지 아니하고는 처벌·보안처분 또는 강제노역을 받지 아니한다. 제3항 : 체포·구속·압수 또는 수색을 할 때에는 적법한 절차에 따라 검사의 신청에 의하여 법관이 발부한 영장을 제시하여야 한다. 다만, 현행범인인 경우와 장기 3년 이상의 형에 해당하는 죄를 범하고 도피 또는 증거인멸의 염려가 있을 때에는 사후에 영장을 청구할 수 있다.

○ 적법절차 원칙의 확장 : 적법절차원칙은 절차적 개념에서 실체적 개념으로 확장되어 실체적 법률의 내용이 합리성과 정당성을 갖추어야 하며, 신체의 자유의 제재에 국한되는 것이 아니라 정신상 재산상 불이익 등 일체의 불이익을 가하는 경우에도 적법절차의 원칙이 적용된다고 한다. 그리고 형사절차(형사피의자, 피고인의 방어권 보장) 뿐만 아니라 행정절차(사전의견 진술기회의 부여, 행정절차), 입법절차(헌법과 법률이 정한 절차에 따른 법률의 제정 개정)에도 적용되고 있다. Due process involves both procedural and substantive aspects. Procedural due process requires fairness in the methods used to deprive a person of life, liberty or property, while substantive due process requires valid governmental justification for taking a person's life' liberty or property. Due process requirements apply to both criminal and civil law. Due process generally requires fairness in government proceedings. A person is entitled to notice and opportunity to be heard at a hearing when they have life, liberty. or property at stake. Laws should be applied to persons equally, without discrimination on prohibited grounds, such as gender, nationality, handicap, or age. In criminal cases, fair procedures help to ensure that an accused person will not be subjected to cruel and unusual punishment, which occurs when an innocent person is wrongly convicted. Due process requirements apply to such government proceedings as trials, parole hearings, and administrative hearings involving benefits, among others.

♣ 대법원 2017. 8. 24. 선고 2017도5977 **전원합의체 판결 [살인]**
　＜외국에서의 미결구금에 대해 형법 제7조의 적용을 구하는 사건＞

[1] [다수의견]

(가) 형법 제7조는 "죄를 지어 외국에서 형의 전부 또는 일부가 집행된 사람에 대해서는 그 집행된 형의 전부 또는 일부를 선고하는 형에 산입한다."라고 규정하고 있다. 이 규정의 취지는, 형사판결은 국가주권의 일부분인 형벌권 행사에 기초한 것이어서 피고인이 외국에서 형사처벌을 과하는 확정판결을 받았더라도 그 외국 판결은 우리나라 법원을 기속할 수 없고 우리나라에서는 기판력도 없어 일사부재리의 원칙이 적용되지 않으므로, 피고인이 동일한 행위에 관하여 우리나라 형벌법규에 따라 다시 처벌받는 경우에 생길 수 있는 실질적인 불이익을 완화하려는 것이다. 그런데 여기서 '외국에서 형의 전부 또는 일부가 집행된 사람'이란 문언과 취지에 비추어 '외국 법원의 유죄판결에 의하여 자유형이나 벌금형 등 형의 전부 또는 일부가 실제로 집행된 사람'을 말한다고 해석하여야 한다. 따라서 형사사건으로 외국 법원에 기소되었다가 <u>무죄판결을 받은 사람은, 설령 그가 무죄판결을 받기까지 상당 기간 미결구금되었더라도 이를 유죄판결에 의하여 형이 실제로 집행된 것으로 볼 수는 없으므로, '외국에서 형의 전부 또는 일부가 집행된 사람'에 해당한다고 볼 수 없고, 그 미결구금 기간은 형법 제7조에 의한 산입의 대상이 될 수 없다.</u>

(나) 미결구금은 공소의 목적을 달성하기 위하여 어쩔 수 없이 피고인 또는 피의자를 구금하는 강제처분이어서 형의 집행은 아니지만 신체의 자유를 박탈하는 점이 자유형과 유사하기 때문에, 형법 제57조 제1항은 인권 보호의 관점에서 미결구금일수의 전부를 본형에 산입한다고 규정하고 있다. 그러나 외국에서 무죄판결을 받고 석방되기까지의 미결구금은, 국내에서의 형벌권 행사가 외국에서의 형사절차와는 별개의 것인 만큼 우리나라 형벌법규에 따른 공소의 목적을 달성하기 위하여 필수불가결하게 이루어진 강제처분으로 볼 수 없고, 유죄판결을 전제로 한 것이 아니어서 해당 국가의 형사보상제도에 따라 구금 기간에 상응하는 금전적 보상을 받음으로써 구제받을 성질의 것에 불과하다. 또한 형사절차에서 미결구금이 이루어지는 목적, 미결구금의 집행 방법 및 피구금자에 대한 처우, 미결구금에 대한 법률적 취급 등이 국가별로 다양하여 외국에서의 미결구금으로 인해 피고인이 받는 신체적 자유 박탈에 따른 불이익의 양상과 정도를 국내에서의 미결구금이나 형의 집행과 효과 면에서 서로 같거나 유사하다고 단정할 수도 없다. 따라서 위와 같이 외국에서 이루어진 미결구금을 형법 제57조 제1항에서 규정한 '본형에 당연히 산입되는 미결구금'과 같다고 볼 수 없다. 결국 미결구금이 자유 박탈이라는 효과 면에서 형의 집행과 일부 유사하다는 점만을 근거로, 외국에서 형이 집행된 것이 아니라 단지 미결구금되었다가 무죄판결을 받은 사람의 미결구금일수를 형법 제7조의 유추적용에 의하여 그가 국내에서 같은 행위로 인하여 선고받는 형에 산입하여야 한다는 것은 허용되기 어렵다.

(다) 한편 양형의 조건에 관하여 규정한 형법 제51조의 사항은 널리 형의 양정에 관한 법원의 재량사항에 속하고, 이는 열거적인 것이 아니라 예시적인 것이다. 피고인이 외국에서 기소되어 미결구금되었다가 무죄판결을 받은 이후 다시 그 행위로 국내에서 처벌받는 경우, 공판 과정에서 외국에서의 미결구금 사실이 밝혀진다면, 양형에 관한 여러 사정들과 함께 그 미결구금의 원인이 된 사실과 공소사실의 동일성의 정도, 미결구금 기간, 해당 국가에서 이루어진 미결구금의 특수성 등을 고려하여 필요한 경우 형법 제53조의 작량감경 등을 적용하고, 나아가 이를 양형의 조건에 관한 사항으로 참작하여 최종의 선고형을 정함으로써 적정한 양형을 통해 피고인의 미결구금에 따른 불이익을 충분히 해소할 수 있다. 형법 제7조를 유추적용하여 외국에서의 미결구금을 확정된 형의 집행 단계에서 전부 또는 일부 산입한다면 이는 위 미결구금을 고려하지 아니하고 형을 정함을 전제로 하므로, 오히려 위와 같이 미결구금을 양형 단계에서 반영하여 그에 상응한 적절한 형으로 선고하는 것에 비하여 피고인에게 더 유리하다고 단정할 수 없다.

[대법관 5명의 반대의견]
형법 제7조의 문언상 외국에서 유죄판결에 의하여 형의 전부 또는 일부가 집행된 사람이 아니라 단순히 미결구금되었다가 무죄판결을 받은 사람에 대하여 위 법조를 직접 적용할 수 없다는 것은 다수의견이 지적하는 바와 같지만, 유추적용을 통하여 그 미결구금일수의 전부 또는 일부를 국내에서 선고하는 형에 산입하여야 한다. 그 이유는 다음과 같다.

(가) 피고인이 외국에서 미결구금되었다가 무죄판결을 받았음에도 다시 국내에서 같은 행위로 기소되어 우리나라 형벌법규에 의하여 처벌받을 때 이를 전혀 고려하지 않는다면 피고인의 신체의 자유에 대한 과도한 침해가 될 수 있다. 이러한 경우에는 형법 제7조를 유추적용하여 그 미결구금일수의 전부 또는 일부를 국내에서 선고하는 형에 산입함으로써 형벌권의 행사를 정당한 한도 내로 제한함이 타당하다. <u>이렇게 보는 것이 신체의 자유를 보장하기 위하여 적법절차의 원칙을 선언하고 있는 헌법 정신에 부합한다.</u> 또한 형법 제7조의 입법 취지는 국내외에서의 실질적 이중처벌로 인하여 피고인이 입을 수 있는 불이익을 완화함으로써 피고인의 신체의 자유를 최대한으로 보장한다는 것이다. 이는 외국에서 유죄판결에 의하여 형의 집행을 받은 피고인뿐만 아니라 외국에서 미결구금되었다가 무죄판결을 받은 피고인에 대하여도 충분히 고려되어야 할 사항이다. 형법 제7조의 적용 여부가 쟁점이 되었을 때는 그 입법 취지를 최대한 반영하여 해석함이 타당하므로, 피고인이 외국에서 미결구금되었다가 무죄판결을 받은 경우에도 형법 제7조의 유추적용을 긍정할 필요가 있다.

(나) 형법 제57조 제1항에 의하여서는 외국에서 무죄판결을 받고 석방되기까지의 미결구금일수를 국내에서 선고하는 형에 산입할 수 없으므로, 위 조항과 형법 제7조에 공통적으로 담긴 인권 보호의 정신을 살려 외국에서 유죄판결에 의하여 형이 집행된 피고인뿐만 아니라 외국에서 미결구금되었다가 무죄판결을 받은 피고인에 대하여도 다시 같은 행위로 국내에서 형을 선고할 경우에는 형법 제7조를 유추적용하여야 할 필요성이 더욱 크다. 다만 형법 제57조 제1항에 의하여 본형에 산입되는 국내에서의 판결선고 전 구금일수는 공소의 목적을 달성하기 위하여 어쩔 수 없이 이루어진

강제처분기간에 한정된다는 것이 대법원의 일관된 태도이므로, 이러한 해석과의 균형을 위하여, 형법 제7조의 유추적용으로 선고하는 형에 산입할 외국에서의 미결구금은 외국에서 공소의 목적을 달성하기 위하여 이루어진 것에 한정하여야 한다.

(다) 현행 법 체계에 비추어 보면, 판결확정 전의 구금은 형의 내용을 정할 때, 즉 양형 단계에서가 아니라 형의 집행 단계에서 고려하여야 할 사항이라는 것이 입법자의 결단이다. 외국에서의 미결구금 역시 판결확정 전의 구금에 해당하고, 나아가 외국에서의 미결구금이 외국에서의 형 집행과 본질적으로 차이가 없으므로, 외국에서 미결구금된 경우 이를 양형 사유로 참작하는 것보다는 형의 집행 문제로 해결할 수 있도록 형법 제7조를 유추적용하는 것이 현행 법 체계에 부합하고 일관된다. 국내외에서의 이중 처벌에 따른 피고인의 불이익을 완화시킨다는 형법 제7조의 입법 취지를 충분히 달성하기 위하여는 외국에서의 미결구금을 양형인자의 하나로 보아 법관의 양형 판단에 의존하는 방식보다 형법 제7조의 유추적용에 의한 방식이 더 타당하다.

(라) 외국에서 유죄판결이 선고되어 형이 집행된 경우에는 그 집행된 형의 전부 또는 일부를 선고하는 형에 직접 산입해 줌으로써 형기를 단축시켜 주는 방법으로 피고인에게 최대한 유리하게 취급해 주는 반면에, 외국에서 무죄판결로 사건이 종결되었을 경우에는 외국에서 형사보상을 받을 기회가 있었다거나 형사보상을 받았다는 이유만으로 애초부터 그 무죄판결 이전의 미결구금을 형법 제7조에 의한 형 산입의 적용 대상에서 제외시키는 것은 합리적이라고 보기 어렵다.

[2] 피고인이 필리핀에서 살인죄를 범하였다가 무죄 취지의 재판을 받고 석방된 후 국내에서 다시 기소되어 제1심에서 징역 10년을 선고받게 되자 자신이 필리핀에서 미결 상태로 구금된 5년여의 기간에 대하여도 '외국에서 집행된 형의 산입' 규정인 형법 제7조가 적용되어야 한다고 주장하며 항소한 사안에서, 피고인의 주장을 배척한 원심판단에 형법 제7조의 적용 대상 등에 관한 법리오해의 위법이 없다고 한 사례.

♣ 대법원 2017. 7. 18. 선고 2014도8719 판결 [마약류관리에관한법률위반(향정)]
수사기관에 의한 압수·수색의 경우 헌법과 형사소송법이 정한 적법절차와 영장주의 원칙은 법률에 따라 허용된 예외사유에 해당하지 않는 한 관철되어야 한다. 세관공무원이 수출입물품을 검사하는 과정에서 마약류가 감추어져 있다고 밝혀지거나 그러한 의심이 드는 경우, 검사는 마약류의 분산을 방지하기 위하여 충분한 감시체제를 확보하고 있어 수사를 위하여 이를 외국으로 반출하거나 대한민국으로 반입할 필요가 있다는 요청을 세관장에게 할 수 있고, 세관장은 그 요청에 응하기 위하여 필요한 조치를 할 수 있다(마약류 불법거래 방지에 관한 특례법 제4조 제1항). 그러나 이러한 조치가 수사기관에 의한 압수·수색에 해당하는 경우에는 영장주의 원칙이 적용된다.
물론 수출입물품 통관검사절차에서 이루어지는 물품의 개봉, 시료채취, 성분분석 등의 검사는 수출입물품에 대한 적정한 통관 등을 목적으로 조사를 하는 것으로서 이를 수사기관의 강제처분이라고 할 수 없으므로, 세관공무원은 압수·수색영장 없이 이러한 검사를 진행할 수 있다. 세관공무원이 통관검사를 위하여 직무상 소지하거나 보관하는 물품을 수사기관에 임의로 제출한 경우에는 비록 소유자의 동의를 받지 않았더라도 수사기관이 강제로 점유를 취득하지 않은 이상 해당 물품을 압수하였다고 할 수 없다. 그러나 마약류 불법거래 방지에 관한 특례법 제4조 제1항에 따른 조치의 일환으로 특정한 수출입물품을 개봉하여 검사하고 그 내용물의 점유를 취득한 행위는 위에서 본 수출입물품에 대한 적정한 통관 등을 목적으로 조사를 하는 경우와는 달리, 범죄수사인 압수 또는 수색에 해당하여 사전 또는 사후에 영장을 받아야 한다.

♣ 대법원 2017. 3. 15. 선고 2013도2168 판결 [공무집행방해·상해]

[1] 구 경찰관 직무집행법 제2조 제1호에서 경찰관이 수행하는 직무 중 하나로 '범죄의 예방'을 정하고 있고(현행법 제2조 제2호), 제6조 제1항에서 "경찰관은 범죄행위가 목전에 행하여지려고 하고 있다고 인정될 때에는 이를 예방하기 위하여 관계인에게 필요한 경고를 하고, 그 행위로 인하여 인명·신체에 위해를 끼치거나 재산에 중대한 손해를 끼칠 우려가 있어 긴급을 요하는 경우에는 그 행위를 제지할 수 있다."라고 정하고 있다(현행법에서는 제6조에서 동일한 내용을 규정하고 있다). 위 법률에 따라 범죄를 예방하기 위한 경찰관의 제지 조치가 적법한 직무집행으로 평가될 수 있기 위해서는 형사처벌의 대상이 되는 행위가 눈앞에서 막 이루어지려고 하는 것이 객관적으로 인정될 수 있는 상황이고, 그 행위를 당장 제지하지 않으면 곧 생명·신체에 위해를 미치거나 재산에 중대한 손해를 끼칠 우려가 있는 상황이어서, 직접 제지하는 방법 외에는 위와 같은 결과를 막을 수 없는 절박한 사태가 있어야 한다.

[2] 검사 또는 사법경찰관리가 현행범인을 체포하는 경우에는 반드시 피의사실의 요지, 체포의 이유와 변호인을 선임할 수 있음을 말하고 변명할 기회를 주어야 한다(형사소송법 제213조의2, 제200조의5). 이와 같은 고지는 체포를 위한 실력행사에 들어가기 전에 미리 하는 것이 원칙이다. 그러나 달아나는 피의자를 쫓아가 붙들거나 폭력으로 대항하는 피의자를 실력으로 제압하는 경우에는 붙들거나 제압하는 과정에서 고지하거나, 그것이 여의치 않은 경우에는 일단 붙들거나 제압한 후에 지체없이 고지하여야 한다.

[3] 형법 제136조가 규정하는 공무집행방해죄는 공무원의 직무집행이 적법한 경우에 한하여 성립한다. 이때 적법한 공무집행은 그 행위가 공무원의 추상적 권한에 속할 뿐 아니라 구체적 직무집행에 관한 법률상 요건과 방식을 갖춘 경우를 가리키므로, 경찰관이 적법절차를 준수하지 않은 채 실력으로 현행범인을 연행하려 하였다면 적법한 공무집행이라고 할 수 없다.

[4] 어떠한 행위가 정당방위로 인정되려면 그 행위가 자기 또는 타인의 법익에 대한 현재의 부당한 침해를 방어하기 위한 것으로서 상당성이 있어야 하므로, 위법하지 않은 정당한 침해에 대한 정당방위는 인정되지 않는다. 이때 방위행위가 사회적으로 상당한 것인지는 침해행위에 의해 침해되는 법익의 종류와 정도, 침해의 방법, 침해행위의 완급, 방위행위에 의해 침해될 법익의 종류와 정도 등 일체의 구체적 사정들을 참작하여 판단하여야 한다. 또한 자기의 법익뿐 아니라 타인의 법익에 대한 현재의 부당한 침해를 방위하기 위한 행위도 상당한 이유가 있으면 형법 제21조의 정당방위에 해당하여 위법성이 조각된다.

♣ 대법원 2016. 12. 27. 선고 2016두49228 판결 [배당소득세등부과처분취소]

사전구제절차로서 과세전적부심사 제도가 가지는 기능과 이를 통해 권리구제가 가능한 범위, 이러한 제도가 도입된 경위와 취지, 납세자의 절차적 권리 침해를 효율적으로 방지하기 위한 통제 방법과 더불어, 헌법 제12조 제1항에서 규정하고 있는 적법절차의 원칙은 형사소송절차에 국한되지 아니하고, 세무공무원이 과세권을 행사하는 경우에도 마찬가지로 준수하여야 하는 점 등을 고려하여 보면, 국세기본법 및 국세기본법 시행령이 과세전적부심사를 거치지 않고 곧바로 과세처분을 할 수 있거나 과세전적부심사에 대한 결정이 있기 전이라도 과세처분을 할 수 있는 예외사유로 정하고 있다는 등의 특별한 사정이 없는 한, 과세예고 통지 후 과세전적부심사 청구나 그에 대한 결정이 있기도 전에 과세처분을 하는 것은 원칙적으로 과세전적부심사 이후에 이루어져야 하는 과세처분을 그보다 앞서 함으로써 과세전적부심사 제도 자체를 형해화시킬 뿐만 아니라 과세전적부심사 결정과 과세처분 사이의 관계 및 불복절차를 불분명하게 할 우려가 있으므로, 그와 같은 과세처분은 납세자의 절차적 권리를 침해하는 것으로서 절차상 하자가 중대하고도 명백하여 무효이다.

♣ 헌재 1998. 5. 28. 96헌바4 [관세법 제38조 제3항 제2호 위헌소원]

통고처분은 상대방의 임의의 승복을 그 발효요건으로 하기 때문에 그 자체만으로는 통고이행을 강제하거나 상대방에게 아무런 권리의무를 형성하지 않으므로 행정심판이나 행정소송의 대상으로서의 처분성을 부여할 수 없고, 통고처분에 대하여 이의가 있으면 통고내용을 이행하지 않음으로써 고발되어 형사재판절차에서 통고처분의 위법·부당함을 얼마든지 다툴 수 있기 때문에 관세법 제38조 제3항 제2호가 법관에 의한 재판받을 권리를 침해한다든가 적법절차의 원칙에 저촉된다고 볼 수 없다.

적법절차원칙과 재판청구권의 의미와 내용에 관하여 본다. 헌법 제12조 제1항 제2문은 "누구든지……법률과 적법한 절차에 의하지 아니하고는 처벌·보안처분 또는 강제노역을 받지 아니한다"라고 하고, 동 조 제3항은 "체포·구속·압수 또는 수색을 할 때에는 적법한 절차에 따라 검사의 신청에 의하여 법관이 발부한 영장을 제시하여야 한다"라고 하여 적법절차의 원칙을 규정하고 있다. 현행 헌법에 규정된 적법절차의 원칙을 어떻게 해석할 것인가에 대하여 표현의 차이는 있지만 대체적으로 적법절차의 원칙이 독자적인 헌법원리의 하나로 수용되고 있으며 이는 절차의 적법성 뿐만 아니라 절차의 적정성까지 보장되어야 한다는 뜻으로 이해하는 것이 마땅하다. 다시 말하면 형식적인 절차 뿐만 아니라 실체적 법률내용이 합리성과 정당성을 갖춘 것이어야 한다는 실질적인 의미 로 확대 해석하고 있다. 이러한 적법절차의 원리가 형사절차 이외 행정절차에도 적용되는가에 관하여 우리 헌법재판소는 이 적법절차의 원칙의 적용범위를 형사소송절차에 국한하지 않고 모든 국가작용에 대하여 문제된 법률의 실체적 내용이 합리성과 정당성을 갖추고 있는지 여부를 판단하는 기준으로 적용된다고 판시하고 있다. 또한 헌법 제27조 제1항은 "모든 국민은 헌법과 법률이 정한 법관에 의하여 법률에 의한 재판을 받을 권리를 가진다"라고 하여 법률에 의한 재판과 법관에 의한 재판을 받을 권리를 보장하고 있다. 재판청구권은 재판이라는 국가적 행위를 청구할 수 있는 적극적 측면과 헌법과 법률이 정한 법관이 아닌 자에 의한 재판이나 법률에 의하지 아니한 재판을 받지 아니하는 소극적 측면을 아울러 가지고 있다. 이렇게 볼 때 헌법 제27조 제1항은 법관에 의하지 아니하고는 민사·행정·선거·가사사건에 관한 재판은 물론 어떠한 처벌도 받지 아니할 권리를 보장한 것이라 해석된다. 그렇다면 그 취지는 전술한 헌법 제12조 제1항의 그것과 마찬가지라 생각된다. 결국 헌법의 이 두 조항은 "법률로 정하고, 그 내용도 타당한 절차"에 따라 법관이 과하는 것이 아니면 누구도 처벌을 받지 아니한다는 것을 보장한 것이라 할 수 있다.

♣ **대법원 2016. 6. 16. 자 2016초기318 전원합의체 결정 [재판권쟁의에대한재정신청]**
<군사법원과 일반 법원의 재판권에 관한 쟁의가 발생하여 피고인이 재판권의 유무에 대한 재정신청을 한 사건>

[다수의견]
군사법원법 제2조가 '신분적 재판권'이라는 제목 아래 제1항에서 '군형법 제1조 제1항부터 제4항까지에 규정된 사람'이 '범한 죄'에 대하여 군사법원이 재판권을 가진다고 규정하고 있으므로, 위 조항의 문언해석상 군인 또는 군무원이 아닌 국민(이하 '일반 국민'이라 한다)이 군형법 제1조 제4항 각 호에 정한 죄(이하 '특정 군사범죄'라 하고, 그 외의 범죄 등을 '일반 범죄'라 한다)를 범함으로써 군사법원의 신분적 재판권에 속하게 되면 그 후에 범한 일반 범죄에 대하여도 군사법원에 재판권이 발생한다고 볼 여지가 있다. 그러나 헌법 제27조 제2항은 어디까지나 '중대한 군사상 기밀·초병·초소·유독음식물공급·포로·군용물에 관한 죄 중 법률이 정한 경우'를 제외하고는 일반 국민은 군사법원의 재판을 받지 아니한다고 규정하고 있으므로, 이러한 경우에까지 군사법원의 신분적 재판권을 확장할 것은 아니다. 즉, 특정 군사범죄를 범한 일반 국민에게 군사법원에서 재판을 받아야 할 '신분'이 생겼더라도, 이는 군형법이 원칙적으로 군인에게 적용되는 것임에도 특정 군사범죄에 한하여 예외적으로 일반 국민에게 군인에 준하는 신분을 인정하여 군형법을 적용한다는 의미일 뿐, 그 '신분' 취득 후에 범한 다른 모든 죄에 대해서까지 군사법원에서 재판을 받아야 한다고 새기는 것은 헌법 제27조 제2항의 정신에 배치된다. 군사법원법 제2조 제2항은 예컨대 군에 입대하기 전에 어떠한 죄를 범한 사람이 군인이 되었다면 군사법원이 그 죄를 범한 군인에 대하여 재판을 할 수 있도록 하려는 취지임이 명백하다. 군사법체계의 특수성에 비추어 볼 때 이러한 경우에는 군사법원이 재판권을 행사하여야 할 필요성과 합목적성이 충분히 인정된다. 그러나 일반 국민이 특정 군사범죄를 범하였다 하여 그 전에 범한 다른 일반 범죄에 대해서까지 군사법원이 재판권을 가진다고 볼 것은 아니다. 군인 등은 전역 등으로 그 신분을 상실하게 되면 특별한 경우를 제외하고는 군 재직 중에 범한 죄에 대하여 일반 법원에서 재판을 받게 된다. 그러나 일반 국민은 특정 군사범죄를 범하여 일단 군사법원의 신분적 재판권에 속하게 되면 그 신분에서 벗어날 수 있는 방법이 없다. 즉, 일반 국민이 군형법 제1조 제4항 각 호의 죄를 범한 경우에 그 전에 범한 어떠한 죄라도 아무런 제한 없이 군사법원에서 재판을 받게 한다면 군인보다 오히려 불리한 처지에 놓이게 된다. 위와 같은 해석은 헌법 제27조의 정신에 부합하지 아니한다. 결론적으로, 군사법원이 군사법원법 제2조 제1항 제1호에 의하여 특정 군사범죄를 범한 일반 국민에 대하여 신분적 재판권을 가지더라도 이는 어디까지나 해당 특정 군사범죄에 한하는 것이지 이전 또는 이후에 범한 다른 일반 범죄에 대해서까지 재판권을 가지는 것은 아니다. 따라서 일반 국민이 범한 수 개의 죄 가운데 특정 군사범죄와 그 밖의 일반 범죄가 형법 제37조 전단의 경합범 관계에 있다고 보아 하나의 사건으로 기소된 경우, 특정 군사범죄에 대하여는 군사법원이 전속적인 재판권을 가지므로 일반 법원은 이에 대하여 재판권을 행사할 수 없다. 반대로 그 밖의 일반 범죄에 대하여 군사법원이 재판권을 행사하는 것도 허용될 수 없다. 이 경우 어느 한 법원에서 기소된 모든 범죄에 대해 재판권을 행사한다면 재판권이

없는 법원이 아무런 법적 근거 없이 임의로 재판권을 창설하여 재판권이 없는 범죄에 대한 재판을 하는 것이 되므로, 결국 기소된 사건 전부에 대하여 재판권을 가지지 아니한 일반 법원이나 군사법원은 사건 전부를 심판할 수 없다. 형법 조항의 개정으로 사후적 경합범에 대하여 이미 확정된 죄와 동시에 판결할 경우와의 형평을 고려하여 형을 선고하되, 필요한 경우 형을 감경 또는 면제할 수 있는 입법적 근거가 마련됨으로써 일반 법원과 군사법원이 각각 재판권을 행사하여 따로 재판을 진행하더라도 양형상 반드시 피고인에게 불리하다고 할 수 없게 되었다. 그리고 다수의 범죄에 대하여 하나의 재판에서 재판을 받는 것이 소송경제상 피고인에게 유리한 면이 있다고 하더라도 형사피고인이 적법한 재판권을 가진 법원에서 재판을 받을 권리야말로 적법절차원칙의 기본이므로 소송경제를 위하여 이를 포기할 수 있는 성질의 것도 아니다. 이와는 달리, 군사법원에 기소된 일반 국민에 대한 공소사실 중 군형법에서 정한 군사법원에 재판권이 있는 범죄에 대하여 군사법원에서 신분적 재판권을 가진다는 이유로 그 범죄와 경합범으로 기소된 다른 범죄에 대하여도 군사법원에 재판권이 있다고 본 종전 대법원의 견해(대법원 2004. 3. 25. 선고 2003도8253 판결 등)는 위 견해와 배치되는 범위 내에서 이를 변경하기로 한다.

　[대법관 2명의 별개의견]
　군형법 및 군사법원법은 헌법 제27조에 기초하여 군인, 군무원 및 그 밖의 일정한 일반 국민에 대하여 군형법을 적용하여 군사법원에 재판권을 인정하고, 아울러 그들이 범한 다른 일반 범죄에 대하여도 군사법원에서 재판할 수 있도록 정하고 있다. 그런데 군형법 및 군사법원법의 관련 규정들에 비추어 보면, 군형법상의 범죄 등과 같은 군사 관련 특수한 사유로 인하여 군사법원에 재판권이 인정되는 경우(이하 이에 해당하는 범죄를 '군사 범죄 등'이라 한다)에 이는 고유의 재판권으로서 일반 법원이 행사할 수 없지만, 군사 범죄 등이 아닌 일반 범죄를 범한 경우에 군사법원에 인정되는 재판권은 군사 범죄 등에 관하여 군사법원에서 재판이 이루어짐을 전제로 하여 함께 재판할 수 있도록 인정된 임의적인 것으로서 그에 대한 일반 법원의 재판권이 당연히 소멸된다고 할 수 없다. 따라서 군사 범죄 등이 아닌 일반 범죄의 경우에는 군사법원의 재판권과 일반 법원의 재판권이 병존할 수 있고, 해당 범죄에 대한 구체적인 재판권에 관하여 다툼이 있는 경우에는 대법원이 군사법원법 제3조의2에 의한 재정절차에 의하여 재판권을 행사할 법원을 정할 수 있다.

　[대법관 3명의 반대의견]
　군사법원법 제2조 제2항이 "군사법원은 제1항 제1호에 해당하는 사람이 그 신분 취득 전에 범한 죄에 대하여 재판권을 가진다."라고 한 것은 군인·군무원 등 행위자의 신분적 지위 자체로 군형법의 적용을 받는 군형법 제1조 제1항부터 제3항까지의 사람에 한하여 적용되는 것으로 제한하여 해석할 것이지 이를 제4항의 경우에도 적용된다고 볼 것은 아니다. 그러한 해석은 헌법 제27조가 일반 국민에게 군사법원의 재판을 받지 아니할 기본권 등을 보장한 근본정신에 배치되므로 합헌적 제한 해석을 함이 마땅하다. 그런데 일반 국민이 군사법원의 재판권 대상인 특정 군사범죄와 일반 법원의 재판권 대상인 일반 범죄를 범하여 형법상 실체적 경합범 관계로 처벌받아야 할 경우라든가 동일한 기회에 여러 가지 물건을 함께 절취하였는데 그 가운데 군용물이 섞여 있어서 전체로서 단순 1죄로 처벌되어야 할 경우 또는 일정 기간 동안 단일한 범의로 여러 번에 걸쳐 절도 범행을 하였지만 전체가 포괄일죄의 관계에 있거나 상습절도에 해당하여 1죄로 처벌되어야 하는데 범행 목적물에 군용물도 포함되어 있어서 범행 대상 물건에 따라 일반 법원과 군사법원이 재판권을 나누어야 할지 아니면 하나의 법원에서 함께 재판을 받도록 해야 할지를 정해야 할 때가 생긴다. 군인 등이 그 신분을 가진 상태에서 특정 군사범죄와 일반 범죄를 범하였는데 전역으로 군인 신분을 벗어난 경우에도 마찬가지 문제가 생긴다. 군사법원법 제3조의2가 규정한 재정신청 제도는 바로 이러한 경우에 어느 법원에서 재판권을 행사할지를 대법원이 결정하도록 한 것이고, 대법원은 여러 가지 사정을 고려하여 자유재량으로 재판권을 행사할 법원을 재정하면 된다. 그러므로 재판 대상인 범죄에 특정 군사범죄와 일반 범죄가 혼재되어 있는 경합범의 경우에도, 범죄별로 재판권을 행사할 법원을 나누도록 할 것인지는 대법원이 재정결정으로 정할 수 있다. 다만 일반 국민이 군사법원의 재판을 받지 않을 권리는 헌법이 보장한 기본권이므로, 군인·군무원 등 본래의 신분적 요소가 아니라 특정 군사범죄를 범하였다고 하는 행위적 요소 때문에 군사법원의 재판권 행사 대상이 된 경우에는 특정 군사범죄 이외의 일반 범죄에 대하여는 일반 법원에서 재판을 받도록 한 것이 헌법 규정이다. 따라서 그 경우에는 대법원이 재정결정을 할 때에도 특정 군사범죄와 일반 범죄를 분리하여 군사법원과 일반 법원에서 따로 재판을 받도록 하거나 특정 군사범죄까지 일괄하여 일반 법원에서 재판을 받도록 정할 수는 있지만, 일반 범죄까지도 군사법원에서 재판을 받도록 하는 것은 헌법상 기본권을 침해하는 결과가 되므로 허용될 수 없다.

[대법관 1명의 반대의견]
누가 어떤 범죄행위를 하였다고 하는 것은 형사재판의 시작임과 동시에 결말이기도 하다. 범죄자가 누구인지를 떠나서는 적정한 형벌을 부과할 수 없으며, 수 개의 범죄행위 역시 이를 구분하여 따로따로 형사법적으로 적정하게 평가할 수는 없다. 일반 법원과 군사법원은 법률심인 상고심 법원을 함께 하는 것 외에는 별도로 조직되어 운영되고 각각 고유한 형사재판권 영역을 담당하고 있다. 현행법상 일반 법원과 군사법원의 재판권에 관한 규정은 헌법 제27조 제2항, 제110조 제3항에 근거한 군사법원법 제2조가 있다. 군사법원의 재판권의 대상을 규정하고 있는 군사법원법 제2조는 재판권의 대상을 범죄가 아니라 사람을 기준으로 구분하고 있다. 한 사람의 피고인에 관한 일반 법원과 군사법원 사이의 재판권의 분리를 전제로 한 법령은 찾을 수 없다. 한 사람이 범한 특정 군사범죄와 일반 범죄에 대하여 재판권의 분리는 타당하지 아니하다. 헌법 제27조 제2항, 제110조 제3항과 군사법원법 제2조의 규정 등은 모두 군인 등이 아닌 국민은 군사법원의 재판을 받지 않는다는 원칙에 대한 특별법의 지위에 있다고 볼 수밖에 없는 이상 군사법원이 기소된 모든 범죄에 대하여 재판권을 갖는다.

♣ 대법원 2016. 10. 13. 선고 2016도8137 판결 [국가보안법위반(이적단체의구성등)·국가보안법위반(잠입·탈출)·국가보안법위반(찬양·고무등)]
이 사건 통신제한조치허가서에 기재된 통신제한조치의 종류는 전기통신의 '감청'이므로, 수사기관으로부터 집행위탁을 받은 카카오는 통신비밀보호법이 정한 감청의 방식, 즉 전자장치 등을 사용하여 실시간으로 이 사건 대상자들이 카카오톡에서 송·수신하는 음향·문언·부호·영상을 청취·공독하여 그 내용을 지득 또는 채록하는 방식으로 통신제한조치를 집행하여야 하고 임의로 선택한 다른 방식으로 집행하여서는 안 된다고 할 것이다. 그런데도 카카오는 이 사건 통신제한조치허가서에 기재된 기간 동안, 이미 수신이 완료되어 전자정보의 형태로 서버에 저장되어 있던 것을 3~7일마다 정기적으로 추출하여 수사기관에 제공하는 방식으로 통신제한조치를 집행하였다. 이러한 카카오의 집행은 동시성 또는 현재성 요건을 충족하지 못해 통신비밀보호법이 정한 감청이라고 볼 수 없으므로 이 사건 통신제한조치허가서에 기재된 방식을 따르지 않은 것으로서 위법하다고 할 것이다. 따라서 이 사건 카카오톡 대화내용은 적법절차의 실질적 내용을 침해하는 것으로 위법하게 수집된 증거라 할 것이므로 유죄 인정의 증거로 삼을 수 없다. 그럼에도 불구하고 원심은 그 판시와 같은 이유로 수사기관이 이 사건 카카오톡 대화내용을 위법하게 입수하였다고 볼 수 없어 이를 증거로 채택할 수 있다고 판단하였으니, 거기에는 위법수집증거에 관한 법리를 오해한 잘못이 있다.

♣ 헌재 2004. 9. 23. 2002헌가17,18(병합) [경범죄처벌법 제1조 제42호 위헌제청]

1. 이 사건 법률조항 [42.(지문채취불응) 범죄의 피의자로 입건된 사람에 대하여 경찰공무원이나 검사가 지문조사 외의 다른 방법으로 그 신원을 확인할 수 없어 지문을 채취하려고 할 때 정당한 이유없이 이를 거부한 사람]은 수사기관이 직접 물리적 강제력을 행사하여 피의자에게 강제로 지문을 찍도록 하는 것을 허용하는 규정이 아니며 형벌에 의한 불이익을 부과함으로써 심리적·간접적으로 지문채취를 강요하고 있으므로 피의자가 본인의 판단에 따라 수용여부를 결정한다는 점에서 궁극적으로 당사자의 자발적 협조가 필수적임을 전제로 하므로 물리력을 동원하여 강제로 이루어지는 경우와는 질적으로 차이가 있다. 따라서 이 사건 법률조항에 의한 지문채취의 강요는 영장주의에 의하여야 할 강제처분이라 할 수 없다. 또한 수사상 필요에 의하여 수사기관이 직접강제에 의하여 지문을 채취하려 하는 경우에는 반드시 법관이 발부한 영장에 의하여야 하므로 영장주의원칙은 여전히 유지되고 있다고 할 수 있다.

2. 이 사건 법률조항은 피의자의 신원확인을 원활하게 하고 수사활동에 지장이 없도록 하기 위한 것으로, 수사상 피의자의 신원확인은 피의자를 특정하고 범죄경력을 조회함으로써 타인의 인적 사항 도용과 범죄 및 전과사실의 은폐 등을 차단하고 형사사법제도를 적정하게 운영하기 위해 필수적이라는 점에서 그 목적은 정당하고, 지문채취는 신원확인을 위한 경제적이고 간편하면서도 확실성이 높은 적절한 방법이다. 또한 이 사건 법률조항은 형벌에 의한 불이익을 부과함으로써 심리적·간접적으로 지문채취를 강제하고 그것도 보충적으로만 적용하도록 하고 있어 피의자에 대한 피해를 최소화하기 위한 고려를 하고 있으며, 지문채취 그 자체가 피의자에게 주는 피해는 그리 크지 않은 반면 일단 채취된 지문은 피의자의 신원을 확인하는 효과적인 수단이 될 뿐 아니라 수사절차에서 범인을 검거하는 데에 중요한 역할을 한다. 한편, 이 사건 법률조항에 규정되어 있는 법정형은 형법상의 제재로서는 최소한에 해당되므로 지나치게 가혹하여 범죄에 대한 형벌 본래의 목적과 기능을 달성함에 필요한 정도를 일탈하였다고 볼 수도 없다. 범죄의 피의자로 입건된 사람들로 하여금 경찰공무원이나 검사의 신문을 받으면서 자신의 신원을 밝히지 않고 지문채취에 불응하는 경우 벌금, 과료, 구류의 형사처벌을 받도록 하고 있는 이 사건 법률조항이 적법절차의 원칙에 위반되는지 여부(소극)

♣ **대법원 2012. 9. 13. 선고 2012도6612 판결 [폭력행위등처벌에관한법률위반(집단 · 흉기등협박) · 상해]**

　[1] 경범죄처벌법상 범칙금제도는 형사절차에 앞서 경찰서장 등의 통고처분에 의하여 일정액의 범칙금을 납부하는 기회를 부여하여 범칙금을 납부하는 사람에 대하여는 기소를 하지 아니하고 사건을 간이하고 신속·적정하게 처리하기 위하여 처벌의 특례를 마련해 둔 것이라는 점에서 법원의 재판절차와는 제도적 취지 및 법적 성질에서 차이가 있다. 그리고 범칙금의 납부에 따라 확정판결에 준하는 효력이 인정되는 범위는 범칙금 통고의 이유에 기재된 당해 범칙행위 자체 및 범칙행위와 동일성이 인정되는 범칙행위에 한정된다. 따라서 범칙행위와 같은 시간과 장소에서 이루어진 행위라 하더라도 범칙행위의 동일성을 벗어난 형사범죄행위에 대하여는 범칙금의 납부에 따라 확정판결에 준하는 일사부재리의 효력이 미치지 아니한다.

　[2] 피고인이 경범죄처벌법상 '음주소란' 범칙행위로 범칙금 통고처분을 받아 이를 납부하였는데, 이와 근접한 일시·장소에서 위험한 물건인 과도(과도)를 들고 피해자를 쫓아가며 "죽여 버린다."고 소리쳐 협박하였다는 내용의 폭력행위 등 처벌에 관한 법률 위반으로 기소된 사안에서, 피고인에게 적용된 경범죄처벌법 제1조 제25호(음주소란등)의 범칙행위와 폭력행위 등 처벌에 관한 법률 위반 공소사실인 흉기휴대협박행위는, 범행 장소와 일시가 근접하고 모두 피고인과 피해자의 시비에서 발단이 된 것으로 보이는 점에서 일부 중복되는 면이 있으나, 범죄사실의 내용이나 행위의 수단 및 태양, 각 행위에 따른 피해법익이 다르고, 죄질에도 현저한 차이가 있으며, 범칙행위의 내용이나 수단 및 태양 등에 비추어 그 행위과정에서나 이로 인한 결과에 통상적으로 흉기휴대협박행위까지 포함된다거나 이를 예상할 수 있다고 볼 수 없으므로 기본적 사실관계가 동일한 것으로 평가할 수 없다는 이유로, 범칙행위에 대한 범칙금 납부의 효력이 공소사실에 미치지 않는다고 한 사례.

♣ **대법원 2011. 4. 28. 선고 2009도12249 판결 [폭력행위등처벌에관한법률위반(집단 · 흉기등상해)]**

　[1] 공소사실이나 범죄사실의 동일성 여부는 사실의 동일성이 갖는 법률적 기능을 염두에 두고 피고인의 행위와 그 사회적인 사실관계를 기본으로 하면서 규범적 요소 또한 아울러 고려하여 판단하여야 한다.

　[2] 경범죄처벌법상 범칙금제도는 형사절차에 앞서 경찰서장 등의 통고처분에 의하여 일정액의 범칙금을 납부하는 기회를 부여하여 그 범칙금을 납부하는 사람에 대하여는 기소를 하지 아니하고 사건을 간이하고 신속, 적정하게 처리하기 위하여 처벌의 특례를 마련해 둔 것이라는 점에서 법원의 재판절차와는 제도적 취지 및 법적 성질에서 차이가 있다. 그리고 범칙금의 납부에 따라 확정판결에 준하는 효력이 인정되는 범위는 범칙금 통고의 이유에 기재된 당해 범칙행위 자체 및 그 범칙행위와 동일성이 인정되는 범칙행위에 한정된다. 따라서 범칙행위와 같은 시간과 장소에서 이루어진 행위라 하더라도 범칙행위의 동일성을 벗어난 형사범죄행위에 대하여는 범칙금의 납부에 따라 확정판결에 준하는 일사부재리의 효력이 미치지 아니한다.

　[3] 피고인에게 적용된 경범죄처벌법 제1조 제26호(인근소란등)의 범칙행위와 흉기인 야채 손질용 칼 2자루를 휴대하여 피해자의 신체를 상해하였다는 폭력행위 등 처벌에 관한 법률 위반(집단·흉기등상해)의 공소사실은 범죄사실의 내용이나 그 행위의 수단 및 태양, 각 행위에 따른 피해법익이 다르고, 그 죄질에도 현저한 차이가 있

으며, 위 범칙행위의 내용이나 수단 및 태양 등에 비추어 그 행위과정에서나 이로 인한 결과에 통상적으로 흉기휴대상해 행위까지 포함된다거나 이를 예상할 수 있다고는 볼 수 없어 기본적 사실관계가 동일한 것으로 평가할 수 없다는 이유로, 위 범칙행위에 대한 범칙금 납부의 효력이 위 공소사실에는 미치지 않는다고 한 사례.

♣ **대법원 2007. 4. 12. 선고 2006도4322 판결 [교통사고처리특례법위반]**

[1] 도로교통법 제119조 제3항에 의하면, 범칙금 납부 통고를 받고 범칙금을 납부한 사람은 그 범칙행위에 대하여 다시 벌받지 아니한다고 규정하고 있는바, 범칙금의 통고 및 납부 등에 관한 같은 법의 규정들의 내용과 취지에 비추어 볼 때 범칙자가 경찰서장으로부터 범칙행위를 하였음을 이유로 범칙금 통고를 받고 그 범칙금을 납부한 경우 다시 벌받지 아니하게 되는 행위는 범칙금 통고의 이유에 기재된 당해 범칙행위 자체 및 그 범칙행위와 동일성이 인정되는 범칙행위에 한정된다고 해석함이 상당하므로, 범칙행위와 같은 때, 같은 곳에서 이루어진 행위라 하더라도 범칙행위와 별개의 형사범죄행위에 대하여는 범칙금의 납부로 인한 불처벌의 효력이 미치지 아니한다.

[2] 교통사고로 인하여 업무상과실치상죄 또는 중과실치상죄를 범한 운전자에 대하여 피해자의 명시한 의사에 반하여 공소를 제기할 수 있도록 하고 있는 교통사고처리특례법 제3조 제2항 단서의 각 호에서 규정한 신호위반 등의 예외사유는 같은 법 제3조 제1항 위반죄의 구성요건 요소가 아니라 그 공소제기의 조건에 관한 사유이다.

[3] 교통사고처리특례법 제3조 제2항 단서 각 호에서 규정한 예외사유에 해당하는 신호위반 등의 범칙행위와 같은 법 제3조 제1항 위반죄는 그 행위의 성격 및 내용이나 죄질, 피해법익 등에 현저한 차이가 있어 동일성이 인정되지 않는 별개의 범죄행위라고 보아야 할 것이므로, 교통사고처리특례법 제3조 제2항 단서 각 호의 예외사유에 해당하는 신호위반 등의 범칙행위로 교통사고를 일으킨 사람이 통고처분을 받아 범칙금을 납부하였다고 하더라도, 업무상과실치상죄 또는 중과실치상죄에 대하여 같은 법 제3조 제1항 위반죄로 처벌하는 것이 도로교통법 제119조 제3항에서 금지하는 이중처벌에 해당한다고 볼 수 없다.

♣ **헌재 2003. 7. 24. 2001헌가25 구 독점규제및공정거래에관한법률 제24조의2 위헌제청**

1. 행정권에는 행정목적 실현을 위하여 행정법규 위반자에 대한 제재의 권한도 포함되어 있으므로, '제재를 통한 억지'는 행정규제의 본원적 기능이라 볼 수 있는 것이고, 따라서 어떤 행정제재의 기능이 오로지 제재(및 이에 결부된 억지)에 있다고 하여 이를 헌법 제13조 제1항에서 말하는 국가형벌권의 행사로서의 '처벌'에 해당한다고 할 수 없는바, 구 독점규제및공정거래에관한법률 제24조의2에 의한 부당내부거래에 대한 과징금은 그 취지와 기능, 부과의 주체와 절차 등을 종합할 때 부당내부거래 억지라는 행정목적을 실현하기 위하여 그 위반행위에 대하여 제재를 가하는 행정상의 제재금으로서의 기본적 성격에 부당이득환수적 요소도 부가되어 있는 것이라 할 것이고, 이를 두고 헌법 제13조 제1항에서 금지하는 국가형벌권 행사로서의 '처벌'에 해당한다고는 할 수 없으므로, 공정거래법에서 형사처벌과 아울러 과징금의 병과를 예정하고 있더라도 이중처벌금지원칙에 위반된다고 볼 수 없으며, 이 과징금 부과처분에 대하여 공정력과 집행력을 인정한다고 하여 이를 확정판결 전의 형벌집행과 같은

것으로 보아 무죄추정의 원칙에 위반된다고도 할 수 없다.

2. 위 과징금은 부당내부거래의 억지에 그 주된 초점을 두고 있는 것이므로 반드시 부당지원을 받은 사업자에 대하여 과징금을 부과하는 것만이 입법목적 달성을 위한 적절한 수단이 된다고 할 수 없고, 부당지원을 한 사업자의 매출액을 기준으로 하여 그 2% 범위 내에서 과징금을 책정토록 한 것은, 부당내부거래에 있어 적극적·주도적 역할을 하는 자본력이 강한 대기업에 대하여도 충분한 제재 및 억지의 효과를 발휘하도록 하기 위한 것인데, 현행 공정거래법의 전체 체계에 의하면 부당지원행위가 있다고 하여 일률적으로 매출액의 100분의2까지 과징금을 부과할 수 있는 것이 아니어서, 실제 부과되는 과징금액은 매출액의 100분의 2를 훨씬 하회하는 수준에 머무르고 있는바, 그렇다면 부당내부거래의 실효성 있는 규제를 위하여 형사처벌의 가능성과 병존하여 과징금 규정을 둔 것 자체나, 지원기업의 매출액을 과징금의 상한기준으로 삼은 것을 두고 비례성원칙에 반하여 과잉제재를 하는 것이라 할 수 없다.

3. 법관에게 과징금에 관한 결정권한을 부여한다든지, 과징금 부과절차에 있어 사법적 요소들을 강화한다든지 하면 법치주의적 자유보장이라는 점에서 장점이 있겠으나, 공정거래법에서 행정기관인 공정거래위원회로 하여금 과징금을 부과하여 제재할 수 있도록 한 것은 부당내부거래를 비롯한 다양한 불공정 경제행위가 시장에 미치는 부정적 효과 등에 관한 사실수집과 평가는 이에 대한 전문적 지식과 경험을 갖춘 기관이 담당하는 것이 보다 바람직하다는 정책적 결단에 입각한 것이라 할 것이고, 과징금의 부과 여부 및 그 액수의 결정권자인 위원회는 합의제 행정기관으로서 그 구성에 있어 일정한 정도의 독립성이 보장되어 있고, 과징금 부과절차에서는 통지, 의견진술의 기회 부여 등을 통하여 당사자의 절차적 참여권을 인정하고 있으며, 행정소송을 통한 사법적 사후심사가 보장되어 있으므로, 이러한 점들을 종합적으로 고려할 때 <u>과징금 부과 절차에 있어 적법절차원칙에 위반되거나 사법권을 법원에 둔 권력분립의 원칙에 위반된다고 볼 수 없다.</u>

[재판관 3명의 반대의견]
위 과징금은 부당하게 다른 회사를 지원한 기업에게 가해지는 제재금으로서 부당지원자에게 부과되는 것이지, 피지원자에게 부과되는 것이 아니므로 비록 형벌은 아니라고 하더라도 부당지원행위에 대한 응징 내지 처벌로서의 의미를 가지고 있는바, 비록 기업의 부당지원행위를 응징하고 처벌하는 것이 필요하다 하더라도 위법행위와 그에 대한 처벌 내지 제재 사이에는 정당한 상관관계가 있어야 한다는 헌법상의 자기책임의 원리는 지켜져야 하는바, 매출액의 규모와 부당지원과의 사이에는 원칙적으로 상관관계를 인정하기가 곤란하므로, 부당지원행위에 대하여 매출액을 기준으로 과징금을 부과할 수 있도록 하는 것은 부당지원이라는 자기의 행위와 상관관계가 없는 매출액이라는 다른 요소에 의하여 책임의 범위를 정하는 것이 되어 자기책임의 원리에 위배된다. <u>한편, 공정거래위원회는 행정적 전문성과 사법절차적 엄격성을 함께 가져야 하며 그 규제절차는 당연히 '준사법절차'로서의 내용을 가져야 하고, 특히 과징금은 당해 기업에게 사활적 이해를 가진 제재가 될 수 있을 뿐만 아니라 경제 전반에도 중요한 영향을 미칠 수 있는 것임을 생각할 때, 그 부과절차는 적법절차의 원칙상 적어도 재판절차에 상응하게 조사기관과 심판기관이 분리되어야 하고, 심판관의 전문성</u>

과 독립성이 보장되어야 하며, 증거조사와 변론이 충분히 보장되어야 하고, 심판관의 신분이 철저하게 보장되어야만 할 것인데도, 현행 제도는 이러한 점에서 매우 미흡하므로 적법절차의 원칙에 위배된다.

[재판관 1명의 반대의견]
위 과징금 조항이 적법절차의 원칙에 위배된다는 점에서는 위 재판관 3인의 반대의견과 입장을 같이하며, 나아가 위 과징금은 부당이득환수적 요소는 전혀 없이 순수하게 응보와 억지의 목적만을 가지고 있는 실질적 형사제재로서 절차상으로 형사소송절차와 전혀 다른 별도의 과징금 부과절차에 의하여 부과되므로 행정형벌과는 별도로 거듭 처벌된다고 하지 않을 수 없어 이중처벌금지의 원칙에 위반되고, 위반사실에 대한 확정판결이 있기 전에 이미 법 위반사실이 추정되어 집행되고, 집행정지를 신청할 수 있는 당사자의 절차적 권리도 배제되어 있으므로 무죄추정원칙에도 위배된다.

4. 권리와 의무 right and duty

4.1. 권리의 종류

권리는 일정한 이익을 누릴 수 있도록 법이 인정하는 힘(권리법력설)이다. 법률이 어떠한 행위를 명함으로써 특정인이 얻게 되는 이익 중 권리 혹은 법적 이익에는 이르지 못하는 것을 반사적 이익(反射的 利益, non-litigable interest)이라고 부르며 소송을 통해 구제될 자격이 부인된다. ★

★ ♣ 대법원 2015. 5. 28. 선고 2013다41431 판결[손해배상(기)]
산업기술혁신 촉진법령 상의 공공기관에 부과한 신제품 인증을 받은 제품의 구매의무는 기업에 신기술개발제품의 판로를 확보하여 줌으로써 산업기술개발을 촉진하기 위한 국가적 지원책의 하나로 국민경제의 지속적인 발전과 국민의 삶의 질 향상이라는 공공 일반의 이익을 도모하기 위한 것이고, 공공기관이 구매의무를 이행한 결과 신제품 인증을 받은 자가 재산상 이익을 얻게 되더라도 이는 반사적 이익에 불과할 뿐 위 법령이 보호하고자 하는 이익으로 보기는 어렵다. 따라서 공공기관이 위 법령에서 정한 인증신제품 구매의무를 위반하였다고 하더라도, 이를 이유로 신제품 인증을 받은 자에 대하여 국가배상법 제2조가 정한 배상책임이나 불법행위를 이유로 한 손해배상책임을 지는 것은 아니다.
♣ 대법원 1982. 12. 28. 선고 80다731 판결[소유권이전등기(독립당사자참가)]
건설부장관이 「기성매립지로서 도시계획공사완료지역은 공사실비로서 연고자에게 분양할 것」 이라는 내용의 부관을 붙인 면허 또는 준공인가처분은 공유수면매립면허라는 권리이익을 받는 수면허자에게 위와 같은 의무를 명한 부관부 행정행위로서 그 행정행위의 효력이 제3자에게 미치지 않음은 물론이고 그 부관상의 의무는 수면허자가 면허권자인 건설부장관에게 대하여 부담하는 공법상의 의무에 지나지 아니하고, 행정행위의 상대방인 수면허자가 그 부관상의 의무를 이행함으로써 제3자가 어떤 이익을 받게 되는 경우가 있다 하더라도 이는 동 행정처분의 반사적 이익에 불과하므로 이로써 행정행위의 상대방과 제3자와의 사이에 직접적이고 구체적인 사법상의 권리의무관계 또는 법률관계가 발생한다고 볼 수 없다.
♣ 대법원 2007. 5. 11. 선고 2004다11162 판결[손해배상(기)]
방송법은 중계유선방송사업의 허가요건, 기준, 절차에 관하여 엄격하게 규정함으로써 중계유선방송사업의 합리적인 관리를 통하여 중계유선방송사업의 건전한 발전과 이용의 효율화를 기함으로써 공공복리를 증진하려는 목적과 함께 엄격한 요건을 통과한 사업자에 대하여는 사실상 독점적 지위에서 영업할 수 있는 지역사업권을 부여하여 무허가업자의 경영이나 허가를 받은 업자간 과당경쟁으로 인한 유선방송사업 경영의 불합리를 방지함으로써 사익을 보호하려는 목적도 있다고 할 것이므로, 허가를 받은 중계유선방송사업자의 사업상 이익은 단순한 반사적 이익에 그치는 것이 아니라 방송법에 의하여 보호되는 법률상 이익이라고 보아야 한다. 방송법에 의한 중계유선방송사업 허가를 받지 아니한 갑이 적법한 중계유선방송사업자인 을과 아파트 입주자대표회의 사이의 계약갱신을 방해하고, 적법한 방송사업자인 것처럼 가장하여 위 아파트 입주자와 계약을 체결함으로써 을의 재계약 체결이 무산된 사안에서, 을의 법률상 이익이 침해된 이상 갑은 불법행위로 인한 손해배상책임이 있고, 갑의

사법적(私法的) 생활관계는 재산관계와 가족(신분)관계로 성질상 분류될 수 있고, 재산관계는 물권관계와 채권관계로 나누어진다. 물권관계는 '현재 재화를 직접 지배·이용하는 관계'이고, 채권관계는 사회생활이 발달하여 타인(신용)을 매개하여 '장차 재화 또는 노무를 획득하는 관계'이며, 이는 기본적으로 물권관계에 도달하기 위한 수단이기 때문에, 물권법이 채권법보다 먼저 발달하였다. 그러나 자본주의 경제가 발달함에 따라 채권법의 사회적 작용이 점차 커져서 특히 소유권과 결합한 채권관계가 타인을 지배하는 수단으로 변질됨에 따라 현대 채권법상 문제점이 되고 있다.

권리는 내용에 따라 물권, 채권, 인격권, 가족권으로, 작용에 따라 지배권·청구권·형성권·항변권으로 나누어 볼 수 있다. (기타 주장할 수 있는 범위에 따른 절대권·상대권, 이전의 가능성에 따른 일신전속권·비전속권, 발생여부에 따른 기성권(旣成權)·기대권(期待權), ★ 주종(主從)에 따른 주된 권리, 종된 권리 등의 구별이 있을 수 있다.)

헌법에 보장된 기본적 인권(기본권)은 주관적 공권으로서 성질을 지니면서 동시에 객관적 가치질서로서의 성질을 가진다. 기본권의 보장은 국가권력에 의한 기본권의 침해를 배제하려는 것이었기 때문에 일반적으로 기본권침해의 문제는 국가 대 사인간의 법률관계에서 발생한다. 그러나 기본권침해는 사인 상호간에 있어서도 발생할 수 있다. 사법상의 법률관계, 즉 사인상호간의 법률관계에 있어서 사인에 의한 인권침해의 경우에도 기본권규정이 적용되는가 하는 이른바 기본권의 제3자적 효력 여부에 관해서는 기본권 규정은 이를 보장하는 개별 법률을 통해서만 구체적 권리가 실현될 수

위 재계약 방해행위와 을의 수신료 수입상실로 인한 손해 사이에 상당인과관계가 있다.

★ 장래 일정한 사실이 발생하면 일정한 법률적 이익을 얻을 수 있다는 기대를 내용으로 하는 권리로서 조건(또한 기한)의 성부가 미정인 동안에 있어서의 지위의 조건부권리(민법 제148조, 제149조)를 의미한다. 상속의 개시 전에 있어서의 장래에 유산을 상속할 상속인(추정상속인)의 지위도 이에 속한다. 기대권의 이익을 침해하는 경우의 구제방법을 민법은 규정하고 있다. 제150조(조건성취, 불성취에 대한 반신의행위) ①조건의 성취로 인하여 불이익을 받을 당사자가 신의성실에 반하여 조건의 성취를 방해한 때에는 상대방은 그 조건이 성취한 것으로 주장할 수 있다. ②조건의 성취로 인하여 이익을 받을 당사자가 신의성실에 반하여 조건을 성취시킨 때에는 상대방은 그 조건이 성취하지 아니한 것으로 주장할 수 있다.)

한편 근로계약의 당사자 사이에 일정한 요건이 충족되면 근로계약이 갱신된다는 신뢰관계가 형성되어 근로자에게 근로계약이 갱신될 수 있으리라는 정당한 기대권이 발생한 경우에 근로계약의 갱신기대권이라고 인정하고 있다. 정당한 기대권이 인정되는 경우에는, 사용자가 이를 위반하여 부당하게 근로계약 갱신을 거절하는 것은 부당해고와 마찬가지로 정당한 사유를 평가하게 되고, 기간만료 후 근로관계는 종전 근로계약이 갱신된 것과 동일하게 볼 수도 있다.

있다는 전통적 견해로부터 나아가 현재는 기본권규정 그 자체로 직접적 효력을 인정하는 효력확장론을 강조하고 있는 추세이다. 기본권은 자유권[신체의 자유(12조), 거주이전의 보장(16조), 종교의 자유(20조 1항), 언론·출판·집회·결사의 자유(21조 1항), 학문 및 예술의 자유(22조)], 참정권{보통선거권·피선거권·국민투표권·국민심사권·공무원 등이 되는 권리}, 사회권[교육을 받을 권리(31조), 근로의 권리(32조), 근로자의 단결권(33조), 사회보장(34조), 환경권(35조), 혼인과 가족생활, 모성보호, 국민보건을 국가로부터 보호받을 권리(36조)]으로 크게 분류된다.

4.1.1. 물권, 채권, 가족권, 인격권

(1) 물권(物權, right of property, Sachenrechte, droits rels, ius in re)이란 특정한 물건(또는 재산권)을 직접·배타적으로 지배하여 이익을 실현하는 것을 내용으로 하는 권리이다. 목적물을 직접 지배하는 권리로서 권리의 실현을 위하여 타인의 행위를 요하지 않는다(이에 비해 채권은 권리실현을 위하여 채무자의 행위를 요한다). 직접 지배의 대상은 특정·독립의 물건을 원칙으로 하지만, 권리질권 같은 재산권과 재단저당 같은 물건의 집합일 수도 있다. 그리고 배타적 권리로써 동일물에 관하여 동일내용의 2개 이상의 물권이 동시에 존재할 수 없으며(일물일권주의), 따라서 제3자를 해하지 않도록 엄격한 공시가 필요하다. ★

물권은 우선적 효력·소급적 효력을 가지고 있으므로 제3자에게 불의의 손해를 주지 않게 하기 위하여 물권의 종류 및 내용을 제한하고 있으며, 당사자가 임의로 새로운 물권을 만드는 물권창설을 금지하며 법률/관습법에 의해서만 창설된다(물권법정주의 : 민법 제185조). 물권은 소유권(title, ownership), 용익물권(用益物權)(지상권 superficies·지역권 easement, right-of-way·전세권), 담보물권(擔保物權 secured right)(유치권 lien·질권 pledge·저당권 mortgage), 점유권(possession) 등으로 분류된다. 민법 이외에 상법 상의 상사유치권(58조), 상사질권(59조), 사용인의 우선변제권(468조), 선박 우선특권(777조), 선하증권(화물상환증)의 물권적 효력, 해난구조자의 구조료채권 우선특권(893조), 특별법상의 공

★ 건물등기, 토지등기, 선박등기, 자동차등록, 건설기계등록, 항공기등록, 동산담보권등기, 채권담보권등기 등으로 공시한다.

장재단저당권, 입목저당권, 동산담보권, 채권담보권, 지식재산권담보권, 자동차저당권, 광업권, 조광권, 어업권, 가등기담보권 그리고 관습법상의 분묘기지권, 관습상의 법정지상권 등이 있다.

물권의 효력에는 우선적 효력(내용이 충돌하는 물권 상호간에는 먼저 성립한 물권이 후에 성립한 물권보다 우선하는 효력, 물권과 채권이 병존하는 경우에는 그 성립의 선후에 관계없이 언제나 물권이 우선한다)과 물권적 청구권(물권의 내용의 실현이 방해되거나 방해될 염려가 있는 경우에 그 방해자에 대하여 방해의 제거를 청구하는 권리)이 있다.

(2) 채권(債權, Obligationenrecht)은 상대방에게 일정한 행위(Leistung, contractual performance)를 요구할 수 있는 권리이다. 채권법의 법원(法源)은 주로 민법 제3편에 규정된 계약의 유형(매매, 증여, 교환, 환매, 소비대차, 임대차, 사용대차, 위임, 조합, 임치, 고용, 도급, 여행계약, 현상광고, 종신정기금, 화해)과 법정채권(사무관리, 부당이득, 불법행위) 등이지만, 민법의 다른 편(연대채무, 보증, 구상, 면제, 혼동, 지시채권, 무기명채권)이나 다른 법률(보험, 해상 관련 채권, 여신전문금융 = 신용카드·시설대여·할부금융·신기술사업금융, 대부, 신원보증) 등에도 채권에 관한 규정이 많다. 즉 채권은 당사자의 계약으로 만들어지므로 민법 제3편이나 특별법에 규정된 계약이나 채권의 유형이 아니더라도 새로이 창설될 수 있다. 채권법은 ① 임의(任意)법규가 원칙으로 강행법규를 주로 하는 물권법이나 가족법과 대비되고, ② 국제적·보편적 성질을 가지고 있어서 지방적·민족적 특색이 강한 물권법이나 가족법과 다르며, ③ 신의칙(信義則)이 지배하고 있어서 채권자와 채무자 간의 신뢰관계를 기초로 하는 특징이 강하게 작용하며, ④ 로마법의 영향을 크게 받아서 게르만법의 영향을 많이 받고 있는 물권법과 대조된다는 등의 특징이 있다.

(3) 가족권(家族權 family right)은 가족법(친족법과 상속법)상의 특정한 지위에 따라 부여되는 권리이며, 신분권이라고도 한다. 가족권은 그 지위에 따른 포괄적인 권리가 아니라 개개의 권리의 총칭이며, 순수한 가족적인 것 이외에 부양청구권(扶養請求權)이나 재산관리권(財産管理權)과 같은 재산적 색채가 강한 것도 있다. 여기서 특정한 지위란 부(夫)와 처(妻), 부모(父母)와 자(子) 등의 관계를 말한다. 자(子)를 보호·교양할 권리(민법 제913조)나, 거소지정권(민법 제914조), 징계권(민법 제915조), 부양청구권(민법 제979조)과 같이 가족법상의 지위에 의하여 주어진 권리이다. 가족권은 일신전속이어서 원칙적으로 본인이 행사하여야 하고, 상속이나 양도를 할 수 없음이 원칙이고, 시효에 따른 취득·소멸이 인정 되지 않는다. 한편 친권의 경우에 있어서 부 또는 모가 친권을 남용하거나 현저한 비행 기타 친권을 행사시킬 수 없는 중대한 사유가 있는 때에는 자의 친족 또는 검사의 청구에 의하여 법원은 그 친권의 상실을 선고할 수 있는 것처럼(민법 제924조), 가족권이 부당하게 행사되는 것을 통제하는 장치도 있고, 일정한 사유가 있는 경우 상속인의 자격과 권리를 상실시키는 것도 있다. ★

(4) 인격권(人格權, personal right)은 개인의 생명·신체·자유·명예·정조·성명 등을 목적으로 하는 권리이다. 인간의 존엄과 가치, 행복추구권을 규정한 헌법 제10조 제1문에서 일반적 인격권이 도출된다고 보며, 민법은 타인의 신체·자유·명예를 침해하면 불법행위를 구성한다고 규정(제751조)하고 있다. 타인의 성명(name)이나 초상(image, likeness)의 무단사용, 정조의 침해, 생활방해 등도 불법행위가 된다.

특히 이름, 초상, 서명, 목소리 등의 개인의 인격적인 요소로부터 생겨나는 재

★ 민법 제1004조(상속인의 결격사유) 다음 각 호의 어느 하나에 해당한 자는 상속인이 되지 못한다.
  (1) 고의로 직계존속·피상속인·그 배우자 또는 상속의 선순위자나 동순위에 있는 자를 살해하거나 살해하려한 자,
  (2) 고의로 직계존속, 피상속인과 그 배우자에게 상해를 가하여 사망에 이르게 한 자,
  (3) 사기 또는 강박으로 피상속인의 상속에 관한 유언 또는 유언의 철회를 방해한 자,
  (4) 사기 또는 강박으로 피상속인의 상속에 관한 유언을 하게 한 자,
  (5) 피상속인의 상속에 관한 유언서를 위조·변조·파기 또는 은닉한 자

산적 가치를 권리자가 독점적으로 지배하고 허락 없이 상업적으로 이용하지 못하도록 통제할 수 있는 권리를 퍼블리시티권(right of publicity, personality right)이라고 하여 기존의 인격권에 재산권의 개념을 도입한 것도 있다. 인격권과 비슷하지만 그 권리의 상업적 이용 요소를 핵심으로 하기 때문에, 인격권적인 성격의 성명권, 초상권은 그 성질상 타인에게 양도할 수 없는 것과는 달리 퍼블리시티권은 재산권의 성격을 가지므로 타인에게 양도할 수 있다. 전통적으로 이 권리는 개인의 이름이나 사진을 부당한 방법에 의한 상업적 이용으로부터 보호하는 것에서 시작되었으나 매스 커뮤니케이션의 발달로 그 보호 영역이 계속 확장되는 추세이다.

한편 헌법 제17조의 사생활의 비밀과 자유에 의하여 보장되는 개인정보자기결정권은 자신에 관한 정보가 언제 누구에게 어느 범위까지 알려지고 또 이용되도록 할 것인지를 정보주체가 스스로 결정할 수 있는 권리로서, 개인정보자기결정권의 보호대상이 되는 개인정보는 개인의 신체, 신념, 사회적 지위, 신분 등과 같이 개인의 인격주체성을 특징짓는 사항으로 개인의 동일성을 식별할 수 있게 하는 일체의 정보이고, 반드시 개인의 내밀한 영역에 속하는 정보에 국한되지 아니하며 공적 생활에서 형성되었거나 이미 공개된 개인정보까지 포함한다. 또한 개인정보를 대상으로 한 조사·수집·보관·처리·이용 등의 행위는 모두 원칙적으로 개인정보자기결정권에 대한 제한에 해당한다고 하여 개인정보자기결정권이 확대되고 있다. ★

★ ♣ 대법원 2016. 8. 17. 선고 2014다235080 판결[부당이득금반환]
<공개된 개인정보를 수집하여 제3자에게 제공한 행위에 대하여 개인정보자기결정권의 침해를 이유로 위자료를 구하는 사건>
개인정보 보호법은 개인정보처리자의 개인정보 수집·이용(제15조)과 제3자 제공(제17조)에 원칙적으로 정보주체의 동의가 필요하다고 규정하면서도, 대상이 되는 개인정보를 공개된 것과 공개되지 아니한 것으로 나누어 달리 규율하고 있지는 아니하다. 정보주체가 직접 또는 제3자를 통하여 이미 공개한 개인정보는 공개 당시 정보주체가 자신의 개인정보에 대한 수집이나 제3자 제공 등의 처리에 대하여 일정한 범위 내에서 동의를 하였다고 할 것이다. 이와 같이 공개된 개인정보를 객관적으로 보아 정보주체가 동의한 범위 내에서 처리하는 것으로 평가할 수 있는 경우에도 동의의 범위가 외부에 표시되지 아니하였다는 이유만으로 또다시 정보주체의 별도의 동의를 받을 것을 요구한다면 이는 정보주체의 공개의사에도 부합하지 아니하거니와 정보주체나 개인정보처리자에게 무의미한 동의절차를 밟기 위한 비용만을 부담시키는 결과가 된다. 다른 한편 개인정보 보호법 제20조는 공개된 개인정보 등을 수집·처리하는 때에는 정보주체의 요구가 있으면 즉시 개인정보의 수집 출처, 개인정보의 처리 목적, 제37조에 따른 개인정보 처리의 정지를 요구할 권리가 있다는 사실을 정보주체에게 알리도록 규정하고 있으므로, 공개된 개인정보에 대한 정보주체의 개인정보자기결정권은 이러한 사후통제에 의하여 보호받게 된다.

4.1.2. 지배권, 청구권, 형성권, 항변권

(1) 지배권(支配權)이란 권리의 객체를 직접적으로 지배하고 타인에 의한 침해를 배척하여 그 이익을 향수할 수 있는 권리이다. 물권, 지식재산권, 친족권 중 친권자의 子를 보호·교양할 권리, 거소지정권 등을 들 수 있다. 지배권을 침해하는 자에 대하여 손해배상청구권 및 방해제거청구권(물권적 청구권)이 발생된다.

(2) 청구권(請求權, Anspruch)은 타인에 대하여 일정한 행위(작위·부작위)를 요구할 수 있는 권리이다. 청구권은 어떠한 권리를 기초로 하여서 성립되는데 기초가 되는 권리로서는 채권(債權), 물권(物權), 가족권 등이 있다. 채권을 근거로 하는 청구권의 예로는 매매계약에 기한 매매대금지급청구권과 이행(목적물인도, 소유권이전등기)청구권이며, 물권을 근거로 하는 청구권의 예로는 물권의 내용의 실현을 방해당할 때 그 방해를 배제하는 청구권(물권적 청구권, 반환청구·방해예방청구·방해배제청구)을 들 수 있다. 가족권 상의 청구권은 부양청구권이나 친권에 의한 유아인도청구권 등이 그 예이다. 청구권은 상대방에 대하여 일정한 행위를 요구하는 권리로서 상대권으로 볼 수 있고, 지배권은 물건에 대하여 직접 지배하는 것으로 절대권으로 볼 수 있다.

따라서 이미 공개된 개인정보를 정보주체의 동의가 있었다고 객관적으로 인정되는 범위 내에서 수집·이용·제공 등 처리를 할 때는 정보주체의 별도의 동의는 불필요하다고 보아야 하고, 별도의 동의를 받지 아니하였다고 하여 개인정보 보호법 제15조나 제17조를 위반한 것으로 볼 수 없다. 그리고 정보주체의 동의가 있었다고 인정되는 범위 내인지 여부는 공개된 개인정보의 성격, 공개의 형태와 대상 범위, 그로부터 추단되는 정보주체의 공개 의도 내지 목적뿐만 아니라, 정보처리자의 정보제공 등 처리의 형태와 정보제공으로 공개의 대상 범위가 원래의 것과 달라졌는지, 정보제공이 정보주체의 원래의 공개 목적과 상당한 관련성이 있는지 등을 검토하여 객관적으로 판단하여야 한다.

<u>개인정보자기결정권이라는 인격적 법익을 침해·제한한다고 주장되는 행위의 내용이 이미 정보주체의 의사에 따라 공개된 개인정보를 그의 별도의 동의 없이 영리 목적으로 수집·제공하였다는 것인 경우에는, 정보처리 행위로 침해될 수 있는 정보주체의 인격적 법익과 그 행위로 보호받을 수 있는 정보처리자 등의 법적 이익이 하나의 법률관계를 둘러싸고 충돌하게 된다.</u> 이때는 정보주체가 공적인 존재인지, 개인정보의 공공성과 공익성, 원래 공개한 대상 범위, 개인정보 처리의 목적·절차·이용형태의 상당성과 필요성, 개인정보 처리로 침해될 수 있는 이익의 성질과 내용 등 여러 사정을 종합적으로 고려하여, 개인정보에 관한 인격권 보호에 의하여 얻을 수 있는 이익과 정보처리 행위로 얻을 수 있는 이익 즉 정보처리자의 '알 권리'와 이를 기반으로 한 정보수용자의 '알 권리' 및 표현의 자유, 정보처리자의 영업의 자유, 사회 전체의 경제적 효율성 등의 가치를 구체적으로 비교 형량하여 어느 쪽 이익이 더 우월한 것으로 평가할 수 있는지에 따라 정보처리 행위의 최종적인 위법성 여부를 판단하여야 하고, 단지 정보처리자에게 영리 목적이 있었다는 사정만으로 곧바로 정보처리 행위를 위법하다고 할 수는 없다.

청구권이라는 명칭을 가지고 있으나 그 실제적 내용은 형성권인 경우가 있는데 공유물분할청구권, 지상권자·토지임차권자의 지상물매수청구권, 전세권자·임차인·전차인의 부속물매수청구권, 지료·전세금·차임증감청구권, 매매대금감액청구권(민법 제572조 제1항), 지상권설정자·전세권설정자의 지상권소멸·전세권소멸청구권 등이 그것이다. 한편 동일한 경제적 목적을 가진 수개의 청구권이 병존하다가 그 중의 하나가 목적을 달성하여 소멸하면, 다른 청구권도 그 한도에서 소멸하는 관계를 청구권의 경합이라고 하며, 민사소송에서의 소송물이론에서 논의되고 있다.

(3) 형성권(形成權, Gestaltungsrecht, right to alter a legal relationship)은 권리자의 일방적 의사표시에 의하여 새로운 법률관계의 형성, 즉 권리의 발생·변경·소멸이라는 일정한 법률효과를 발생시키는 권리이다. ① 권리자의 의사표시만으로 효과가 발생하는 것으로는 법률행위동의권(민법 제5조, 제10조). 취소권(제140조 내지 제146조)·추인권(제143조 내지 제145조). 계약해지권과 해제권(제543조). 상계권(제492조)·매매의 일방예약완결권(제564조). 약혼해제권(제805조). 상속포기권(제1041조) 등이 있고, ② 법원의 판결에 의하여 비로소 효력이 발생하는 것으로는 채권자취소권(제406조)·친생부인권(제846조)·혼인취소권(제816조 내지 제825조)·재판상 이혼권(제840조 내지 제843조)·입양취소권(제884조 내지 제897조)·재판상 파양권(제905조 내지 제910조)등이 있는데, 이 경우는 형성권 행사의 효과가 일반 제3자에게 미치는 영향이 크기 때문에 재판에 의해서만 효과가 발생되는 것으로 이러한 소를 형성의 소라고 한다.

(4) 항변권(抗辯權, Einrede, exceptio)이란 청구권의 행사에 대하여 그 작용을 저지하는 권리이다. 항변권은 상대방의 권리를 부인하거나 변경·소멸시키는 것이 아니라, 상대방의 권리는 승인하면서 그 권리의 작용을 저지한다는 점에서 특수한 형성권이다. 동시이행의 항변권(민법 제536조), 최고(催告)의 항변권, 검색(檢索)의 항변권 등이 그 예이다. 항변권은 재판 외에서도 행사할 수 있고, 재

판상으로도 행사할 수 있다. 항변권은 시효에 걸리지 않는다는 학설이 있다(항변권의 영구성). 연기적 항변권과 영구적 항변권으로 구별하면, 상속의 한정승인(제1028조)은 후자에 속한다. 한편 항변권은 민사소송법상의 방어방법의 일종인 항변과는 다르다.

4.2. 권리의 취득과 소멸

4.2.1. 물권의 취득

○ 물권 특히 소유권은 각종 계약행위(매매, 증여, 교환, 환매, 도급), 선의취득(善意取得 bona fide purchase), 시효취득(時效取得 title by adverse possession)의 방법으로 취득된다.

○ 선의취득이란 제3자가 권리의 외관을 신뢰하고 거래한 때에는 비록 전 소유자가 무권리자이더라도 권리의 취득을 인정하는 제도인데 동산에 대하여 인정되고 있다. 즉 동산을 선의·무과실(無過失)·평온(平穩)·공연(公然)하게 양수하여 점유한 자는 양도인(讓渡人)이 정당한 소유자가 아닌 때에도 즉시 그 동산의 소유권(所有權)을 취득한다(민법 제249조). 선의란 전 소유자가 무권리자임을 몰랐던 것이고, 평온하다는 것은 점유의 개시와 계속에 강포(强暴)하지 않은 것이며, 공연하다는 것은 은비(隱祕)가 아닌 것이고, 선의임에 과실이 없어야 한다는 것이다. 다만 도품과 유실물인 경우는 2년 내에는 추급권이 있어서 그 동안에는 선의취득이 성립되지 않는다.

○ 시효취득이란 무권리자가 일정기간 점유하면 재산을 취득하게 하는 제도인데, 부동산의 경우 20년간 소유의 의사를 가지고 평온·공연하게 부동산을 점유하거나(점유취득시효), 선의·무과실의 점유개시와 10년간 소유의 의사로 평온·공연하게 점유하고 아울러 소유자로 등기된 경우(등기부취득시효)에 소유권이 인정된다(민법 제245조). 동산의 경우는 선의·무과

실의 점유개시와 5년간 소유의 의사로 평온 공연하게 점유한 경우 소유권
을 취득하며, 10년간 소유의 의사로 평온 공연하게 점유하면 소유권을 취
득한다. ★

4.2.2. 채권의 취득

○ 채권은 민법상의 전형계약을 비롯한 각종 법률행위로부터 발생되며, 법률
의 규정에 의해서도 발생되는 것이 있는데 사무관리, 부당이득, 불법행위
가 그것이다. 채권관계는 채권자(obligee)가 다른 사람(채무자, obligor)에
대하여 일정한 행위(급부, prestation, performance)를 청구할 수 있는 권리
를 가지게 되는 법률관계인데(An obligation is a legal bond (vinculum
iuris) by which one or more parties (obligants) are bound to act or refrain
from acting. An obligation thus imposes on the obligor a duty to perform,
and simultaneously creates a corresponding right to demand performance by
the obligee to whom performance is to be tendered), 소구(訴求)가능성과
강제집행가능성을 가지게 된다. 급부에는 주는 채무(물건의 인도를 목적
(내용)으로 하는 채무, undertakings to give or deliver property, possession,
or enjoyment)와 하는 채무(물건의 인도 이외의 채무자의 행위를 목적으로
하는 채무, undertakings either to do or not do all kinds of work or service)

★ Adverse possession, sometimes colloquially described as "squatter's rights", is a legal principle that applies when a
person who does not have legal title to a piece of property - usually land (real property) - attempts to claim legal
ownership based upon a history of possession or occupation of the land without the permission of its legal owner.
Adverse possession requires at a minimum five basic conditions being met to perfect the title of the disseisor. These
are that the disseisor must openly occupy the property exclusively, in a manner that is open and notorious, keep
out others, and use it as if it were his own. A person claiming adverse possession is usually required to prove
non-permissive use of the property that is <u>actual, open and notorious, exclusive, adverse, and continuous for the</u>
<u>statutory period</u>. Actual possession(the disseisor must physically use the land as a property owner would, in
accordance with the type of property, location, and uses (merely walking or hunting on land does not establish
actual possession), Hostile possession(the disseisor must have entered or used the land without permission from the
true owner, Good faith - the party claiming adverse possession must have mistakenly believed that it is his land.)
Open and notorious use (the disseisor must possess the property in a manner that is capable of being seen. That
is, the disseisor's use of the property must be sufficiently visible and apparent that it gives notice to the legal
owner that someone may assert claim, and must be of such character that would give notice to a reasonable
person), Continuous use (the disseisor claiming adverse possession must hold that property continuously for the
entire statute of limitations period, and use it as a true owner would for that time.), Exclusive use (the disseisor
holds the land to the exclusion of the true owner).

로 나누어 지고, 하는 채무는 일정한 적극적인 행위를 내용으로 하는 작위의무(作爲義務)와 소극적으로 일정한 행위를 하지 않을 것을 내용 하는 부작위채무(不作爲債務)로 분류할 수 있다.

○ 또 채무의 성질상 결과채무(급부결과의 발생 목적)와 수단채무(결과발생을 위한 노력 필요 - 진료계약상 의사의 주의의무)로 분류될 수 있다. 그리고 급부의무에는 보호의무(계약 상대방의 생명 신체 자유 재산 등을 해치는 일이 없게 할 의무)가 부가되는 경우도 있는데 숙박업자, 기획여행계약에서의 여행업자, 고용계약에서의 사용자, 증권회사 직원, 병원 진료계약 수술 입원계약에서의 병원근무자 등에게서 인정된다. 한편 주된 급부의무 이외에 부수(附隨)의무(고지의무, 보고의무, 배려의무)도 인정되는 경우는 계속적 채권관계나 인적유대가 강한 채권관계에서 찾아볼 수 있다.

♣ 대법원 2014. 7. 24. 선고 2013다97076 판결[손해배상(기)]
　[1] 재산적 거래관계에 있어서 계약의 일방 당사자가 상대방에게 계약의 효력에 영향을 미치거나 상대방의 권리 확보에 위험을 가져올 수 있는 구체적 사정을 고지하였다면 상대방이 계약을 체결하지 아니하거나 적어도 그와 같은 내용 또는 조건으로 계약을 체결하지 아니하였을 것임이 경험칙상 명백한 경우 계약 당사자는 신의성실의 원칙상 상대방에게 미리 그와 같은 사정을 고지할 의무가 있다. 그러나 이때에도 상대방이 고지의무의 대상이 되는 사실을 이미 알고 있거나 스스로 이를 확인할 의무가 있는 경우 또는 거래 관행상 상대방이 당연히 알고 있을 것으로 예상되는 경우 등에는 상대방에게 위와 같은 사정을 알리지 아니하였다고 하여 고지의무를 위반하였다고 볼 수 없다.

　[2] 갑 법인이 을 법인으로부터 을 법인이 필리핀 병 관리청에 대하여 가지는 필리핀 소재 토지에 관한 임차권을 양도받은 후 위 토지 위에 아파트와 상가를 건축·분양하는 개발사업과 관련하여 정 주식회사 등과 대출 및 사업약정을 체결하였고 정 회사가 위 약정에 따라 갑 법인에 개발사업에 필요한 자금을 대출하였는데, 무 주식회사가 정 회사의 갑 법인에 대한 위 대출채권 등을 매수하는 매매계약을 체결한 사안에서, 무 회사는 매매계약 당시 갑 법인의 채무불이행과 공사 중단 등으로 임차권이 박탈될 위험 등 개발사업의 위험성에 관하여 이미 파악하고 있는 상태에서 매매계약에 이른 것으로 보이고, 정 회사가 매매계약 체결에 앞서 임차권에 관한 자료들을 무 회사 측에 전달함으로써 임차권과 관련된 위험요소를 파악할 기회를 제공하는 것 이외에 갑 법인과 병 관리청 사이에 임차권과 관련하여 구체적인 의무이행약정이 체결

되었는지 여부와 그 내용 및 이행가능성 등을 직접 조사하여 무 회사에 발생할 수 있는 위험요소를 미리 탐지하고 이를 무 회사에 고지하여야 할 의무까지 부담한다고 볼 수 없으므로, 특별한 사정이 없는 한 매매계약체결 과정에서 정 회사가 신의성실의 원칙상 요구되는 고지의무를 위반하였다고 보기 어렵다고 한 사례.

○ 그리고 책임은 강제집행에 복종하는 것을 의미하는데 원칙적으로 채무는 인적 무한책임(人的 無限責任)으로서 채무자가 그의 전재산으로써 책임을 져야 한다. 다만 물적 유한책임(상속 한정승인, 신탁수익자에 대한 수탁자의 채무)과 금액 유한책임(선장의 적하처분 시의 책임 한도, 상법 §747)이 예외적으로 인정된다. ★ 또 채무 없는 책임이 있는데 물상보증인의 책임이 그것이며, 책임 없는 채무로는 부집행합의, 불대체적인 작위채무가 있다. 한편 소구가능성 없는 채무를 자연채무라고 하는데 소멸시효가 완성된 채무, 불법원인에 기한 급부의 반환채무, 부제소 합의가 있는 채무, 채권자 승소판결 후의 소취하, 도산절차에서 면책/면제 받은 부분 등이 그것이다. 자연채무의 경우 임의 변제는 유효하며 부당이득반환청구가 불가능하다고 보는 견해도 있다.

4.2.3. 물권의 소멸

물권의 대상인 물건 목적물이 멸실되거나, 물권이 포기되거나, 존속기간이 만료되면 소멸한다. 그리고 점유권, 유치권은 점유를 상실하거나, 담보물권은 피담보채권이 변제되면 소멸한다. 소유권은 취득시효의 반사적 효과로서 상실될 수 있다. 한편 지상권자가 소유자를 상속한다든지 저당권자가 저당부동산을 매수하는 경우 혼동(混同)으로 물권이 소멸한다.

★ 2017년 5월에 책임한정형 주택담보대출(비소구주택담보대출)이 도입되어 시행되고 있다. 비소구주택담보대출은 채무자의 상환책임 범위를 담보주택의 가격 이내로 한정하는 제도이며, 주택가격이 하락하더라도 추가적 손실을 방지해 금융소비자를 보호하고, 금융기관도 여신심사를 더욱 철저히 하게 되어 금융기관의 책임성을 강화하는 장점이 있다.

4.2.4. 채권의 소멸

채권은 이행으로 목적을 달성하여 소멸되지만, 이행이 없는 상태로 일정기간이 지나서 권리를 행사하지 않아 소멸시효(SOL : statute of limitation, extinctive prescription)가 완성되어도 소멸된다. 소멸시효기간으로 일반채권은 10년, 상사 채권은 5년, 이자, 의사 치료, 도급 공사, 변호사 직무 등 채권은 3년, 숙박료, 음식료, 사용료, 연예인임금, 수업료 채권 등은 1년이다. 판결로 확정된 채권은 10년의 시효기간이 있다. 그러나 인도받아 사용수익하고 있는 부동산매수인의 등기청구권, 시효완성으로 인한 등기청구권, 물권이 상실되지 않은 물권적 청구권은 시효기간이 없다. 소멸시효가 완성된 경우 채권이 곧바로 소멸되는 것이나 판례는 시효소멸의 이익을 주장해야만 고려한다고 보고 있다. 그리고 소멸시효를 남용할 수 없다고 한다. ★

♣ 대법원 2005. 5. 13. 선고 2004다71881 판결[손해배상(기)]

채무자의 소멸시효에 기한 항변권의 행사도 우리 민법의 대원칙인 신의성실의 원칙과 권리남용금지의 원칙의 지배를 받는 것이어서, 채무자가 시효완성 전에 채권자의 권리행사나 시효중단을 불가능 또는 현저히 곤란하게 하였거나, 그러한 조치가 불필요하다고 믿게 하는 행동을 하였거나, 객관적으로 채권자가 권리를 행사할 수 없는 장애사유가 있었거나, 또는 일단 시효완성 후에 채무자가 시효를 원용하지 아니할 것 같은 태도를 보여 권리자로 하여금 그와 같이 신뢰하게 하였거나, 채권자보호의 필요성이 크고, 같은 조건의 다른 채권자가 채무의 변제를 수령하는 등의 사정이 있어 채무이행의 거절을 인정함이 현저히 부당하거나 불공평하게 되는 등의 특별한 사정이 있는 경우에는 채무자가 소멸시효의 완성을 주장하는 것이 신의성실의 원칙에 반하여 권리남용으로서 허용될 수 없다. 국가에게 국민을 보호할 의무가 있다는 사유만으로 국가가 소멸시효의 완성을 주장하는 것 자체가 신의성실의 원칙에 반하여 권리남용에 해당한다고 할 수는 없으므로, 국가의 소멸시효 완성 주장이 신의칙에 반하고 권리남용에 해당한다고 하려면 일반 채무자의 소멸시효 완성 주장에서와 같은 특별한 사정이 인정되어야 할 것이고, 또한 그와 같은 일반적 원칙을 적용하여 법이 두고 있는 구

★ 제척기간(除斥期間, statute of repose)은 어떤 종류의 권리에 대하여 법률상으로 정하여진 존속기간의 점유자의 반환청구・손해배상청구권, 방해예방・제거청구권(제204조~제206조, 침탈당한 날・방해종료한 날로부터 1년), 채권자취소권(제406조, 안 날로부터 1년, 있은 날로부터 5년), 타인권리 매매시의 매수인의 담보책임청구권(제573조, 선의매수인은 안 날로부터 악의매수인은 계약일부터 1년), 매수인 하자담보책임청구권(제582조, 안 날로부터 6월), 혼인취소권(제819조~제825조), 입양취소권(제889조~제897조), 상속회복청구권(제999조, 침해 안 날로부터 3년, 있은 날로부터 10년) 등이 있다. 이해관계인의 심사청구 제척기간(감사원법 제44조), 관세부과의 제척기간(관세법 제21조), 행정심판・행정소송의 제기기간(행정심판법 제18조, 행정소송법 제20조), 국세부과의 제척기간(국세기본법 제26조 제2항) 등도 마찬가지이다.

체적인 제도의 운용을 배제하는 것은 법해석에 있어 또 하나의 대원칙인 법적 안정성을 해할 위험이 있으므로 그 적용에는 신중을 기하여야 한다.

♣ 대법원 2013. 5. 16. 선고 2012다202819 전원합의체 판결[손해배상(기)]

<진도군 민간인 희생 국가배상청구 사건>

채무자가 소멸시효의 이익을 원용하지 않을 것 같은 신뢰를 부여한 경우에도 채권자는 그러한 사정이 있은 때로부터 상당한 기간 내에 권리를 행사하여야만 채무자의 소멸시효의 항변을 저지할 수 있다 할 것인데, 여기에서 '상당한 기간' 내에 권리행사가 있었는지 여부는 채권자와 채무자 사이의 관계, 신뢰를 부여하게 된 채무자의 행위 등의 내용과 동기 및 경위, 채무자가 그 행위 등에 의하여 달성하려고 한 목적과 진정한 의도, 채권자의 권리행사가 지연될 수밖에 없었던 특별한 사정이 있었는지 여부 등을 종합적으로 고려하여 판단할 것이다. 다만 위와 같이 신의성실의 원칙을 들어 시효 완성의 효력을 부정하는 것은 법적 안정성의 달성, 입증곤란의 구제, 권리행사의 태만에 대한 제재를 그 이념으로 삼고 있는 소멸시효 제도에 대한 대단히 예외적인 제한에 그쳐야 할 것이므로, 위 권리행사의 '상당한 기간'은 특별한 사정이 없는 한 민법상 시효정지의 경우에 준하여 단기간으로 제한되어야 한다. 그러므로 개별 사건에서 매우 특수한 사정이 있어 그 기간을 연장하여 인정하는 것이 부득이한 경우에도 불법행위로 인한 손해배상청구의 경우 그 기간은 아무리 길어도 민법 제766조 제1항이 규정한 단기소멸시효기간인 3년을 넘을 수는 없다고 보아야 한다.

4.3. 권리남용의 금지의 원칙 (doctrine of Abuse of Rights) ★

권리는 남용하지 못한다(민법 제2조 제2항)고 규정되어 있는바, 권리는 사회 공동생활의 향상 발전을 위하여 인정되는 것이므로 그 행사는 신의성실에 좇아서 행하여져야 하고 그렇지 않을 경우에는 불법한 것으로서 금지되어야 한다는 원칙이다. 외형적으로는 권리행사인 것처럼 보이지만 실제로는 사회통념상 허용 범위를 넘은 것으로 바람직하지 않기 때문에 권리행사 행위를 금지한다는 것이다. 판례도 "권리행사가 신의성실의 원칙에 반하여 권리남용으로 허용될 수 없

★ 독일 민법의 Schikane 금지의 원칙에서 유래되었다고 보고 있다.

Article 226 (Schikaneverbot) of the German Civil Code : "The exercise of a right is unlawful, if its purpose can only be to cause damage to another."

The law does not protect abuse of rights or the antisocial exercise of rights. Every act or omission that, by virtue of the intention of the actor, the object thereof, or the circumstances in which it is undertaken manifestly surpasses the normal limits of exercise of a right, causing damage to a third party, shall give rise to liability in damages and to the adoption of judicial or administrative measures that will prevent persistence in the abuse.

Instances of abuse of right are the exercise of a right with the sole intention of harming another or for a purpose other than that for which it was granted; or the exercise of a right where its holder could not reasonably have decided to exercise it, given the disproportion between the interest to exercise the right and the harm caused thereby.

다고 할 수 있으려면, 주관적으로는 그 권리행사의 목적이 오직 상대방에게 고통을 주고 손해를 입히려는 데 있을 뿐 행사하는 사람에게 아무런 이익이 없어야 하고, 객관적으로는 그 권리행사가 사회질서에 반한다고 볼 수 있어야 한다. 이러한 경우에 해당하지 않는 한 비록 그 권리의 행사로 권리행사자가 얻는 이익보다 상대방이 잃을 손해가 현저히 크다 하여도 그 사정만으로는 이를 권리남용이라 할 수 없고, 위와 같은 일반적 원칙을 적용하여 법이 두고 있는 구체적인 제도의 운용을 배제하는 것은 법해석에 있어 또 하나의 대원칙인 법적 안정성을 해할 위험이 있으므로 그 적용에는 신중을 기하여야 할 것이다"(대법원 2015.4.10. 자 2015마19 결정[부동산인도명령])고 판시하고 있다.

♣ **대법원 2015. 4. 23. 선고 2012다79750 판결[전부금]**
금융기관은 예금채권자에 대한 반대채권으로 예금채무와 상계할 수 있는 정당한 권리가 있고, 향후 그 권리를 행사하여 채권을 원활하게 회수할 수 있으리라는 합리적인 기대도 할 수 있으므로, 그 상계권 행사를 권리남용 또는 신의칙 위반이라고 하기 위해서는, 금융기관에게 자신의 정당한 권리를 제한하면서까지 상대방 또는 제3자에게 협력하거나 그의 이익을 보호할 의무가 있는데도 불구하고 그에 반하여 상계권을 행사하였음이 인정되는 등 상계권의 행사에 이른 구체적·개별적 사정에 비추어 그 행사에 법적 보호를 해 줄 가치가 없다고 볼 특별한 사유가 있어야 할 것이다. 갑 주식회사가 을 은행에 정기예금계좌를 개설하여 병 등에게 질권을 설정하면서 을 은행에 제출한 질권설정승낙의뢰서에 "질권설정 승낙일 이전에 질권설정자가 귀행에 부담하고 있는 채무가 있을 경우에는 은행거래약정서 또는 차용금증서 등의 상계예약조항에 따라 귀행이 상계권을 행사하여도 이의가 없겠습니다."라는 문구가 인쇄되어 있었으며, 그리고 병 등이 예금채권에 대한 질권실행을 위한 채권압류 및 전부명령이 송달된 후에 을 은행이 은행여신거래기본약관(기업용)에 따라 갑 회사에 대한 대출금 채권으로 위 예금채권과 상계처리한 사안에서, 을 은행의 상계권 행사가 권리남용 또는 신의칙 위반에 해당한다고 단정할 수 없다.

♣ **대법원 2015. 9. 10. 선고 2013다73957 판결[손해배상(기)]**
소멸시효를 이유로 한 항변권의 행사도 민법의 대원칙인 신의성실의 원칙과 권리남용금지의 원칙의 지배를 받는 것이어서, 시효완성 전에 객관적으로 권리를 행사할 수 없는 사실상의 장애사유가 있어 권리행사를 기대할 수 없는 특별한 사정이 있는 경우에는 채무자가 소멸시효의 완성을 주장하는 것은 신의성실의 원칙에 반하는 권리남용으로서 허용될 수 없다. 한편 위와 같이 채권자에게 권리의 행사를 기대할 수 없는 객관적인 장애사유가 있었던 경우에도 그러한 장애가 해소된 때는 그때부터 상당한 기간 내에 권리를 행사하여야만 채무자의 소멸시효의 항변을 저지할 수 있다. 이 때 권리를 '상당한 기간' 내에 행사한 것으로 볼 수 있는지는 채권자와 채무자 사이의 관계, 손해배상청구권의 발생원인, 채권자의 권리행사가 지연된 사유 및 손해배상청구의 소를 제기하기까지의 경과 등 여러 사정을 종합적으로 고려하여 판단하여야 할 것이다. 다만 소멸시효 제도는 법적 안정성의 달성 및 증명곤란의 구제 등을 이념으로 하는 것이므로 그 적용요건에 해당함에도 신의성실의 원칙을 들어 시효완성의 효력을 부정하는 것은 매우 예외적인 제한에 그쳐야 한다. 따라서 권리행사의 '상당한 기간'은 특별한 사정이 없는 한 민법상 시효정지의 경우에 준하여 단기간으로 제한되어야 하고, 특히 불법행위로 인한 손해배상청구 사건에서는 매우 특수한 개별 사정이 있어 그 기간을 연장하여 인정하는 것이 부득이한 경우에도 민법 제766조 제1항이 규정한 단기소멸시효기간인 3년을 넘어서는 아니 된다고 할 것이다

4.4. 의무의 종류

4.4.1. 급부의무와 부수의무

의무(義務, duty)란 자기 의사와는 관계없이 반드시 일정한 행위를 하여야 할 또는 하여서는 아니 될 법률상의 구속력을 말한다. 채무자는 채권자에 대하여 일정한 행위를 하여야 할 법률상의 구속을 받으며, 일반인은 소유자가 소유물을 사용·수익·처분하는 것을 방해해서는 안 된다는 구속을 받는 것이 그 예이다. 의무는 권리의 반면이며, 권리와 의무는 서로 대응하는 것이 보통이다. 민법상 채권자의 권리인 채권에 대응하여 채무자에게는 급부의무(prestation, performance, Leistung)인 채무가 생긴다. 그리고 급부의무에 부수의무(고지, 보고, 보호, 배려 의무 등)도 따라오게 된다. ★ 그러나 권리에 대하여서는 의무, 의무에 대하여서는 권리가 언제나 반드시 따르는 것은 아니다. 법인의 등기를 하여야 할 의무(민법 제49조). 공고 의무(민법 제88조, 제93조)와 같이 의무만 있고 권리는 없는

★ 공중접객업인 숙박업을 경영하는 자가 투숙객과 체결하는 숙박계약은 숙박업자가 고객에게 숙박을 할 수 있는 객실을 제공하여 고객으로 하여금 이를 사용할 수 있도록 하고 고객으로부터 그 대가를 받는 일종의 일시 사용을 위한 임대차계약으로서 객실 및 관련 시설은 오로지 숙박업자의 지배 아래 놓여 있는 것이므로 숙박업자는 통상의 임대차와 같이 단순히 여관 등의 객실 및 관련 시설을 제공하여 고객으로 하여금 이를 사용·수익하게 할 의무를 부담하는 것에서 한 걸음 더 나아가 고객에게 위험이 없는 안전하고 편안한 객실 및 관련 시설을 제공함으로써 고객의 안전을 배려하여야 할 보호의무를 부담하며 이러한 의무는 숙박계약의 특수성을 고려하여 신의칙상 인정되는 부수적인 의무로서 숙박업자가 이를 위반하여 고객의 생명·신체를 침해하여 투숙객에게 손해를 입힌 경우 불완전이행으로 인한 채무불이행책임을 부담하고, 이 경우 피해자로서는 구체적 보호의무의 존재와 그 위반 사실을 주장·입증하여야 하며 숙박업자로서는 통상의 채무불이행에 있어서와 마찬가지로 그 채무불이행에 관하여 자기에게 과실이 없음을 주장·입증하지 못하는 한 그 책임을 면할 수는 없다. (대법원 2000. 11. 24. 선고 2000다38718,38725 판결 [손해배상(기)])

경우도 있고, 또 취소권. 해제권 등의 형성권의 경우처럼 권리만 있고 의무라는 것이 없는 경우도 있다. 공법상의 의무에는 권리를 수반하지 않는 것도 많다. 한편 친권은 권리인 동시에 의무이다.

4.4.2. 수인의무(受忍義務, acceptable limit on the infringement on rights)

민법상의 상린관계(相隣關係)의 규정은 인접하는 토지 상호간의 이용관계를 조정하기 위하여 인지(隣地)소유자에게 소극적인 수인의무를 부담시키고 있다. 그리고 환경오염과 관련하여 일정한 기준 이하의 오염행위에 대해서 수인한도 내에서는 수인의무가 있으므로 불법행위가 성립하지 않는 것으로 보고 있다. 합법적인 단체행동권의 행사 범위 내에서 노동쟁의행위의 정당성이 인정되는 경우 사용자는 수인의무가 있다고 한다.

♣ 대법원 2012. 12. 27. 선고 2010다103086 판결 [송전선로에 대한 소유권확인등]

인접하는 토지 상호간의 이용의 조절을 위한 상린관계에 관한 민법 등의 규정은 인접지 소유자에게 소유권에 대한 제한을 수인할 의무를 부담하게 하는 것이므로 적용 요건을 함부로 완화하거나 유추하여 적용할 수는 없고, 상린관계 규정에 의한 수인의무의 범위를 넘는 토지이용관계의 조정은 사적자치의 원칙에 맡겨야 하므로 어느 토지소유자가 타인의 토지를 통과하지 아니하면 필요한 전선 등을 시설할 수 없거나 과다한 비용을 요하는 경우에는 타인은 자기 토지를 통과하여 시설을 하는 데 대하여 수인할 의무가 있고(민법 제218조), 또한 소유지의 물을 소통하기 위하여 이웃토지 소유자가 시설한 공작물을 사용할 수 있지만(민법 제227조), 이는 타인의 토지를 통과하지 않고는 전선 등 불가피한 시설을 할 수가 없거나 타인의 토지를 통하지 않으면 물을 소통할 수 없는 합리적 사정이 있어야만 인정되는 것이다. 인접한 타인의 토지를 통과하지 않고도 시설을 하고 물을 소통할 수 있는 경우에는 스스로 그와 같은 시설을 하는 것이 타인의 토지 등을 이용하는 것보다 비용이 더 든다는 등의 사정이 있다는 이유만으로 이웃토지 소유자에게 그 토지의 사용 또는 그가 설치·보유한 시설의 공동사용을 수인하라고 요구할 수 있는 권리는 인정될 수 없다. 따라서 위와 같은 경우에는 주위토지통행권에 관한 민법 제219조나 유수용공작물(유수용공작물)의 사용권에 관한 민법 제227조 또는 타인의 토지 또는 배수설비의 사용에 관하여 규정한 하수도법 제29조 등 상린관계에 관한 규정의 유추적용에 의하여 타인의 토지나 타인이 시설한 전선 등에 대한 사용권을 갖게 된다고 볼 여지는 없다.

♣ 대법원 2011. 4. 28. 선고 2009다98652 판결[손해배상(기)]

수인의무의 한도를 벗어난 경우 일조권 침해에서의 토지의 소유자 등이 종전부터 향유하던 일조이익이 객관적인 생활이익으로서 가치가 있다고 인정되면 법적인 보호의 대상이 될 수 있는데, 그 인근에서 건물이나 구조물 등이 신축됨으로 인하여 햇빛이 차단되어 생기는 그늘, 즉 일영(日影)이 증가함으로써 해당 토지에서 종래 향유하던 일조량이 감소하는 일조방해가 발생한 경우, 일조방해의 정도, 피해이익의 법적 성질, 가해 건물의 용도, 지역성, 토지이용의 선후관계, 가해 방지 및 피해 회피의 가능성, 공법적 규제의 위반 여부, 교섭 경과 등 모든 사정을 종합적으로 고려하여 사회통념상 일반적으로 해당 토지 소유자의 수인한도를 넘게 되면 그 건축행위는 정당한 권리행사의 범위를 벗어나 사법상 위법한 가해행위로 평가된다.

♣ 대법원 1996. 5. 14. 선고 96다10171 판결[주위토지통행권확인등]

민법 제219조에 규정된 주위토지통행권은 공로와의 사이에 그 용도에 필요한 통로가 없는 토지의 이용이라는 공익목적을 위하여 피통행지 소유자의 손해를 무릅쓰고 특별히 인정되는 것이므로, 그 통행로의 폭이나 위치 등을 정함에 있어서는 피통행지의 소유자에게 가장 손해가 적게 되는 방법이 고려되어야 할 것임은 소론이 지적하는 바와 같다 할 것이나 최소한 통행권자가 그 소유 토지를 이용하는데 필요한 범위는 허용되어야 하며, 어느 정도를 필요한 범위로 볼 것인가는 구체적인 사안에서 사회통념에 따라 쌍방 토지의 지형적, 위치적 형상 및 이용관계, 부근의 지리상황, 상린지 이용자의 이해득실 기타 제반 사정을 기초로 판단하여야 할 것이다. 그런데 이 사건에서 원심이 확정한 사실관계에 의하면 원고는 이 사건 토지를 건축물의 부지로 사용하려 한다는 것이고, 이 경우 건축법 제33조 제1항 및 제8조의 규정에 의하면 이 사건 토지가 2m 이상 도로에 접하여야 건축허가를 받을 수 있으므로, 원고로서는 노폭 2m의 통행로를 확보하여야 할 필요성이 절실하다 할 것이고, 피고도 장차 원고가 이 사건 토지 상에 건물을 신축할 것에 대비하여 노폭 2m의 통행로를 남겨두고 건축허가를 받은 것으로 보여지므로, 통행로의 노폭이 건축허가에 필요한 요건을 충족하느냐의 여부는 원고의 주위토지통행권의 범위를 결정함에 있어 중요한 참작 요소가 된다 할 것이고, 여기에 이 사건 기록에 나타난 원·피고 소유 토지 및 통행로의 위치와 면적, 현재의 토지이용 상황을 덧붙여 보면 이 사건 토지에 필요한 통행로의 노폭을 2m로 본 원심의 판단을 수긍할 수 있다. 통행로의 노폭이 2m로 결정될 경우 피고가 기왕에 설치한 대문 및 담장을 철거하여야 하고, 대문을 다시 내기 위하여는 실외 계단을 철거하여야 하며 정원의 상당 부분을 상실하는 등으로 유형적, 무형적 손해를 입게 된다고 하더라도 피고가 입게 될 손해는 수인의무의 한도 내에 포함되는 것으로 볼 수 있다.

♣ 대법원 1998. 3. 10. 선고 97다47118 판결[가처분이의]

주위토지통행권은 어느 토지와 공로 사이에 그 토지의 용도에 필요한 통로가 없어서 주위의 토지를 통행하거나 통로를 개설하지 않고서는 공로에 출입할 수 없는 경우 또는 통로가 있더라도 당해 토지의 이용에 부적합하여 실제로 통로로서의 충분한 기능을 하지 못하는 경우에 인정되는 것이므로, 일단 주위토지통행권이 발생하였다고 하더라도 나중에 그 토지에 접하는 공로가 개설됨으로써 주위토지통행권을 인정할 필요성이 없어진 때에는 그 통행권은 소멸한다. 토지의 원소유자가 토지를 분할·매각함에 있어서 토지의 일부를 분할된 다른 토지의 통행로로 제공하여 독점적·배타적인 사용수익권을 포기하고 그에 따라 다른 분할토지의 소유자들이 그 토지를 무상으로 통행하게 된 후에 그 통행로 부분에 사용수익의 제한이라는 부담이 있다는 사정을 알면서 그 토지의 소유권을 승계취득한 자는, 다른 특별한 사정이 없는 한 원칙적으로 그 토지에 대한 독점적·배타적 사용수익을 주장할 만한 정당한 이익을 갖지 않는다 할 것이어서 원소유자와 마찬가지로 분할토지의 소유자들의 무상통행을 수인하여야 할 의무를 진다.

♣ 대법원 1974. 12. 24. 선고 68다1489 판결 [시체실등사용금지]

　　병원시체실의 설치로 그 인접지 거주자가 받을 피해와 고통이 사회관념상 일반적으로 수인하여야 할 정도의 것일 때에는 거주자가 이를 수인하여야 하나 그 정도를 초과할 때에는 수인의무가 없고 오히려 방해사유의 제거 내지 예방조치를 청구할 수 있다

♣ 대법원 2004. 9. 24. 선고 2004도4641 판결 [업무방해]

　　근로자의 쟁의행위가 형법상 정당행위가 되기 위한 절차적 요건으로서, 쟁의행위를 함에 있어 조합원의 직접·비밀·무기명투표에 의한 찬성결정이라는 절차를 거치도록 한 노동조합및노동관계조정법 제41조 제1항은 노동조합의 자주적이고 민주적인 운영을 도모함과 아울러 쟁의행위에 참가한 근로자들이 사후에 그 쟁의행위의 정당성 유무와 관련하여 어떠한 불이익을 당하지 않도록 그 개시에 관한 조합의사의 결정에 보다 신중을 기하기 위하여 마련된 규정이라고 할 것이다. 피고인이 작업을 거부하고 집회 등에 참석한 것은 그 쟁의행위의 목적이 협력업체노동조합과 한국펠저 주식회사 사이의 단체협약체결이었으므로 정당성을 인정할 수 있고, 이 사건 쟁의행위가 전체적으로 협력업체노동조합의 지침에 따라 이루어졌고, 그 기간이 매우 짧고 시간도 오전 또는 오후의 반나절만 이용하였으며, 폭력은 전혀 사용되지 아니하였던 점에서 이는 노동조합의 합법적인 단체행동권 행사에 자연히 수반되는 것으로서 사용자의 수인의무의 범위 내라고 봄이 상당하므로 그 수단 및 방법에 있어서도 정당성을 인정할 수 있다고

4.4.3. 주의의무(注意義務, duty of care)

어떤 행위를 할 때에 일정한 주의를 기울일 의무를 말한다(all members of society have a duty to exercise reasonable care toward others and their property). 주로 보통의 합리적인 사람의 기준에서 판단하지만, 전문직종이나 특수직종의 경우에는 그 직종의 평균적인 기준의 주의의무가 요구된다. 민법상 선량한 관리자의 주의의무와 자기를 위하는 것과 동일한 주의의무로 나누어진다. 주의의무를 위반하는 것을 과실(過失, negligence)이 있다고 본다.

선량한 관리자의 주의의무(민법 61조, 선관주의의무 善管注意義務, attentiveness

and prudence of managers in good faith)란 그 사람의 직업 및 사회적 지위에 따라 거래상 보통 일반적으로 요구되는 정도의 주의로서 일반적·객관적 기준에 의해 요구되는 정도의 주의를 말한다(standard of reasonable care, reasonable person standard for their members of the profession, not the general public) 일반적·객관적 기준에 의해 요구되는 주의를 결하는 것을 추상적 과실이라 하는데, 이는 민법상의 주의의무의 원칙이다

자기의 재산에 관한 행위와 동일한 주의의무(695조, 922조) 혹은 고유재산에 대한 것과 동일한 주의의무(1022조)는 구체적, 주관적 기준에 의하여 평가하고, 이를 구체적 과실이라고 한다. 구체적 과실은 예외적으로 무상수치인(695조), 친권자(922조), 상속인(1044조) 등에게 요구되고 있다.

한편 과실은 불법행위책임(tort liability)에서 고의(willful and wanton conduct)와 마찬가지로 인정되는 주의의무의 위반으로서, 중과실(重過失, gross negligence)과 경과실(輕過失, ordinary, simple negligence)로 분류된다. 중과실은 선량한 관리자의 주의를 현저하게 결여하거나 주의의무위반의 정도가 일반인의 상식으로는 이해할 수 없을 정도로 큰 경우를 의미하고 약간의 주의만 기울여도 방지될 수 있었던 상태의 과실을 말한다.(seriuos carelessness — the want of even slight or scant care — a lack of care that even a careless person would use — a conscious and voluntary disregard of the need to use reasonable care). 경과실은 평균인에게 요구되는 주의의무를 게을리 한 것이다(the failure to act as a reasonably prudent person. mere failure to exercise reasonable care. the failure to exercise such care as the great mass of mankind ordinarily exercises under the same or similar circumstances. the want of exercise of ordinary care.) ★

★ 무과실책임(엄격 책임, strict liability)을 지우는 경우도 있다. 근로기준법 상의 재해보상제도는 업무와 재해 사이의 인과관계를 기초로 배상하도록 하는 무과실책임이다. 민법상 감독자나 사용자의 책임에 있어서(제755조, 제756조) 피용자의 선임 및 그 사무감독에 상당한 주의를 한 때 또는 상당한 주의를 하여도 손해가 있을 경우에는 책임을 면하도록 하여 입증책임을 전환시켜 무과실책임에 가까운 결과책임을 부담시키며, 공작물소유자도 손해를 방지하는 데 필요한 주의를 해태(懈怠)하지 않은 때에 책임을 지지 않는다고 하여 무과실책임에 가깝다.

경과실·중과실의 구별은 추상적 과실과 구체적 과실에 관하여 각각 있을 수 있으므로, 민법상 과실은 결국 추상적 경과실, 추상적 중과실, 구체적 경과실, 구체적 중과실의 4종으로 나눌 수 있게 된다. 그러나 구체적 과실에 있어서는 경과실만이 문제되고, 구체적 중과실을 요건으로 하는 경우는 실제로는 없다. 실화책임의 경우에 있어서 경과실의 경우 손해배상액의 경감을 할 수 있다. ★

한편 과실이 경합되는 경우란 가해자와 피해자의 쌍방의 과실이 합쳐져서 사고가 발생하는 경우이고 이때는 과실의 비율을 따져서 피해액수를 조정하게 된다. 민법상 과실상계 제도는 채권자가 신의칙상 요구되는 주의를 다하지 아니한 경우 공평의 원칙에 따라 손해배상액을 산정함에 있어서 채권자의 그와 같은 부주의를 참작하게 하려는 것이고, 채무불이행으로 인한 손해배상책임의 범위를 정함에 있어서의 과실상계 사유의 유무와 정도는 개별 사례에서 문제된 계약의 체결 및 이행 경위와 당사자 쌍방의 잘못을 비교하여 종합적으로 판단하여야 하며, 이 때에 과실상계 사유에 관한 사실인정이나 그 비율을 정하는 것은 사실심의 전권사항이라 하더라도 그것이 형평의 원칙에 비추어 현저히 불합리한 것이어서는 아니 된다.

과실상계란 불법행위나 채무불이행으로 인한 손해배상청구의 경우에 그 손해의 발생 또는 그 증대에 대하여 피해자(채권자·배상권리자)에게도 과실이 있으면 배상유무 및 손해액을 정하는데 이를 참작하는 것이다(민법 제396조, 제763

★ 형법상의 과실 : 형법상 범죄는 고의(intention - willfullly, maliciously, knowingly) 로 한 행위만을 처벌하는 것을 원칙으로 하고, 예외적으로 정상(正常)의 주의를 태만히 한 과실(recklessness)로 인하여 범죄의 결과를 발생하게 한 때에는, 법률의 특별한 규정이 있는 경우에 한하여 처벌한다(13조, 14조). 실화죄(失火罪)·과실일수죄(過失溢水罪)·과실사상죄(過失死傷罪) 등과 같이 특별히 처벌규정을 둔 경우에 한하여 처벌되고, 기타 범죄에 있어서는 과실범을 처벌하는 규정을 두고 있지 않다. 형법상의 과실은 일반인의 정상적인 주의의무를 기준으로 그 유무를 판단한다. 그러나 일정한 범죄사실·행위자, 행위 당시의 상황 등을 구체적으로 고려하여 개별적으로 판단한다. 형법상 과실은 인식 없는 과실과 인식 있는 과실, 보통의 과실과 업무상 과실, 보통의 과실과 중대한 과실 등으로 구분된다. 인식 없는 과실은 일반적인 고유의 과실이며, 인식 있는 과실은 결과발생을 예견(인식)은 하였으나 그 결과가 발생하지 않으리라고 확신한 경우다. 과실과 고의의 중간 영역에 있는 심리상태로서 미필적 고의(未必的 故意)와의 구별이 어렵다. 그러나 미필적 고의는 그 결과를 인용(認容)한 경우고, 인식 있는 과실은 그 결과를 인용하지 않은 심리상태다. 업무상 과실은 일정한 업무에 종사하는 자에게 보통사람보다 무거운 주의의무를 부과하고, 그에 위반한 업무자는 보통사람보다 무겁게 처벌하는 경우다. 예컨대, 자동차운전자·화약취급자 등의 과실과 같다. 중대한 과실이라 함은 부주의의 정도가 특히 큰 것을 말하며, 행위자가 극히 조금만 주의를 기울인다면 결과발생을 인식할 수 있었음에도 불구하고 부주의로써 이를 인식하지 못한 경우다. 예컨대, 중실화죄(重失火罪)·중과실폭발물파열죄의 경우와 같다(171조, 172조).

조). 채무불이행에 대하여 채권자의 과실이 있을 때에는 반드시 그 과실을 참작하여 배상액을 정하여야 하며, 때로는 채무자의 책임을 면제하는 수도 있다. 불법행위에 대한 피해자의 과실은 배상액에 참작할 수는 있으나 가해자의 책임을 면제할 수는 없다(제763조). 그리고 피해자의 과실이 경미한 때에는 반드시 그 과실을 참작하지 아니하여도 된다. 불법행위에 있어서 피해자의 과실을 따지는 과실상계에서의 과실은 가해자의 과실과 달리 사회통념이나 신의성실의 원칙에 따라 공동생활에 있어 요구되는 약한 의미의 부주의를 가리키는 것으로 보아야 한다.

4.4.4. 고지의무

일반 거래행위에서 거래의 목적물과 관련된 일정한 내용을 상대방에게 알려야 할 의무를 고지의무라고 하고, 이를 위반한 경우 거래행위 즉 계약을 취소하거나 해제할 수 있도록 하고 있다.

법률상으로 이를 명시적으로 규정하고 있는 것은 보험계약이다. 상법은 '보험계약당시에 보험계약자 또는 피보험자가 고의 또는 중대한 과실로 인하여 중요한 사항을 고지하지 아니하거나 부실의 고지를 한 때에는 보험자는 그 사실을 안 날로부터 1월내에, 계약을 체결한 날로부터 3년 내에 한하여 계약을 해지할 수 있다. 그러나 보험자가 계약당시에 그 사실을 알았거나 중대한 과실로 인하여 알지 못한 때에는 그러하지 아니하다'(제651조), 또 '보험기간 중에 보험계약자 또는 피보험자가 사고발생의 위험이 현저하게 변경 또는 증가된 사실을 안 때에는 지체없이 보험자에게 통지하여야 한다. 이를 해태한 때에는 보험자는 그 사실을 안 날로부터 1월내에 한하여 계약을 해지할 수 있다. 보험자가 제1항의 위험변경증가의 통지를 받은 때에는 1월내에 보험료의 증액을 청구하거나 계약을 해지할 수 있다.'(제652조)고 규정하고 있다. 그리고 보험자가 서면으로 질문한 사항은 중요한 사항으로 추정한다고 정한다.

한편 부동산 거래에 있어 거래 상대방이 일정한 사정에 관한 고지를 받았더라면 그 거래를 하지 않았을 것임이 경험칙상 명백한 경우에는 신의성실의 원칙상 사전에 상대방에게 그와 같은 사정을 고지할 의무가 있으며, 그와 같은 고지의무의 대상이 되는 것은 직접적인 법령의 규정뿐 아니라 널리 계약상, 관습상 또는 조리상의 일반원칙에 의하여도 인정될 수 있다.

♣ **대법원 2010. 7. 22. 선고 2010다25353 판결 [보험계약해지무효확인]**

상법 제651조는 고지의무 위반으로 인한 계약해지에 관한 일반적 규정으로 이에 의하면 고지의무에 위반한 사실과 보험사고 발생 사이에 인과관계를 요하지 않는 점, 상법 제655조는 고지의무 위반 등으로 계약을 해지한 때에 보험금액청구에 관한 규정이므로, 그 본문뿐만 아니라 단서도 보험금액청구권의 존부에 관한 규정으로 해석함이 상당한 점, 보험계약자 또는 피보험자가 보험계약 당시에 고의 또는 중대한 과실로 중요한 사항을 불고지·부실고지하면 이로써 고지의무 위반의 요건은 충족되는 반면, 고지의무에 위반한 사실과 보험사고 발생 사이의 인과관계는 '보험사고 발생 시'에 비로소 결정되는 것이므로, <u>보험자는 고지의무에 위반한 사실과 보험사고 발생 사이의 인과관계가 인정되지 않아 상법 제655조 단서에 의하여 보험금액 지급책임을 지게 되더라도 그것과 별개로 상법 제651조에 의하여 고지의무 위반을 이유로 계약을 해지할 수 있다</u>고 해석함이 상당한 점, 고지의무에 위반한 사실과 보험사고 발생 사이의 인과관계가 인정되지 않는다고 하여 상법 제651조에 의한 계약해지를 허용하지 않는다면, 보험사고가 발생하기 전에는 상법 제651조에 따라 고지의무 위반을 이유로 계약을 해지할 수 있는 반면, 보험사고가 발생한 후에는 사후적으로 인과관계가 없음을 이유로 보험금액을 지급한 후에도 보험계약을 해지할 수 없고 인과관계가 인정되지 않는 한 계속하여 보험금액을 지급하여야 하는 불합리한 결과가 발생하는 점, <u>고지의무에 위반한 보험계약은 고지의무에 위반한 사실과 보험사고 발생 사이의 인과관계를 불문하고 보험자가 해지할 수 있다고 해석하는 것이 보험계약의 선의성 및 단체성에서 부합하는 점</u> 등을 종합하여 보면, <u>보험자는 고지의무를 위반한 사실과 보험사고의 발생 사이의 인과관계를 불문하고 상법 제651조에 의하여 고지의무 위반을 이유로 계약을 해지할 수 있다.</u> 그러나 보험금액청구권에 관해서는 보험사고 발생 후에 고지의무 위반을 이유로 보험계약을 해지한 때에는 <u>고지의무에 위반한 사실과 보험사고 발생 사이의 인과관계에 따라 보험금액 지급책임이 달라지고, 그 범위 내에서 계약해지의 효력이 제한될 수 있다.</u>

♣ **대법원 2016. 2. 18. 선고 2015므654,661 판결 [혼인의무효등·이혼]**

불고지 또는 침묵의 경우에는 법령, 계약, 관습 또는 <u>조리상 사전에 사정을 고지할 의무가 인정되어야 위법한 기망행위로 볼 수 있다.</u> 관습 또는 조리상 고지의무가 인정되는지는 당사자들의 연령, 초혼인지 여부, 혼인에 이르게 된 경위와 그때까지 형성된 생활관계의 내용, 당해 사항이 혼인의 의사결정에 미친 영향의 정도, 이에 대한 당사자 또는 제3자의 인식 여부, 당해 사항이 부부가 애정과 신뢰를 형성하는 데 불가결한 것인지, 또는 당사자의 명예 또는 사생활 비밀의 영역에 해당하는지, 상대방이 당해 사항에 관련된 질문을 한 적이 있는지, 상대방이 당사자 또는 제3자에게서 고지받았거나 알고 있었던 사정의 내용 및 당해 사항과의 관계 등의 구체적·개별적 사정과 더불어 혼인에 대한 사회일반의 인식과 가치관, 혼인의 풍속과 관습, 사회의 도덕관·윤리관 및 전통문화까지 종합적으로 고려하여 판단하여야 한다. 당사자가 성장과정에서 본인의 의사와 무관하게 아동성폭력범죄 등의 피해를 당해 임신을 하고 출산까지 하였으나 이후 자녀와의 관계가 단절되고 상당한 기간 동안 양육이나 교류 등이 전혀 이루어지지 않은 경우라면, 출산의 경력이나 경위는 개인의 내밀한 영역에 속하는 것으로서 당사자의 명예 또는 사생활 비밀의 본질적 부분에 해당하고, 나아가 사회통념상 당사자나 제3자에게 그에 대한 고지를 기대할 수 있다거나 이를 고지하지 아니한 것이 신의성실 의무에 비추어 비난받을 정도라고 단정할 수도 없으므로, 단순히 출산의 경력을 고지하지 않았다고 하여 그것이 곧바로 민법 제816조 제3호에서 정한 혼인취소사유에 해당한다고 보아서는 아니 된다. 그리고 이는 국제결혼의 경우에도 마찬가지이다

♣ **대법원 2012. 4. 26. 선고 2010다8709 판결 [손해배상(기)]**

부작위로 인한 불법행위가 성립하려면 작위의무가 전제되어야 하지만, 작위의무가 객관적으로 인정되는 이상 의무자가 의무의 존재를 인식하지 못하였더라도 불법행위 성립에는 영향이 없다. 이는 고지의무 위반에 의하여 불법행위가 성립하는 경우에도 마찬가지이므로 당사자의 부주의 또는 착오 등으로 고지의무가 있다는 것을 인식하지 못하였다고 하여 위법성이 부정될 수 있는 것은 아니다. 지역주택조합 방식에 의한 아파트개발사업의 시행대행자인 갑 주식회사가 을 등과 조합원가입계약을 체결할 당시 이미 사업부지 일대가 뉴타운사업지구로 지정되어 위 방식에 의한 사업 추진이 불가능할 수 있었음에도 이를 고지하지 않았고, 그 후 실제로 사업 추진이 불가능하게 되어 을 등이 손해를 입은 사안에서, 사업 추진이 불가능할 수 있다는 사정은 조합원가입계약 체결 여부를 결정하는 데 관건이 되는 중요사항이므로 갑 회사가 계약상대방인 을 등에게 이를 고지하지 않은 것은 고지의무 위반에 해당하고, 갑 회사가 계약 체결 당시 사업 추진이 불가능할 수 있다는 점을 분명히 인식하지 못하였다 하여 사정이 달라지지는 않는다.

♣ **대법원 2007. 6. 1. 선고 2005다5812,5829,5836 판결 [손해배상(기)·소유권이전등기등]**

[1] 청약은 이에 대응하는 상대방의 승낙과 결합하여 일정한 내용의 계약을 성립시킬 것을 목적으로 하는 확정적인 의사표시인 반면 청약의 유인은 이와 달리 합의를 구성하는 의사표시가 되지 못하므로 피유인자가 그에 대응하여 의사표시를 하더라도 계약은 성립하지 않고 다시 유인한 자가 승낙의 의사표시를 함으로써 비로소 계약이 성립하는 것으로서 서로 구분되는 것이다. 그리고 위와 같은 구분 기준에 따르자면, 상가나 아파트의 분양광고의 내용은 청약의 유인으로서의 성질을 갖는 데 불과한 것이 일반적이라 할 수 있다. 그런데 선분양·후시공의 방식으로 분양되는 대규모 아파트단지의 거래 사례에 있어서 분양계약서에는 동·호수·평형·입주예정일·대금지급방법과 시기 정도만이 기재되어 있고 분양계약의 목적물인 아파트 및 그 부대시설의 외형·재질·구조 및 실내장식 등에 관하여 구체적인 내용이 기재되어 있지 아니한 경우가 있는바, 분양계약의 목적물인 아파트에 관한 외형·재질 등이 제대로 특정되지 아니한 상태에서 체결된 분양계약은 그 자체로서 완결된 것이라고 보기 어렵다

할 것이므로, 비록 분양광고의 내용, 모델하우스의 조건 또는 그 무렵 분양회사가 수분양자에게 행한 설명 등이 비록 청약의 유인에 불과하다 할지라도 그러한 광고 내용이나 조건 또는 설명 중 구체적 거래조건, 즉 아파트의 외형·재질 등에 관한 것으로서 사회통념에 비추어 수분양자가 분양자에게 계약 내용으로서 이행을 청구할 수 있다고 보이는 사항에 관한 한 수분양자들은 이를 신뢰하고 분양계약을 체결하는 것이고 분양자들도 이를 알고 있었다고 보아야 할 것이므로, 분양계약시에 달리 이의를 유보하였다는 등의 특단의 사정이 없는 한, 분양자와 수분양자 사이에 이를 분양계약의 내용으로 하기로 하는 묵시적 합의가 있었다고 봄이 상당하다.

[2] 분양계약의 목적물인 아파트의 외형·재질에 관하여 별다른 내용이 없는 분양계약서는 그 자체로서 완결된 것이라고 보기 어려우므로 위 아파트 분양계약은 목적물의 외형·재질 등이 견본주택(모델하우스) 및 각종 인쇄물에 의하여 구체화될 것을 전제로 하는 것이라고 보아, 광고 내용 중 도로확장 등 아파트의 외형·재질과 관계가 없을 뿐만 아니라 사회통념에 비추어 보더라도 수분양자들 입장에서 분양자가 그 광고 내용을 이행한다고 기대할 수 없는 것은 그 광고 내용이 그대로 분양계약의 내용을 이룬다고 볼 수 없지만, 이와 달리 온천 광고, 바닥재(원목마루) 광고, 유실수단지 광고 및 테마공원 광고는 아파트의 외형·재질 등에 관한 것으로서, 콘도회원권 광고는 아파트에 관한 것은 아니지만 부대시설에 준하는 것이고 또한 이행 가능하다는 점에서, 각 분양계약의 내용이 된다.

[3] 부동산 거래에 있어 거래 상대방이 일정한 사정에 관한 고지를 받았더라면 그 거래를 하지 않았을 것임이 경험칙상 명백한 경우에는 신의성실의 원칙상 사전에 상대방에게 그와 같은 사정을 고지할 의무가 있으며, 그와 같은 고지의무의 대상이 되는 것은 직접적인 법령의 규정뿐 아니라 널리 계약상, 관습상 또는 조리상의 일반원칙에 의하여도 인정될 수 있고, 일단 고지의무의 대상이 되는 사실이라고 판단되는 경우 이미 알고 있는 자에 대하여는 고지할 의무가 별도로 인정될 여지가 없지만, 상대방에게 스스로 확인할 의무가 인정되거나 거래관행상 상대방이 당연히 알고 있을 것으로 예상되는 예외적인 경우가 아닌 한, 실제 그 대상이 되는 사실을 알지 못하였던 상대방에 대하여는 비록 알 수 있었음에도 알지 못한 과실이 있다 하더라도 그 점을 들어 추후 책임을 일부 제한할 여지가 있음은 별론으로 하고 고지할 의무 자체를 면하게 된다고 할 수는 없다.

[4] 우리 사회의 통념상으로는 공동묘지가 주거환경과 친한 시설이 아니어서 분양계약의 체결 여부 및 가격에 상당한 영향을 미치는 요인일 뿐만 아니라 대규모 공동묘지를 가까이에서 조망할 수 있는 곳에 아파트단지가 들어선다는 것은 통상 예상하기 어렵다는 점 등을 감안할 때 아파트 분양자는 아파트단지 인근에 공동묘지가 조성되어 있는 사실을 수분양자에게 고지할 신의칙상의 의무를 부담한다.

♣ **대법원 2006. 10. 12. 선고 2004다48515 판결 [손해배상(기)]**
부동산 거래에 있어 거래 상대방이 일정한 사정에 관한 고지를 받았더라면 그 거래를 하지 않았을 것임이 경험칙상 명백한 경우에는 신의성실의 원칙상 사전에 상대방에게 그와 같은 사정을 고지할 의무가 있으며, 그와 같은 고지의무의 대상이 되는 것은 직접적인 법령의 규정뿐 아니라 널리 계약상, 관습상 또는 조리상의 일반원칙에 의하여도 인정될 수 있다. 이 사건 아파트 단지 인근에 이 사건 쓰레기 매립장이 건설 예정인 사실이 신의칙상 피고가 분양계약자들에게 고지하여야 할 대상이라고 본 것은 정당하고, 위 사실이 주택공급에 관한 규칙 제8조 제4항에서 규정하고 있는 모집공고 시 고지하여야 할 사항에 포함되지 않으므로 고지의무가 없다는 피고의 이 부분 상고 이유는 받아들일 수 없다. 이 사건 쓰레기 매립장이 분양계약을 체결할 당시에는 폐기물처리시설 설치승인처분을 받은 단계에 있었다고 할지라도 그러한 사실이 이 사건 분양계약의 체결에 영향을 미칠 수 있는 사실임을 인정할 수 있는 이상 이를 고지의무의 대상이 된다고 본 원심의 판단도 정당하므로, 거기에 상고이유에서 주장하는 바와 같은 법리오해의 위법이 없다.

5. 행위와 의사 actus and mens

5.1. 법률행위와 의사표시

○ 일정한 법률효과를 의욕하고서 이루어지는 행위를 법률행위라고 하는데, 당사자, 목적과 의사표시가 있어야 성립된다. 그리고 당사자가 행위능력을 가지고 있어야 하고, 목적이 확정되고 가능하며 적법하고 사회질서에 어긋나지 않고 불공정하지 않아야 하며(제103조 반사회질서의 법률행위 violation of public policy -- 선량한 풍속 기타 사회질서에 위반한 사항을 내용으로 하는 법률행위는 무효로 한다. 제104조 불공정한 법률행위 unconscionability -- 당사자의 궁박, 경솔 또는 무경험으로 인하여 현저하게 공정을 잃은 법률행위는 무효로 한다.), 의사표시에서 의사와 표시가 일치하고 하자가 없어야 효력을 발생한다.

○ 의사표시는 일정한 법률효과의 발생을 의욕하여 이를 외부에 표시하는 행위로서 법률행위의 요소인데, 그 내용에 따라 일정한 법률효과(권리의 발생·변경·소멸)를 형성한다. 의사표시는 효과의사(어떤 동기로 법률효과를 하는가라는 내심적 효과의사)와 표시행위(외부에 표현하는 행위)로써 성립된다. 표시행위에는 내심의 효과의사가 표현되는 경우가 있는데 이를 표시의사(Declaration of Intention)라고 한다. 사회생활에서 개인의 교섭은 모두 외형적인 행위를 통하여 이루어지므로, 의사표시는 표시행위를 객관

적으로 관찰하는 것으로 하는 것으로 처리한다. 왜냐하면 내심의 의사는 표시행위를 통하여 그 효과의사가 추단되는 것이기 때문이다. 표시에는 명시적인 것과 묵시적인 것이 있어 침묵도 일정한 표시가치를 가질 수 있다. 그러나 의식 있는 거동이어야 하므로 수면 중의 거동이나 저항할 수 없는 강제를 받는 동안의 거동은 표시행위로서의 가치가 없다. 따라서 표시행위가 인정되면 의사표시는 성립하고, 비록 내심적 효과의사나 표시의사와 일치하지 않는다 하더라도 원칙상 의사표시는 효력이 있다.

○ 그러나 내심적 효과의사와 표시행위가 불일치한다든가(의사의 흠결), 표시행위가 자유로운 의사에 의해 이루어지지 않았을 경우(하자 있는 의사표시)에는 당해 법률행위는 무효로 되거나 취소될 수 있다(제107조 진의 아닌 의사표시, 제109조 착오로 인한 의사표시, 제110조 사기·강박에 의한 의사표시). 상대방과 짜고서 한 허위표시의 경우에는 원칙상 무효로 한다(제108조 통정한 허위의 의사표시).

5.2. 범죄행위와 고의·목적

○ 형법 상의 행위 즉 범죄행위가 되려면 <u>구성요건해당성, 위법성, 책임성</u>의 3가지가 성립되어야 한다. 무엇이 범죄인가는 법률상 특정행위로 규정되어 있고, 이러한 법률상 특정된 행위의 유형을 구성요건이라고 한다. ★ 구성요건에 해당하는 행위도 법률상 허용되어 있는 경우는 범죄로 되지 않으므로 법률상 허용되지 않는 성질을 위법성(違法性)이라 한다. 구성요건에 해당하는 위법한 행위라도 그 행위에 관하여 행위자에 대해 비난이 가능한 것이 아니면 범죄가 되지 않는데, 행위자에 대해 비난이 가능하다는 성질을 유책성 또는 책임성(責任性)이라 한다.

★ 개별적인 범죄행위의 행동형태(살해, 절취, 편취, 위조, 횡령 반환거부, 의무위반 이익취득, 주거침입, 퇴거불응 등)를 규정한 것 이외에, 범하다, 침해하다, 해하다, 훼손하다 등의 표현도 사용된다.

○ 범죄행위의 행위에 의사가 포함되는가에 관하여 전통적인 견해는 의사(고의, 과실)는 책임론에서 문제가 된다고 보고 있으나(인과적 행위론 ― 부작위과 인식 없는 과실에 대해서 행위 개념 설명 곤란), 다른 견해는 행위에 당연히 포함된다고 보고 있다(목적적 행위론 ― 고의와 과실을 행위 개념에 포섭 ― 부작위, 의식요소가 없는 자동적 행위, 격정적 단락적 행위 설명 곤란). 한편 행위 개념의 이러한 설명 곤란요소를 극복하기 위해 사회적 행위론이 제시 되었다.

○ 형법상 고의(willful, intentional)는 자기의 행위가 일정한 결과를 발생시킬 것을 인식하고 또 이 결과의 발생을 인용하는 것을 의미하고, 과실(criminal negligence)에 대치된다. 형법에서는 원칙적으로 고의의 경우만을 처벌하고, 과실의 경우에는 처벌하지 않고 특별한 규정이 있는 경우에만 처벌하기 때문에(형법 제14조 ― 정상의 주의를 태만함으로 인하여 죄의 성립요소인 사실을 인식하지 못한 행위는 법률에 특별한 규정이 있는 경우에 한하여 처벌한다.) 고의와 과실과의 구별이 중요하다. ★ 한편 미필적 고의(dolus eventualis, reckless disregard, willfull blindness)는 자기의 행위로 인하여 어떤 범죄결과의 발생가능성을 인식(예견)하였음에도 불구하고 그 결과의 발생을 인용(認容)한 심리상태를 의미하는데 불확정적 고의의 하나이다. 예컨대, 보험금을 탈 목적으로 밤에 자기의 집에 방화할 때에 혹시 옆집까지 연소(延燒)하여 잠자던 사람이 타죽을지도 모른다고 예견하면서도, 타죽어도 할 수 없다고 생각하고 방화한 경우와 같다. 그런데 아직 초저녁이어서 깊이 잠들지 않아 곧 깨어나서 타죽지는 않을 것이라고 확고히

★ Criminal Negligence : The failure to use reasonable care to avoid consequences that threaten or harm the safety of the public and that are the foreseeable outcome of acting in a particular manner. Criminal negligence is a statutory offense that arises primarily in situations involving the death of an innocent party as a result of the operation of a motor vehicle by a person who is under the influence of Drugs and Narcotics or alcohol. Most statutes define such conduct as criminally negligent Homicide. Unlike the tort of Negligence, in which the party who acted wrongfully is liable for damages to the injured party, a person who is convicted of criminal negligence is subject to a fine, imprisonment, or both, because of the status of the conduct as a crime. criminal negligence standard as aggravated, culpable, gross, or reckless conduct that is such a departure from what would be the conduct of an ordinarily prudent or careful person under the same circumstances as to be incompatible with a proper regard for the relevant interest.

믿는 심리상태는 인식 있는 과실이 된다. 미필적 고의가 있는 경우 살인죄의 책임을 지게 되고, 인식 있는 과실이 있는 경우에는 과실치사(過失致死)가 되어 형이 가벼워진다. 미필적 고의와 인식 있는 과실은 다같이 결과발생의 가능성을 인식하고 있는 점에서는 차이가 없으나 미필적 고의는 그 가능성을 긍정하고 있는 점에서 결과발생의 가능성을 부정한 인식 있는 과실과 구별되는 것이다. ★

♣ **대법원 2015. 11. 12. 선고 2015도6809 전원합의체 판결 (세월호 사건)**

[살인(① 피고인1에 대하여 일부 제1예비적 죄명 및 일부 인정된 죄명 : 특정범죄 가중처벌등에 관한 법률 위반·제2예비적 죄명 : 유기치사 ② 피고인2에 대하여 인정된 죄명 : 특정범죄 가중처벌등에 관한 법률 위반·제2예비적 죄명 : 유기치사 ③ 피고인3·피고인9에 대하여 일부 예비적 죄명 및 일부 인정된 죄명 : 유기치사)·

살인미수(① 피고인1에 대하여 제1예비적 죄명 : 특정범죄 가중처벌등에 관한 법률 위반·제2예비적 죄명 : 유기치상 ② 피고인2에 대하여 인정된 죄명 : 특정범죄 가중처벌등에 관한 법률 위반·제2예비적 죄명 : 유기치상 ③피고인3·피고인9에 대하여 인정된 죄명 : 유기치상)·

업무상과실선박매몰·수난구호법위반·선원법위반·특정범죄 가중처벌등에 관한 법률 위반(일부제1예비적 죄명 및 일부 인정된 죄명 : 유기치사·유기치상·일부 제2예비적 죄명 및 일부 인정된 죄명 : 수난구호법위반)·유기치사·유기치상·해양환경관리법위반]

[1] 범죄는 보통 적극적인 행위에 의하여 실행되지만 때로는 결과의 발생을 방지하지 아니한 부작위에 의하여도 실현될 수 있다. 형법 제18조는 "위험의 발생을 방지할 의무가 있거나 자기의 행위로 인하여 위험발생의 원인을 야기한 자가 그 위험발생을 방지하지 아니한 때에는 그 발생된 결과에 의하여 처벌한다."라고 하여 부작위범의 성립 요건을 별도로 규정하고 있다. 자연적 의미에서의 부작위는 거동성이 있는 작위와 본질적으로 구별되는 무(無)에 지나지 아니하지만, 위 규정에서 말하는 부작위는 법적 기대라는 규범적 가치판단 요소에 의하여 사회적 중요성을 가지는 사람의 행태가 되어 법적 의미에서 작위와 함께 행위의 기본 형태를 이루게 되므로, 특정한 행위를 하지 아니하는 부작위가 형법적으로 부작위로서의 의미를 가지기 위해서는, 보호법익의 주체에게 해당 구성요건적 결과발생의 위험이 있는 상황에서 행위자가 구성요건의 실현을 회피하기 위하여 요구되는 행위를 현실적·물리적으로 행할 수 있었음에도 하지 아니하였다고 평가될 수 있어야 한다.

나아가 살인죄와 같이 일반적으로 작위를 내용으로 하는 범죄를 부작위에 의하여 범하는 이른바 부진정 부작위범의 경우에는 보호법익의 주체가 법익에 대한 침해위협

★ Recklessness requires that the defendant actually appreciate the risk in question, while criminal negligence occurs when the defendant should have been aware of the risk.

에 대처할 보호능력이 없고, 부작위행위자에게 침해위협으로부터 법익을 보호해 주어야 할 법적 작위의무가 있을 뿐 아니라, 부작위행위자가 그러한 보호적 지위에서 법익침해를 일으키는 사태를 지배하고 있어 작위의무의 이행으로 결과발생을 쉽게 방지할 수 있어야 부작위로 인한 법익침해가 작위에 의한 법익침해와 동등한 형법적 가치가 있는 것으로서 범죄의 실행행위로 평가될 수 있다. 다만 여기서의 작위의무는 법령, 법률행위, 선행행위로 인한 경우는 물론, 신의성실의 원칙이나 사회상규 혹은 조리상 작위의무가 기대되는 경우에도 인정된다.

또한 부진정 부작위범의 고의는 반드시 구성요건적 결과발생에 대한 목적이나 계획적인 범행 의도가 있어야 하는 것은 아니고 법익침해의 결과발생을 방지할 법적 작위의무를 가지고 있는 사람이 의무를 이행함으로써 결과발생을 쉽게 방지할 수 있었음을 예견하고도 결과발생을 용인하고 이를 방관한 채 의무를 이행하지 아니한다는 인식을 하면 족하며, 이러한 작위의무자의 예견 또는 인식 등은 확정적인 경우는 물론 불확정적인 경우이더라도 미필적 고의로 인정될 수 있다. 이때 작위의무자에게 이러한 고의가 있었는지는 작위의무자의 진술에만 의존할 것이 아니라, 작위의무의 발생근거, 법익침해의 태양과 위험성, 작위의무자의 법익침해에 대한 사태지배의 정도, 요구되는 작위의무의 내용과 이행의 용이성, 부작위에 이르게 된 동기와 경위, 부작위의 형태와 결과발생 사이의 상관관계 등을 종합적으로 고려하여 작위의무자의 심리상태를 추인하여야 한다.

[2] 선장의 권한이나 의무, 해원의 상명하복체계 등에 관한 해사안전법 제45조, 구선원법 제6조, 제10조, 제11조, 제22조, 제23조 제2항, 제3항은 모두 선박의 안전과 선원 관리에 관한 포괄적이고 절대적인 권한을 가진 선장을 수장으로 하는 효율적인 지휘명령체계를 갖추어 항해 중인 선박의 위험을 신속하고 안전하게 극복할 수 있도록 하기 위한 것이므로, 선장은 승객 등 선박공동체의 안전에 대한 총책임자로서 선박공동체가 위험에 직면할 경우 그 사실을 당국에 신고하거나 구조세력의 도움을 요청하는 등의 기본적인 조치뿐만 아니라 위기상황의 태양, 구조세력의 지원 가능성과 규모, 시기 등을 종합적으로 고려하여 실현가능한 구체적인 구조계획을 신속히 수립하고 선장의 포괄적이고 절대적인 권한을 적절히 행사하여 선박공동체 전원의 안전이 종국적으로 확보될 때까지 적극적·지속적으로 구조조치를 취할 법률상 의무가 있다. 또한 선장이나 승무원은 수난구호법 제18조 제1항 단서에 의하여 조난된 사람에 대한 구조조치의무를 부담하고, 선박의 해상여객운송사업자와 승객 사이의 여객운송계약에 따라 승객의 안전에 대하여 계약상 보호의무를 부담하므로, 모든 승무원은 선박 위험 시 서로 협력하여 조난된 승객이나 다른 승무원을 적극적으로 구조할 의무가 있다.

따라서 선박침몰 등과 같은 조난사고로 승객이나 다른 승무원들이 스스로 생명에 대한 위협에 대처할 수 없는 급박한 상황이 발생한 경우에는 선박의 운항을 지배하고 있는 선장이나 갑판 또는 선내에서 구체적인 구조행위를 지배하고 있는 선원들은 적극적인 구호활동을 통해 보호능력이 없는 승객이나 다른 승무원의 사망 결과를 방지하여야 할 작위의무가 있으므로, 법익침해의 태양과 정도 등에 따라 요구되는 개별적·구체적인 구호의무를 이행함으로써 사망의 결과를 쉽게 방지할 수 있음에도 그에 이르는 사태의 핵심적 경과를 그대로 방관하여 사망의 결과를 초래하였다면, 부작위는 작위에 의한 살인행위와 동등한 형법적 가치를 가지고, 작위의무를 이행하였다면 결과가 발생하지 않았을 것이라는 관계가 인정될 경우에는 작위를 하지 않은 부작위와 사망의 결과 사이에 인과관계가 있다.

♣ 대법원 2017. 1. 12. 선고 2016도15470 판결[특정경제범죄 가중처벌등에 관한 법률위반(횡령)·사문서위조·위조사문서행사·사문서변조·변조사문서행사·특정범죄 가중처벌등에 관한 법률 위반(알선수재)·뇌물공여·사기·특정범죄 가중처벌등에 관한 법률 위반(뇌물)(인정된죄명:뇌물수수)·제3자뇌물교부(인정된죄명:뇌물공여)]

[1] 피고인이 범죄구성요건의 주관적 요소인 고의를 부인하는 경우, 범의 자체를 객관적으로 증명할 수는 없으므로 사물의 성질상 범의와 관련성이 있는 간접사실 또는 정황사실을 증명하는 방법으로 이를 증명할 수밖에 없다. 이때 무엇이 관련성이 있는 간접사실 또는 정황사실에 해당하는지는 정상적인 경험칙에 바탕을 두고 치밀한 관찰력이나 분석력으로 사실의 연결상태를 합리적으로 판단하는 방법에 의하여 판단하여야 한다.

[2] 고의의 일종인 미필적 고의는 중대한 과실과는 달리 범죄사실의 발생 가능성에 대한 인식이 있고 나아가 범죄사실이 발생할 위험을 용인하는 내심의 의사가 있어야 한다. 행위자가 범죄사실이 발생할 가능성을 용인하고 있었는지는 행위자의 진술에 의존하지 않고 외부에 나타난 행위의 형태와 행위의 상황 등 구체적인 사정을 기초로 일반인이라면 범죄사실이 발생할 가능성을 어떻게 평가할 것인지를 고려하면서 행위자의 입장에서 그 심리상태를 추인하여야 한다.

♣ 대법원 2004. 7. 22. 선고 2002도4229 판결[특정경제범죄 가중처벌등에 관한 법률위반(배임)·보험업법위반] >

[1] 일반적으로 업무상배임죄의 고의는 업무상 타인의 사무를 처리하는 자가 본인에게 재산상의 손해를 가한다는 의사와 자기 또는 제3자의 재산상의 이득의 의사가 임무에 위배된다는 인식과 결합하여 성립되는 것이며, 이와 같은 업무상배임의 주관적 요소로 되는 사실(고의, 동기 등의 내심적 사실)은 피고인이 본인의 이익을 위하여 문제가 된 행위를 하였다고 주장하면서 범의를 부인하고 있는 경우에는 사물의 성질상 고의와 상당한 관련성이 있는 간접사실을 증명하는 방법에 의하여 입증할 수밖에 없고, 무엇이 상당한 관련성이 있는 간접사실에 해당할 것인가는 정상적인 경험칙에 바탕을 두고 치밀한 관찰력이나 분석력에 의하여 사실의 연결상태를 합리적으로 판단하는 방법에 의하여야 하고, 배임죄에 있어서 '재산상의 손해를 가한 때'라 함은 현실적인 손해를 가한 경우뿐만 아니라 재산상 실해 발생의 위험을 초래한 경우도 포함된다.

[2] 경영상의 판단과 관련하여 기업의 경영자에게 배임의 고의가 있었는지 여부를 판단함에 있어서도 일반적인 업무상배임죄에 있어서 고의의 입증 방법과 마찬가지의 법리가 적용되어야 함은 물론이지만, 기업의 경영에는 원천적으로 위험이 내재하여 있어서 경영자가 아무런 개인적인 이익을 취할 의도 없이 선의에 기하여 가능한 범위 내에서 수집된 정보를 바탕으로 기업의 이익에 합치된다는 믿음을 가지고 신중하게 결정을 내렸다 하더라도 그 예측이 빗나가 기업에 손해가 발생하는 경우가 있을 수 있는바, 이러한 경우에까지 고의에 관한 해석기준을 완화하여 업무상배임죄의 형사책

임을 묻고자 한다면 이는 죄형법정주의의 원칙에 위배되는 것임은 물론이고 정책적인 차원에서 볼 때에도 영업이익의 원천인 기업가 정신을 위축시키는 결과를 낳게 되어 당해 기업뿐만 아니라 사회적으로도 큰 손실이 될 것이므로, 현행 형법상의 배임죄가 위태범이라는 법리를 부인할 수 없다 할지라도, 문제된 경영상의 판단에 이르게 된 경위와 동기, 판단대상인 사업의 내용, 기업이 처한 경제적 상황, 손실발생의 개연성과 이익획득의 개연성 등 제반 사정에 비추어 자기 또는 제3자가 재산상 이익을 취득한다는 인식과 본인에게 손해를 가한다는 인식(미필적 인식을 포함)하의 의도적 행위임이 인정되는 경우에 한하여 배임죄의 고의를 인정하는 엄격한 해석기준은 유지되어야 할 것이고, 그러한 인식이 없는데 단순히 본인에게 손해가 발생하였다는 결과만으로 책임을 묻거나 주의의무를 소홀히 한 과실이 있다는 이유로 책임을 물을 수는 없다.

[3] 보증보험회사의 경영자가 경영상의 판단에 따라 보증보험회사의 영업으로 행한 보증보험계약의 인수가 임무위배행위에 해당한다거나 배임의 고의가 있었다고 단정하기 어렵다고 한 사례.

♣ 대법원 2001. 3. 9. 선고 2000다67020 판결[채무부존재확인] >
[1] 자동차보험약관상 면책사유인 '피보험자의 고의에 의한 사고'에서의 '고의'라 함은 자신의 행위에 의하여 일정한 결과가 발생하리라는 것을 알면서 이를 행하는 심리 상태를 말하고, 여기에는 확정적 고의는 물론 미필적 고의도 포함된다고 할 것이며, 고의와 같은 내심의 의사는 이를 인정할 직접적인 증거가 없는 경우에는 사물의 성질상 고의와 상당한 관련성이 있는 간접사실을 증명하는 방법에 의하여 입증할 수밖에 없고, 무엇이 상당한 관련성이 있는 간접사실에 해당할 것인가는 사실관계의 연결상태를 논리와 경험칙에 의하여 합리적으로 판단하여야 할 것이다.

[2] 출발하려는 승용차 보닛 위에 사람이 매달려 있는 상태에서 승용차를 지그재그로 운행하여 도로에 떨어뜨려 상해를 입게 한 경우, 운전자에게 상해 발생에 대한 미필적 고의가 있다.

○ 한편 범죄행위의 구성요건 상 일정한 목적을 필요로 하는 경우가 있는데, 내란죄에서 '국토를 참절(僭窃)하거나 국헌(國憲)을 문란하게 할 목적', 문서위조죄·통화위조죄·인장위조죄 등에서 '행사할 목적', 음행매개죄·영리약취유인죄에 있어서의 '영리의 목적', 무고죄(誣告罪)에 있어서 '타인으로 하여금 형사처분 또는 징계처분을 받게 할 목적' 등을 예로 들 수 있다. 이러한 범죄를 목적범이라고 하는데, 이 때 목적은 범죄행위에 대한 고의나 동기와는 구별되며 그러한 목적이 없을 때는 그 범죄는 성립하지 않는다. 그래서 주관적 불법요소 또는 초과 주관적 요소라고도 한다.

그런데 목적이 범죄성립요건이 아니고 형의 가중사유가 되거나 처벌조각사유가 되는 경우를 부진정 목적범이라고 한다. 형의 가중사유가 되는 목적으로는 아편 또는 아편흡식기를 '판매의 목적'으로 소지한 자(형법 198 · 199조)는 목적 없이 소지한 경우(형법 205조)보다 가중처벌되는 것이 있고, 처벌조각사유로 되는 목적으로는 '본인을 위하여' 친족 · 호주 또는 동거의 가족이 범인은닉 · 도피 · 증거인멸의 죄를 범한 때에는 처벌하지 아니하는 것(형법 151조 2항, 155조 4항)이 있다.

○ 그리고 정보통신망을 통한 명예훼손의 형사처벌적 요건으로서 '비방할 목적'(정보통신망 이용촉진 및 정보보호 등에 관한 법률 제70조 제1항)에 관하여는 사람의 명예에 대한 가해의 의사나 목적을 의미한다고 하면서, '비방'이나 '목적'이라는 용어는 정보통신망법에서만 사용되는 고유한 개념이 아닌 일반적 용어로서, 특별한 경우를 제외하고는 법관의 보충적 해석 작용 없이도 일반인들이 그 대강의 의미를 이해할 수 있는 표현이어서 명확성원칙에 위배되지 않는다고 판시하였다(헌법재판소 헌재 2016.2.25. 2013헌바105 등 결정).

♣ 헌재 2016. 2. 25. 2013헌바105 등 정보통신망 이용촉진 및 정보보호 등에 관한 법률 제70조 제1항 위헌소원
1. 심판대상조항의 '비방할 목적'은 고의 외에 추가로 요구되는 주관적 구성요건요소로서 사람의 명예에 대한 가해의 의사나 목적을 의미한다. '비방'이나 '목적'이라는 용어는 정보통신망법에서만 사용되는 고유한 개념이 아니고, 일반인이 일상적으로 사용하거나 다른 법령들에서도 사용되는 일반적인 용어로서, 특별한 경우를 제외하고는 법관의 보충적 해석 작용 없이도 일반인들이 그 대강의 의미를 이해할 수 있는 표현이다. 심판대상조항에서 사용되는 의미 또한 일반적으로 사용되는 의미범위를 넘지 않고 있으므로, '비방할 목적'이 불명확하다고 보기 어렵다. 또한, '비방할 목적'과 공공의 이익을 위하여 사물의 옳고 그름에 대한 판단을 표현하는 '비판할 목적'은 서로 구별되는 개념이고, 대법원도 적시한 사실이 공공의 이익에 관한 것일 때에는 특별한 사정이 없는 한 비방할 목적은 부인된다고 판시하여, 비방할 목적과 공공의 이익에 대한 판단기준을 분명하게 제시하고 있다. 따라서 심판대상조항은 명확성원칙에 위배되지 아니한다.

2. 우리나라는 현재 인터넷 이용이 상당히 보편화됨에 따라 정보통신망을 이용한 명예훼손범죄가 급증하는 추세에 있고, 인터넷 등 정보통신망을 이용하여 사실에 기초하더라도 왜곡된 의혹을 제기하거나 편파적인 의견이나 평가를 추가로 적시함으로써 실제로는 허위의 사실을 적시하여 다른 사람의 명예를 훼손하는 경우와 다를 바 없거나 적어도 다른 사람의 사회적 평가를 심대하게 훼손하는 경우가 적지 않게 발생하고 있고, 이로 인한 사회적 피해는 심각한 상황이다. 따라서 이러한 명예훼손적인 표현을 규제함으로써 인격권을 보호해야 할 필요성은 매우 크다. 심판대상조항은 이러한 명예훼손적 표현을 규제하면서도 '비방할 목적'이라는 초과주관적 구성요건을 추가로 요구하여 그 규제 범위를 최소한도로 하고 있고, 헌법재판소와 대법원은 정부 또는 국가기관의 정책결정이나 업무수행과 관련된 사항에 관하여는 표현의 자유를 최대한 보장함으로써 정보통신망에서의 명예보호가 표현의 자유에 대한 지나친 위축효과로 이어지지 않도록 하고 있다. 또한, 민사상 손해배상 등 명예훼손 구제에 관한 다른 제도들이 형사처벌을 대체하여 인터넷 등 정보통신망에서의 악의적이고 공격적인 명예훼손행위를 방지하기에 충분한 덜 제약적인 수단이라고 보기 어렵다. 그러므로 심판대상조항은 과잉금지원칙을 위반하여 표현의 자유를 침해하지 않는다.

[반대의견]
심판대상조항은 진실한 사실을 적시하고자 하는 사람에게 스스로 표현행위를 자제하게 되는 위축효과를 야기한다. 진실한 사실을 적시하여 사람의 명예를 훼손하는 경우에는 '비방할 목적'과 공공의 이익을 위한 '비판할 목적'의 구별이 항상 명확한 것은 아니다. 따라서 심판대상조항에서 '비방할 목적'이라는 초과주관적 구성요건이 존재한다고 하여 진실한 사실을 적시한 표현행위에 대한 처벌가능성이 제한되거나, 표현의 자유에 대한 위축효과가 완화된다고 보기 어렵다. 또한, 인터넷 등 정보통신망에서 비방할 목적으로 이루어지는 명예훼손행위를 규제할 필요가 있다고 하더라도 반박문 게재 등 형사처벌 외 에 다른 덜 제약적인 명예훼손 구제에 관한 제도들이 존재한다. 심판대상조항은 허위의 명예나 과장된 명예를 보호하기 위하여 표현의 자유에 대한 심대한 위축효과를 발생하는 형사처벌을 하도록 규정하고 있으므로 법익균형성원칙에 위배된다. 따라서 심판대상조항은 과잉금지원칙을 위반하여 표현의 자유를 침해한다.

5.3. 선의(善意), 악의(惡意), 해의(害意), 진의(眞意)

○ 선의(Bona Fide : in good faith, made or done in an honest and sincere way)란 특정 사실을 모르는 것이며(lack of knowledge or information), 악의(mala fide : In bad faith, with intent to deceive)란 알고 있는 것을 말한다. 선의와 악의를 구별하는 것은 악의의 자는 특정한 사실을 알고 있으므로 그 사실에 의하여 불측(不測)의 손해를 입을 염려가 없고 따라서 그를 보호할 필요가 없으나, 선의의 자는 특정한 사실을 모르고 있으므로 그 사

실에 의하여 불측의 손해를 입을 염려가 있고 따라서 그를 보호할 필요가 있다는 데에 있다. 그리하여 특정한 법률관계를 선의로 한 행위의 효력에는 영향이 없도록 하거나(민법 제29조, 제465조 등), 선의의 자만 주장할 수 있도록 하거나(제16조, 제125조, 제126조, 제129조, 제134조, 제135조), 선의의 제3자에게는 대항할 수 없도록 하는(제107조~제110조) 등의 대단히 많은 규정이 마련되어 있다. 계약의 해제시에도 그리고 부당이득(不當利得)의 반환범위에 관해서도 수익자가 선의인 때에는 받은 이익이 현존하는 한도에서 반환할 책임이 있으며, 수익자가 악의인 때에는 받은 이익에 이자를 붙여 반환하고 손해가 있으면 배상하여야 한다(제748조).

♣ **대법원 2000. 7. 6. 선고 99다51258 판결[지분부당이체금반환]**

[1] 상대방과 통정한 허위의 의사표시는 무효이고 누구든지 그 무효를 주장할 수 있는 것이 원칙이나, 허위표시의 당사자와 포괄승계인 이외의 자로서 허위표시에 의하여 외형상 형성된 법률관계를 토대로 실질적으로 새로운 법률상 이해관계를 맺은 선의의 제3자에 대하여는 허위표시의 당사자뿐만 아니라 그 누구도 허위표시의 무효를 대항하지 못하는 것인바, <u>허위표시를 선의의 제3자에게 대항하지 못하게 한 취지는 이를 기초로 하여 별개의 법률원인에 의하여 고유한 법률상의 이익을 갖는 법률관계에 들어간 자를 보호하기 위한 것이므로</u>, 제3자의 범위는 권리관계에 기초하여 형식적으로만 파악할 것이 아니라 허위표시행위를 기초로 하여 새로운 법률상 이해관계를 맺었는지 여부에 따라 실질적으로 파악하여야 한다.

[2] 보증인이 주채무자의 기망행위에 의하여 주채무가 있는 것으로 믿고 주채무자와 보증계약을 체결한 다음 그에 따라 보증채무자로서 그 채무까지 이행한 경우, 그 보증인은 주채무자에 대한 구상권 취득에 관하여 법률상의 이해관계를 가지게 되었고 그 구상권 취득에는 보증의 부종성으로 인하여 주채무가 유효하게 존재할 것을 필요로 한다는 이유로 결국 그 보증인은 주채무자의 채권자에 대한 채무 부담행위라는 허위표시에 기초하여 구상권 취득에 관한 법률상 이해관계를 가지게 되었다고 보아 민법 제108조 제2항 소정의 '제3자'에 해당한다고 한 사례.

♣ **대법원 2013. 2. 15. 선고 2012다49292 판결[추심금]**

[1] 실제로는 전세권설정계약을 체결하지 아니하였으면서도 임대차계약에 기한 임차보증금반환채권을 담보할 목적 또는 금융기관으로부터 자금을 융통할 목적으로 임차인과 임대인 사이의 합의에 따라 임차인 명의로 전세권설정등기를 경료한 경우에, 위 전세권설정계약이 통정허위표시에 해당하여 무효라 하더라도 위 전세권설정계약에 의하여 형성된 법률관계에 기초하여 새로이 법률상 이해관계를 가지게 된 제3자에 대하여는 그 제3자가 그와 같은 사정을 알고 있었던 경우에만 그 무효를 주장할 수

있다. 그리고 여기에서 <u>선의의 제3자가 보호될 수 있는 법률상 이해관계는 위 전세권</u>
<u>설정계약의 당사자를 상대로 하여 직접 법률상 이해관계를 가지는 경우 외에도 그 법</u>
<u>률상 이해관계를 바탕으로 하여 다시 위 전세권설정계약에 의하여 형성된 법률관계와</u>
<u>새로이 법률상 이해관계를 가지게 되는 경우도 포함된다.</u>

　　[2] 갑이 을의 임차보증금반환채권을 담보하기 위하여 통정허위표시로 을에게 전세
권설정등기를 마친 후 병이 이러한 사정을 알면서도 을에 대한 채권을 담보하기 위하
여 위 전세권에 대하여 전세권근저당권설정등기를 마쳤는데, 그 후 정이 병의 전세권
근저당권부 채권을 가압류하였다가 이를 본압류로 이전하는 압류명령을 받은 사안에
서, 병의 전세권근저당권부 채권은 통정허위표시에 의하여 외형상 형성된 전세권을
목적물로 하는 전세권근저당권의 피담보채권이고, 정은 이러한 병의 전세권근저당권
부 채권을 가압류하고 압류명령을 얻음으로써 그 채권에 관한 담보권인 전세권근저당
권의 목적물에 해당하는 전세권에 대하여 새로이 법률상 이해관계를 가지게 되었으므
로, 정이 통정허위표시에 관하여 선의라면 비록 병이 악의라 하더라도 허위표시자는
그에 대하여 전세권이 통정허위표시에 의한 것이라는 이유로 대항할 수 없다.

♣ 대법원 2014. 4. 10. 선고 2013다59753 판결[추심금]
　　임대차보증금반환채권이 양도된 후 양수인의 채권자가 임대차보증금반환채권에 대
하여 채권압류 및 추심명령을 받았는데 임대차보증금반환채권 양도계약이 허위표시
로서 무효인 경우 채권자는 그로 인해 외형상 형성된 법률관계를 기초로 실질적으로
새로운 법률상 이해관계를 맺은 제3자에 해당한다.

○ 선의·악의가 다소 다른 의미로 사용되는 경우도 있다. 점유(占有)에 관한
　　선의·악의(제201조, 제202조, 제245조, 제249조)는 단순히 점유의 권원인
　　본권(本權)이 없음을 모르고 알고가 아니라 본권에 대한 확신이 있거나 없
　　거나에 의하여 구별된다(제201조).

○ 한편 해의(害意, malicious intent, ill will, spite)란 타인에게 해를 주려는 의
　　사인데 채권자취소권에서 '채무자가 채권자를 해함을 알고 재산권을 목적
　　으로 하는 법률행위를 한 때' 등으로 사용된다.

○ 예외적으로 선의·악의를 문자 그대로 윤리적인 가치판단에 의하여 구별하
　　여 악의를 타인에게 해를 주려는 부정한 의사라는 뜻으로 사용하는 경우가
　　있다(배우자의 악의의 유기 -- 민법 제840조 2항, 어음의 악의의 항변 ― 어

음법 제17조) 등이 그 예이다. ★

○ 진의(眞意)란 표의자의 내심의 효과의사로서 표의자가 이상적으로 바라는 것이 아니다. 즉 진의란 특정한 내용의 의사표시를 하고자 하는 표의자의 생각을 말하는 것이지 표의자가 진정으로 마음 속에서 바라는 사항을 뜻하는 것이 아니므로 표의자가 의사표시의 내용을 진정으로 마음 속에서 바라지는 않았다고 하더라도 당시의 상황에서는 그것이 최선이라고 판단하여 그 의사표시를 하였을 경우에는 내심의 효과의사가 결여된 진의 아닌 의사표시라고 할 수 없다. 진의 아닌 의사표시라고 하더라도 표시된 대로의 법적 효과가 발생한다. 다만 상대방이 표의자의 진의 아님을 알 수 있었거나 알 수 있었을 경우에는 그 의사표시는 무효이다(제107조).

따라서 가족법상의 신분행위에 대해서는 본인의 진의가 절대적으로 존중되어야 하기 때문에 진의 아닌 의사표시의 규정이 적용될 수 없다. 그러나 진의 아닌 의사표시에 관한 민법 규정은 사인의 공법행위에는 적용되지 않으므로, 공무원이 사직의 의사표시를 하여 의원면직처분을 하는 경우 그 법률관계의 특수성에 비추어 외부적 객관적으로 표시된 바를 존중하여 비록 내심의 의사가 사직할 뜻이 아니었다고 하더라도 무효라고 할 수 없다. 그리고 민사소송법상의 소송행위는 외부적 객관적으로 표시된 바를 존중해야하므로 제107조는 적용될 수 없고 비진의의사표시는 언제나 유효하다.

♣ **대법원 1996. 12. 20. 선고 95누16059 판결[부당강임구제재심판정취소]**
　전쟁기념사업회의 직원들이 회사의 조직정비 방침에 따라 강임 동의서를 제출한 사안에서, 전쟁기념사업회는 국방부장관의 상위직을 축소하라는 조직 및 인원정비 지시를 따르지 않을 수 없고, 그 인사규정상 직제와 정원의 개폐 또는 예산의 감소 등에

★ 미국법원은 공적인물 혹은 공직자의 공적 행위에 관한 표현행위가 명예훼손이 되기 위해서는 실질적 악의(actual malice = with knowledge that it was false or with reckless disregard of whether it was false or not)에 의하여 이루어졌다는 점이 증명되는 경우에 한한다고 판시하고 있다. 즉, 미국의 실질적 악의 원칙은 국가 등에는 적용되지 않고 공직자 개인에게만 적용되는 것이며, 공직자의 명예훼손 손해배상청구를 원천봉쇄하는 것도 아니고, 단지 그 책임요건을 엄격하게 한정하는 것일 뿐이다.

의하여 폐직 또는 감원이 되었을 때에는 임용권자인 회장이 직권에 의하여 직원을 면직시킬 수 있는 터라, 그 직원들이 강임이라는 사실 자체를 진정 마음속으로 원하는 바는 아니지만 누군가는 감원대상자로 선정되지 않을 수 없는 상황에서 객관적으로 타당한 심사기준에 의하여 자신이 감원대상자로 선정될 경우에는 직권면직을 당하기보다는 강임되는 것이 더 좋다고 판단하여 강임 동의의 의사표시를 하였다고 할 것이므로, 이를 두고 강임 동의의 내심의 효과의사가 결여된 비진의 의사표시라고 할 수 없다.

♣ **대법원 1980.10.14. 선고 79다2168 [교수직해임처분무효확인]**

물의를 일으킨 사립대학의 조교수가 사직원이 수리되지 않을 것이라고 믿고 사태수습을 위하여 형식상 이사장 앞으로 사직원을 제출하였다 하였던바, 의외로 이사회에서 본의의 의사이니 하는 수 없다고 하여 사직원이 수리된 경우 위 조교수의 사직원이 설사 진의에 이르지 아니한 비진의의사표시라 하더라도 학교법인이나 그 이사회에서 그러한 사실을 알았거나 알 수 있었을 경우가 아니라면 그 의사표시에 따라 효력을 발생한다.

♣ **대법원 2000. 4. 25. 선고 99다34475 판결[징계면직처분무효확인등]**

근로자가 징계면직처분을 받은 후 당시 상황에서는 징계면직처분의 무효를 다투어 복직하기는 어렵다고 판단하여 퇴직금 수령 및 장래를 위하여 사직원을 제출하고 재심을 청구하여 종전의 징계면직처분이 취소되고 의원면직처리된 경우, 그 사직의 의사표시는 비진의 의사표시에 해당하지 않으며, 사용자가 사직의 의사 없는 근로자로 하여금 어쩔 수 없이 사직서를 작성·제출하게 한 후 이를 수리하는 이른바 의원면직의 형식을 취하여 근로계약관계를 종료시키는 경우처럼 근로자의 사직서 제출이 진의 아닌 의사표시에 해당하는 등으로 무효이어서 사용자의 그 수리행위를 실질적으로 사용자의 일방적 의사에 의하여 근로계약관계를 종료시키는 해고라고 볼 수 있는 경우가 아닌 한, 사용자가 사직서 제출에 따른 사직의 의사표시를 수락함으로써 사용자와 근로자 사이의 근로계약관계는 합의해지에 의하여 종료되는 것이므로 사용자의 의원면직처분을 해고라고 볼 수 없다.

♣ **대법원 2003. 4. 25. 선고 2002다11458 판결[의원면직무효확인등]**

피고가 구조조정의 일환으로 일정한 사유가 있는 자를 순환명령휴직 대상자로 선정하고 그 대상자가 명예퇴직을 신청하는 경우에는 이를 모두 받아들이기로 내부적인 결정이었다고 하더라도, 외부적으로는 일정한 경력이 있는 근로자 전원에 대하여 명예퇴직을 신청할 수 있고 그 명예퇴직신청자 가운데 결격사유가 있는 자를 유보한 후 고등인사위원회의 의결을 거쳐 명예퇴직대상자를 정하기로 방침을 정하고 소속 근로자들에게 이를 고지한 후 이 사건 명예퇴직 신청을 받은 사실, 원고는 자신이 순환명령휴직 대상자에 선정될 것을 예상하고 그와 같은 경우 휴직기간 경과 후 복직이 이루어지지 아니할 것을 우려한 나머지 피고에게 명예퇴직을 허락하여 달라는 내용이 기재된 이 사건 사직원을 작성하여 제출하였을 뿐 피고로부터 원고가 순환명령휴직 대상자로 선정되었다는 이유로 명예퇴직을 종용받아 위 사직원을 제출한 것은 아닌 사실, 이 사건 명예퇴직 신청이 마감된 후 피고는 원래 순환명령휴직 대상에 해당되어 명예퇴직신청을 받은 자 가운데 대통령 사면을 받은 자 107명에 대하여 사면 전의 징계사유를 들어 순환명령휴직 대상자에 포함시키는 것은 대통령의 사면권에 대한 도 전이라는 비판이 일자 노사합의에 의하여 위 107명을 명예퇴직의 대상에서 제외하기 로 결정하여 해당 명예퇴직신청서를 반환하여 준 사실을 인정할 수 있는바, 위와 같 이 변론에 나타난 이 사건 사직원의 기재 내용, 사직원 작성·제출의 동기 및 경위, 사직원 제출 이후의 사정 기타 여러 사정을 참작하면, 원고가 이 사건 사직원에 의하 여 신청한 명예퇴직은 근로자가 명예퇴직의 신청(청약)을 하면 사용자가 요건을 심사 한 후 이를 승인(승낙)함으로써 합의에 의하여 근로관계를 종료시키는 것으로, 명예퇴 직의 신청은 근로계약에 대한 합의해지의 청약에 불과하여 이에 대한 사용자의 승낙 이 있어 근로계약이 합의해지되기 전에는 근로자가 임의로 그 청약의 의사표시를 철 회할 수 있다 할 것이다.그럼에도 불구하고, 원심은 원고가 이 사건 사직원에 의한 명 예퇴직의 신청을 근로계약에 대한 합의해지의 청약이 아닌 해약고지로 보아 피고에게 그 신청의사가 도달한 이후에는 그 의사를 철회할 수 없다고 판단하였는바, 이러한 원심판결에는 명예퇴직 신청의사의 법적 성질과 그 의사의 철회에 관한 법리를 오해 함으로써 판결 결과에 영향을 미친 위법이 있다.

♣ 대법원 2000. 9. 5. 선고 99두8657 판결[부당해고구제재심판정취소]

근로자가 사직원을 제출하여 근로계약관계의 해지를 청약하는 경우 그에 대한 사 용자의 승낙의사가 형성되어 그 승낙의 의사표시가 근로자에게 도달하기 이전에는 그 의사표시를 철회할 수 있고, 다만 근로자의 사직 의사표시 철회가 사용자에게 예측할 수 없는 손해를 주는 등 신의칙에 반한다고 인정되는 특별한 사정이 있는 경우에 한 하여 그 철회가 허용되지 않는다. 사직의 의사표시는 특별한 사정이 없는 한 당해 근 로계약을 종료시키는 취지의 해약고지로 볼 것이고, 근로계약의 해지를 통고하는 사 직의 의사표시가 사용자에게 도달한 이상 근로자로서는 사용자의 동의 없이는 비록 민법 제660조 제3항 소정의 기간이 경과하기 이전이라 하여도 사직의 의사표시를 철 회할 수 없다.

♣ 대법원 2015. 8. 27. 선고 2015다211630 판결[해고무효확인]

피고 회사의 임원이 미리 작성한 쪽지의 내용에 따른 사직서 작성을 요구하였다 하더라도 원고로서 그러한 내용의 사직서 작성을 거부하고 징계절차에서 징계사유를 다투는 것이 가능한데도 요구에 응하여 사직서를 작성·제출한 점, 원고는 부당해고 구제 재심신청서에서 사직서 작성·제출의 이유를 피고와 법적 다툼으로 가기보다 재 취업하는 것이 더 낫다고 판단했기 때문이라고 주장하였던 점, 위 재심신청서에서 사 직서 제출 당시 실업급여를 받고 재취업하는 데 아무런 불이익을 받지 않는 일반적인 권고사직으로 생각했는데 사직사유의 기재 부분으로 인하여 실업급여의 수령이나 재 취업이 어려워져 당시 합의되었던 조건이 충족되지 않았다고 주장하였던 점 등 원고 의 이 사건 사직서 작성 경위와 그 전후 정황 등에 비추어 보면, 원고가 이 사건 사직 서를 제출할 당시 사직을 진정으로 마음속에서 바라지는 아니하였다고 하더라도 원고 로서는 사직서를 제출할 경우와 그렇지 않은 경우의 득실 등을 고려하여 당시 상황에 비추어 징계절차에 회부되는 대신에 피고의 사직 권유를 받아들여 스스로 사직하여 실업급여를 수령한 후 재취업을 하는 것이 최선이라고 판단하여 본인의 의지로 사직 의 의사표시를 하였다고 봄이 상당하므로, 원고와 피고 사이의 근로계약관계는 사직 서 제출 및 수리에 의한 합의해지에 따라 종료되었다..

♣ 대법원 2005. 9. 9. 선고 2005다34407 판결[해고무효확인]

피고는 경영여건을 개선하고 정부의 지시에 부응하기 위하여 노동조합과 사전협의를 거쳐 희망퇴직자들에게 주택자금의 상환을 유예하고 퇴직위로금 재원을 조성하여 이를 지급하는 등 배려방안을 마련하고 희망퇴직제를 실시하기로 한 뒤 원고들에게 희망퇴직 의사를 물어 원고들의 명시적인 퇴직의사에 기하여 면직처분을 한 점, 그 과정에서 노동조합과 협의하여 마련한 고용조정기준에 따라 원고들을 희망퇴직 대상자로 선정한 점, 원고들은 3년간의 근무성적평정이 동일 직급 내에서 최하위여서 당시 1998. 11. 16.자 노사합의에 따른 고용조정기준에 부합하였던 점, 원고들은 퇴직대상자 선정에 관하여 피고 인사계장에게 항의하였으나 효과가 없자 장래 퇴직가산금 추가 지급사유가 발생할 경우 이를 지급받기로 하는 외에 달리 이의를 보류하거나 조건을 제시함이 없이 희망퇴직원을 제출하고 피고로부터 퇴직금과 희망퇴직가산금 및 창업재취업교육비를, 노동조합으로부터 퇴직위로금을 아무런 이의 없이 수령하였으며, 면직처분이 있은 뒤에도 즉시 노동위원회 등에 불복신청을 하지 아니하고 그 때로부터 약 2년 10개월이 경과한 후에야 비로소 위 면직처분의 무효확인을 구하는 이 사건 소를 제기한 점 등 원고들에 대한 면직처분 전후의 사정에 비추어 보면, 원고들이 당시 희망퇴직의 권고를 선뜻 받아들일 수는 없었다고 할지라도 그 당시의 국내 경제상황, 피고의 구조조정계획, 피고가 제시하는 희망퇴직의 조건, 퇴직할 경우와 계속 근무할 경우에 있어서의 이해관계 등을 종합적으로 고려하여 심사숙고한 결과 당시의 상황으로는 희망퇴직을 하는 것이 최선이라고 판단하여 본인의 의사에 기하여 희망퇴직신청원을 제출한 것이라고 봄이 상당하다 할 것이므로, 원고들의 희망퇴직신청이 피고의 강요에 의하여 어쩔 수 없이 내심의 의사와 다르게 이루어진 것이라고 할 수는 없고, 따라서 원고들과 피고 사이의 근로관계는 원고들이 피고의 권유에 따라 희망퇴직의 의사표시를 하고 피고가 이를 받아들임으로써 유효하게 합의해지 되었다.

6. 권리의 실현과 절차

6.1. 자력구제(自力救濟, selp-help)의 금지

권리자는 의무자에 대하여 의무를 이행하지 않는 경우 권리를 실현하여야 하는데, 권리의 실행을 자력에 의하여 할 수는 없다. 일반적으로 자기의 이익이나 권리를 방어·확보·회복하기 위하여 국가기관에 의하지 않고 스스로 힘을 행사하는 것을 자력구제 혹은 자력행위라고 하는데 법치국가에서는 원칙상 허용되지 않는다. 그러나 국가기관의 구제절차를 기다리다가는 도저히 회복할 수 없는 손해가 발생할 것이 명백·절박한 상황 하에서, 자기의 생명·신체·명예·재산 등을 수호하기 위한 정당방위나 긴급피난은 예외적으로 허용되고 있다. 그리고 사법(私法) 질서 일반에 관한 자력구제를 인정하지 않지만, 점유자에게는 일정한 경우에 허용하고 있다. 즉 점유자는 그 점유를 부정히 침탈 또는 방해하는 행위에 대하여 자력으로써 이를 방위할 수 있으며, 점유물이 침탈되었을 경우에 부동산일 때에는 점유자는 침탈 후 직시(直時) 가해자를 배제하여 이를 탈환할 수 있고, 동산일 때에는 점유자는 현장에서 또는 추적하여 가해자로부터 탈환할 수 있을 뿐이라고 규정하고 있다(민법 제209조). 즉 점유자에 한해 일정한 시간적 근접 간격 내에서 자력방어권과 자력탈환권을 인정하고 있는 것이다.

♣ 대법원 1987. 6. 9. 선고 86다카1683 판결[건물명도단행가처분]

갑이 병을 상대로 점포에 관한 점유이전금지가처분결정을 받아 그 집행을 한 다음 병을 상대로 하여 받은 본안판결에 기하여 을이 위 점포에 소유주들과 사이에 임대차계약을 체결하고서 인도를 받아 적법하게 점유하고 있던 위 점포에 대하여 명도집행을 단행하였다면 위 가처분이나 본안판결의 효력이 미칠 수 없는 을에 대하여 그가 점유하고 있던 위 점포에 대하여 명도집행을 단행한 것은 위법하고 이러한 위법한 강제집행에 의하여 부동산의 명도를 받는 것은 공권력을 빌려서 상대방의 점유를 침탈하는 것이 되므로 을이 위 강제집행이 일응 종료한 후 불과 2시간 이내에 자력으로 그 점유를 탈환한 것은 민법상의 점유자의 자력구제권의 행사에 해당한다

♧ 대법원 1993. 3. 26. 선고 91다14116 판결[손해배상(기)]

민법 제209조 제1항에 규정된 점유자의 자력방위권은 점유의 침탈 또는방해의 위험이 있는 때에 인정되는 것인 한편, 제2항에 규정된 점유자의 자력탈환권은 점유가 침탈되었을 때 시간적으로 좁게 제한된 범위 내에서 자력으로 점유를 회복할 수 있다는 것으로서, 위 규정에서 말하는 "직시"란 "객관적으로 가능한 한 신속히" 또는 "사회관념상 가해자를 배제하여 점유를 회복하는 데 필요하다고 인정되는 범위 안에서 되도록 속히"라는 뜻으로 해석할 것이므로 점유자가 침탈사실을 알고 모르고와는 관계없이 침탈을 당한 후 상당한 시간이 흘렀다면 자력탈환권을 행사할 수 없다.

♣ 서울지방법원북부지원 1986. 10. 22. 선고 86가합220 제2민사부판결 : 쌍방항소
　[손해배상등청구사건]

화물자동차 위·수탁관리운영계약(속칭 지입계약)상의 위탁자가 제비용을 체납하였을 때 수탁자는 위탁자의 동의없이 법적절차를 생략하고 수탁차량을 회수 임의처분하여 체납금과 상계할 수 있다고 하는 특약조항의 성격은 자력구제를 내용으로 하는 집행확장계약이며, 이는 헌법상 보장된 기본권으로서의 위탁자의 법관에 의한 재판청구권을 빼앗는 것이므로 위법 무효이다.

♣ 대법원 1996. 2. 9. 선고 95다11207 판결[손해배상(기)]

피고 회사는 이 사건 차량을 지입받은 대외적인 소유권자로서 매매할부금이나 제세공과금 등의 납부의무는 물론 차량의 불법주차로 인한 책임도 스스로 부담하는 자로서, 원고가 1년이 넘는 기간 동안 매매할부금, 제세공과금 등을 체납하여 그 액수가 차량의 시가를 상회하게 된 상황에서, 이 사건 차량이 장기간 불법주차된 채 방치되어 있으니 빨리 치우라는 경찰관서의 연락을 받고 이를 운전하여 와서 보관하기에 이르렀고, 그 이후 원고에게 차량 보관 사실을 알리면서 체납된 금액을 상환하고 차량을 찾아갈 것을 통지하였으나 원고가 응하지 않았다는 것인바, 위에서 본 바와 같이 피고는 계약에 의하여 원고에게 이 사건 차량의 반환을 요청하고 이를 임의로 처분할 수 있는 지위에 있었던 점과, 피고가 이 사건 차량을 보관하게 된 경위와 목적, 점유 취득 이후 원고와의 관계 등 제반 사정에 비추어 보면, 원고의 점유하에 있던 이 사건 차량을 피고의 점유로 이전한 피고의 행위는 사회통념상 허용될 수 있을 정도의 상당성이 있는 것으로서 위법성이 없다고 하여야 할 것이고, 위 점유 이전 당시 피고 회사의 직원이 소론과 같이 차량 유리를 깨뜨리고 들어가 배선을 조작하는 방법으로 차량을 운전하였다 하더라도 이를 달리 볼 수 없다 할 것이다. 원심이 피고의 위 행위를

원고로부터 이 사건 차량을 탈취한 것이라고 볼 수 없다고 판단한 것은 이와 같은 취지에서 한 것으로 보여지므로 정당하고, 또한 그 판단은 점유를 침탈당하였다는 원고의 주장사실 자체를 배척한 취지임이 분명하므로, 원심판단에 소론과 같이 점유권에 기인한 소를 본권에 관한 사유로써 판단한 법리오해나 이유불비, 이유모순 등의 위법이 있다고 할 수 없다.

형법은 위법성이 조각되는 사유의 하나로 자구행위(自救行爲)를 규정하고 있는데, 법정절차에 의하여 청구권을 보전하기 불능한 경우에 그 청구권의 실행불능 또는 현저한 실행곤란을 피하기 위한 행위는 상당한 이유가 있는 때에는 벌하지 않는다(제23조 제1항). 절도 범인을 현장에서 추적하여 도난당한 물품을 탈환하는 행위는 정당방위가 되나, 며칠 후 절도 범인을 발견하여 다소의 폭행·협박을 가하여 도난당한 물품을 탈환하는 행위는 자구행위가 된다. 사법제도가 완비된 오늘날에는 사회질서를 문란하게 할 우려가 있어 자력구제가 원칙적으로 금지되는 것이지만, 예외적으로 사법제도로써도 구제가 불능한 특별한 사정이 있는 경우가 있으므로, 그러한 경우를 위하여 형법이 자구행위를 인정하고 있는 것이다. 청구권을 보전한다는 것은 민사소송에 의한 가압류·가처분 기타의 사법절차를 법원에 청구하는 것을 말한다.

♣ 대법원 2017. 9. 7. 선고 2017도9999 판결[재물손괴·건조물침입]

[1] 민법 제209조 제2항 전단은 '점유물이 침탈되었을 경우에 부동산일 때에는 점유자는 침탈 후 직시(直時) 가해자를 배제하여 이를 탈환할 수 있다'고 하여 자력구제권 중 부동산에 관한 자력탈환권에 관하여 규정하고 있다. 여기에서 '직시(直時)'란 '객관적으로 가능한 한 신속히' 또는 '사회관념상 가해자를 배제하여 점유를 회복하는 데 필요하다고 인정되는 범위 안에서 되도록 속히'라는 뜻으로, 자력탈환권의 행사가 '직시'에 이루어졌는지는 물리적 시간의 장단은 물론 침탈자가 확립된 점유를 취득하여 자력탈환권의 행사를 허용하는 것이 오히려 법적 안정 내지 평화를 해하거나 자력탈환권의 남용에 이르는 것은 아닌지 함께 살펴 판단하여야 한다.

[2] 집행관이 집행채권자 갑 조합 소유 아파트에서 유치권을 주장하는 피고인을 상대로 부동산인도집행을 실시하자, 피고인이 이에 불만을 갖고 아파트 출입문과 잠금장치를 훼손하며 강제로 개방하고 아파트에 들어갔다고 하여 재물손괴 및 건조물침입으로 기소된 사안에서, 피고인이 아파트에 들어갈 당시에는 이미 갑 조합이 집행관으

로부터 아파트를 인도받은 후 출입문의 잠금 장치를 교체하는 등으로 그 점유가 확립된 상태여서 점유권 침해의 현장성 내지 추적가능성이 있다고 보기 어려워 점유를 실력에 의하여 탈환한 피고인의 행위가 민법상 자력구제에 해당하지 않는다고 보아 유죄가 인정된다.

♣ **대법원 2007. 3. 15. 선고 2006도9418 판결[일반교통방해]**
  이 사건 도로는 주민들이 농기계 등으로 그 주변의 농경지나 임야에 통행하는 데 이용하여 사실상 일반 공중의 왕래에 공용되는 육상의 통로에 해당하고, 피고인은 육로인 이 사건 도로에 깊이 1m 정도의 구덩이를 파는 등의 방법으로 위 도로의 통행을 방해한 경우에 도로가 피고인 소유 토지상에 무단으로 확장 개설되어 그대로 방치할 경우 불특정 다수인이 통행할 우려가 있다는 사정만으로는 피고인이 법정절차에 의하여 자신의 청구권을 보전하는 것이 불가능한 경우에 해당한다고 볼 수 없을 뿐 아니라, 이미 불특정 다수인이 통행하고 있는 육상의 통로에 구덩이를 판 행위가 피고인의 청구권의 실행불능이나 현저한 실행곤란을 피하기 위한 상당한 이유가 있는 행위라고도 할 수 없으므로 자구행위에 해당되지 않는다.

♣ **대법원 2006. 3. 24. 선고 2005도8081 판결[특수절도]**
  피고인들이 자신들의 피해자에 대한 물품대금 채권을 다른 채권자들보다 우선적으로 확보할 목적으로 피해자가 부도를 낸 다음날 새벽에 피해자의 승낙을 받지 아니한 채 피해자의 가구점의 시정장치를 쇠톱으로 절단하고 그곳에 침입하여 시가 16,000,000원 상당의 피해자의 가구들을 화물차에 싣고 가 다른 장소에 옮겨 놓은 행위에 대하여 피고인들에게는 불법영득의사가 있었다고 볼 수밖에 없어 특수절도죄가 성립하며, 피고인들에 대한 채무자인 피해자가 부도를 낸 후 도피하였고 다른 채권자들이 채권확보를 위하여 피해자의 물건들을 취거해 갈 수도 있다는 사정만으로는 피고인들이 법정절차에 의하여 자신들의 피해자에 대한 청구권을 보전하는 것이 불가능한 경우에 해당한다고 볼 수 없을 뿐만 아니라, 또한 피해자 소유의 가구점에 관리종업원이 있음에도 불구하고 위 가구점의 시정장치를 쇠톱으로 절단하고 들어가 가구들을 무단으로 취거한 행위가 피고인들의 피해자에 대한 청구권의 실행불능이나 현저한 실행곤란을 피하기 위한 상당한 이유가 있는 행위라고도 할 수 없다.

♣ **서울고등법원 2005. 5. 31. 선고 2005노502 판결: 확정[특수강도 · 인질강도 · 감금치상 · 강요 · 점유강취]**
  중소기업체 사장 등이 고의로 부도를 내고 잠적한 거래업자를 찾아내어 감금한 후 약속어음 등을 강취하고 지불각서 등을 강제로 작성하게 한 행위가, 사기 피해액 상당의 민사상 청구권을 통상의 민사소송절차 등 법정 절차로 보전하기가 사실상 불가능한 경우에 그 청구권의 실행불능 내지 현저한 실행곤란을 피하기 위한 행위로서 상당한 이유가 있으나, 위법성이 조각되는 자구행위의 정도를 초과하였으므로 과잉자구행위에 해당한다.

♣ **부산지방법원 2015. 9. 11. 선고 2015노1466 판결 : 확정[폭행]**
  갑이 집회 장면을 카메라로 촬영하자 집회참가자인 피고인이 영상을 지워달라고 요구하면서 갑이 메고 있던 가방 줄을 붙잡고 밀고 당기는 등의 폭행을 하였다는 내용으로 기소된 사안에서, 갑은 적법하게 집회신고를 한 후 집회활동을 하고 있던 피고인 등 집회참가자들의 동의 없이 얼굴을 불과 1~2m 거리를 두고 근접하여 촬영한 점, 당시 피고인은 사이비종교 피해자들 약 50여 명과 사이비종교단체의 위험성을 알리는 취지의 집회를 하였는데, 집회참가자들의 신체적 정보가 담긴 영상이 사이비종교단체에 전송되면 이들 단체의 보복행위 대상이 되는 것이 염려되어 얼굴이 촬영된 영상을 삭제해 달라고 요청하였으나 응하지 아니하였고, 주변에 있던 경찰관의 도움을 받아 촬영한 영상을 삭제하도록 재차 요구하였으나 완강히 거부한 점 등에 비추어 볼 때, 피고인의 행위는 형법 제20조의 정당행위 또는 형법 제23조의 자구행위에 해당하여 위법성이 없어서 무죄이다.

6.2. 소멸시효(statute of limitation, SOL)와 제척기간(statute of repose, SOR)

○ 권리를 행사할 수 있음에도 일정 기간 동안 권리 불행사 상태가 계속된 경우 그 권리가 소멸되는 법률효과를 가져오게 하는 제도가 소멸시효이다. 채권, 소유권 이외의 재산권이 소멸시효의 대상이 된다.

권리를 행사할 수 있는 때로부터 소멸시효가 시작되는데, 권리를 행사하는 데 법률상 장애사유가 없는 때를 말한다. 다만 권리의 발생 여부를 객관적으로 알기 어려운 상황이라면 청구권의 발생을 알 수 있게 된 때로부터 진행한다. 즉 보험금청구권의 소멸시효는 2년인데, 보험사고 발생한 때부터 진행될 것이지만, 보험사고 발생사실을 확인할 수 없는 객관적 사정이 있다면 청구권자가 보험사고의 발생사실을 알았거나 알 수 있었던 때로부터 진행한다.

소멸시효의 기간은 채권은 10년, 상사채권은 5년이며, 이 밖에 3년~1년의 단기소멸시효가 적용되는 채권도 있다. 불법행위로 인한 손해배상채권은 손해를 안 때로부터 3년 혹은 불법행위가 있은 날로부터 10년이다. 그런데 그 채권이 판결로 확정된 경우는 10년이 소멸시효 기간이다. 국가에 대한 채권은 시효기간이 5년이다.

○ 소멸시효는 진행되는 도중에 권리의 행사로 볼 수 있는 사실이 발생하면 그 진행이 중단된다. 재판상의 청구, 압류 가압류 가처분, 승인이 있으면 중단된다. 채무의 변제를 독촉하는 최고는 최고 후 6개월 이내에 재판상 청구를 하여야 최고 시점에서 시효가 중단된다. 시효가 중단되는 것은 당사자와 그 승계인 사이에만 효력이 있어서 공유자의 재산상 청구로 인한 시효중단의 효력은 다른 공유자에게는 미치지 않는다. 다만 주채무자에 대한 시효중단은 보증인에게도 효력을 미친다. 채권자 보호 내지 채권담보의 확보를 위하여 주채무자에 대한 시효중단의 사유가 발생하면 보증인에 대한 별도의 중단조치가 되지 않아도 동시에 시효중단의 효력이 생긴다. 주채무의 시효중단사유가 압류, 가압류 및 가처분일 경우 이를 보증인에게 통지하여야 비로소 보증채무의 시효중단의 효력이 발생하는 것은 아니다.

○ 법률에서 정한 일정한 권리의 행사기간을 제척기간이라고 한다. 권리자로 하여금 권리를 신속하게 행사하도록 하여 법률관계를 조속히 확정시키는 것이 목적이다. 주로 일방적인 의사표시로 법률관계의 변경이 가능한 형성권에 적용되는데 예외적으로 청구권에도 인정하고 있다.

이 제척기간은 그 기간 내에 반드시 소송을 제기하여야 하는 출소기간인 경우도 있고, 재판 외에서 권리를 행사해도 충분한 것도 있다. 전자로는 채권자취소의 소는 채권자가 취소원인을 안 날로부터 1년 이내에 제기되어야 한다는 규정, 점유회수·점유방해제거 청구권은 침탈당한 날 혹은 방해행위가 종료된 날로부터 1년 이내에 행사하여야 한다는 규정, 상속회복청구권은 침해를 안 날로부터 3년을 경과하면 소멸한다는 규정, 매매예약완결권은 10년 내에 행사되어야 한다는 판례 등이 있다. 후자로는 매매 목적물의 하자가 있는 경우의 계약해제와 손해배상청구는 그 사실을 안 날로부터 6월 이내에 행사하여야 한다는 규정, 채무자가 청산금을 지급하고 채무 담보 목적의 소유권이전등기의 말소를 청구하는 것은 변제기가 지난 후 10년이 지나면 할 수 없다는 규정, 취소권은 추인할 수 있는 날로부터 3년 이내에 행사하여야 한다는 규정 등이 있다.

법규정에 소멸한다고 되어 있어도 제척기간으로 해석되는 경우가 있음을 주의하여야 한다. 제척기간은 소멸시효와 달리 기간의 중단이나 정지가 없다.

6.3. 민사재판

당사자가 소를 제기함에 따라 민사소송이 개시되며, 법원은 당사자가 신청한 사항만을 판결하며, 소가 없는 사건이나 소의 범위를 벗어난 사항은 판결하지 않는다(민사소송법 제203조 ; 당사자처분권주의). 그리고 당사자 변론주의에 입각하여 판결의 기초가 될 사실은 당사자가 주장하고, 또 다툼이 있는 사실에 관해 그 사실을 증명할 증거를 법원에 제출하는 것을 원칙으로 하는데, 변론절차라고 한다.(제134조) ★

○ 법원은 변론에서 당사자가 주장한 사실에 의거하여 법률을 적용하여 판결하는데, 당사자가 주장한 사실에 다툼이 있으면 당사자가 제출한 증거에 따라 그 진위를 판단한다. 증거에 따른 사실의 인정은 자유심증주의에 따라 법관의 전인격적 판단에 맡겨진다(제202조, 법원은 변론 전체의 취지와 증거조사의 결과를 참작하여 자유로운 심증으로 사회정의와 형평의 이념에 입각하여 논리와 경험의 법칙에 따라 사실주장이 진실한지 아닌지를 판단한다.). 사실의 인정에 있어서 필요한 사실의 주장 및 증거의 제출이 당사자에게 맡겨져 있는 것을 변론주의라고 한다. 다만 변론능력이 부족한 당사자 본인을 위하여 재판부의 석명의무가 주어지는 경우도 있다(제136

★ 비송사건이라고 하여 법원이 사권의 발생·보존·변경·실행·소멸 등에 관하여 후견적 임무를 수행하는 사건인데 통상의 소송절차가 아닌 간이한 절차로 처리하는 것이 있다. 비송사건절차법상의 민사비송으로는 법인에 관한 사건, 신탁에 관한 사건, 재판상의 대위(代位)에 관한 사건, 보존·공탁·보관 및 감정에 관한 사건, 법인 및 부부재산약정의 등기, 경매법상의 경매사건, 조정사건과 중재판정사건 등이 있다. 그리고 상사비송으로는 회사 및 경매에 관한 사건, 사채(社債)에 관한 사건, 회사의 청산에 관한 사건 등이 있다. 과태료사건도 비송사건절차법에 의한다. 상업등기법에 의한 상업등기사건, 가사소송법의 후견사건, 성과 본 사건, 입양사건, 특별대리인 재산관리인 선임사건, 상속재산관리인 선임, 유언관련 사건 등도 넓은 의미의 비송사건이다.

조). 증명의 정도는 법관의 확신을 가져올 수 있게 하는 정도여야 하는데 당사자가 제출한 증거를 비교한 증거의 우월성(상당한 개연성)을 가지고 판단한다. ★ ★★ 요증사실의 진위가 불명확할 때 해당사실이 존재하지 않는 것으로 취급되어 소송의 당사자 가운데 어느 한쪽이 입게 되는 위험 또는 불이익을 입증책임이라 한다. 이후 법원은 판결을 선고한다.

6.4. 민사집행

○ 채무자가 이행을 하지 않는 경우 채권자는 채권을 실현하여야 하는데 법원을 통한 강제집행의 방법으로 하여야 한다. 법원의 강제집행을 요청하기 위해서는 집행권원이 있어야 한다. 사법 관계에서의 채권은 집행권원으로 형성됨으로써 비로소 강제집행의 기초가 된다. 집행권원은 재판을 통하거나 공증절차를 통하여 만들어진다. 재판을 통하여 만들어지는 집행권원에는 판결(확정 판결, 가집행선고부 판결, 집행판결), 결정, 지급명령, 화해조서, 조정조서, 인낙조서 등이 있고, 공증절차를 통하여 만들어지는 집행권원은 집행증서(공정증서)가 있다.

○ 집행권원에 의한 집행 이외에 채무의 불이행시 목적물에 대한 경매실행권을 가지고 있는 권리 즉 담보권(저당권, 전세권, 담보가등기권) 등에 의해서도 집행을 실시할 수 있는데 이를 임의경매절차라고 한다.

○ 강제집행은 집행될 채권의 구별에 따라 금전채권을 위한 강제집행과 금전

★ In civil litigation, the standard of proof is either proof by a preponderance of the evidence or proof by clear and convincing evidence. These are lower burdens of proof than beyond reasonable doubt. A preponderance of the evidence simply means that one side has more evidence in its favor than the other, even by the smallest degree. Clear and Convincing Proof is evidence that establishes a high probability that the fact sought to be proved is true.

★★ 고도의 개연성이란 표현도 있다. 즉 채권자취소권에 의하여 보호될 수 있는 채권은 원칙적으로 채무자가 채권자를 해함을 알고 재산권을 목적으로 한 법률행위를 하기 전에 발생된 것이어야 하지만, 그 법률행위 당시에 이미 채권 성립의 기초가 되는 법률관계가 성립되어 있고, 가까운 장래에 그 법률관계에 기하여 채권이 발생하리라는 점에 대한 고도의 개연성이 있으며, 실제로 가까운 장래에 그 개연성이 현실화되어 채권이 발생한 경우에는, 그 채권도 채권자취소권의 피보전채권이 될 수 있다.(대법원 2002. 11. 26. 선고 2000다64038 판결 [구상금등])

채권 외의 채권에 대한 강제집행으로 나누어진다. 금전채권을 위한 집행의 대상물은 원칙적으로 채무자의 총재산이지만, 집행될 재산이 동산(유체동산·채권 기타 재산권)인지 부동산·선박 등인지에 따라서 집행방법이 다르다. 어느 쪽이든 먼저 그 재산을 압류한 다음에 경매 등의 방법으로 환가하여 채권자에게 배당하는 3단계의 절차를 거치게 된다. 금전채권 이외의 채권에 대한 강제집행 중, 물건의 인도를 목적으로 하는 채권의 집행은 집행관이 채무자로부터 그 물건을 받아서 채권자에게 인도하면 된다. 그러나 작위(作爲)를 목적으로 하는 채권의 집행의 경우, 대체적 작위채무(代替的 作爲債務)에 있어서는 대체집행(代替執行)으로, 비대체적 작위의무 및 부작위채무에 있어서는 간접강제(間接强制)의 방법으로 한다. 대체집행이란 채무의 실현을 제3자로 하여금 하게 하고 그 비용을 채무자에게 청구하는 방법이며, 간접강제란 채무자가 일정한 기간 내에 이행하지 않을 때에는 이행시까지 손해배상의 지급을 명하여 채무자를 심리적으로 강제하여 이행하게 하는 방법이다.

♣ 대법원 2001. 1. 29. 자 99마6107 결정[간접강제]

♣ 부대체적 작위채무의 이행을 명하는 가처분 결정을 받은 채권자가 간접강제의 방법으로 그 가처분 결정에 대한 집행을 함에 있어서도 민사소송법 제715조에 의하여 민사소송법 제708조 제2항의 규정이 준용되므로, 특별한 사정이 없는 한 가처분 결정이 송달된 날로부터 14일 이내에 간접강제를 신청하여야 함이 원칙이고, 위 집행기간이 지난 후의 간접강제 신청은 부적법하다고 할 것이며, 다만 가처분에서 명하는 부대체적 작위의무가 일정 기간 계속되는 경우라면, 채무자가 성실하게 그 작위의무를 이행함으로써 강제집행을 신청할 필요 자체가 없는 동안에는 위 집행기간이 진행하지 않고, 채무자의 태도에 비추어 작위의무의 불이행으로 인하여 간접강제가 필요한 것으로 인정되는 때에 그 시점부터 위 14일의 집행기간이 기산되는 것으로 보아야 할 것이다. 기록에 의하여 살펴보면, 서울고등법원이 신청인들의 신청에 따라 1999. 2. 22. 98라185호로 재항고인에 대하여 결정 정본을 송달받은 날의 3일 후부터 공휴일을 제외한 20일의 기간 동안 그 영업시간 내에 한하여 신청인들 또는 그 대리인에게 그 판시의 장부 및 서류를 열람·등사하게 하도록 명하는 내용의 가처분결정을 내렸고, 신청인들은 같은 달 24일 위 가처분결정 정본을 송달받은 다음, 같은 해 3월 2일부터 재항고인 회사를 방문하여 가처분결정에 명시된 장부와 서류의 열람 및 등사를 요구하였으나 재항고인이 첫날부터 일부 장부와 서류만 보여주고 나머지의 열람을 거부하자, 신청인들이 같은 달 23일 위 가처분결정의 집행을 위하여 이 사건 간접강제

신청을 하였음을 알 수 있는바, 그렇다면 위 가처분결정은 재항고인에 대하여 일정 기간 계속되는 부대체적 작위의무를 명한 것이라 할 것이고 재항고인은 1999. 3. 2.부터 작위의무를 성실히 이행하지 않는 태도를 보이므로 신청인들로서는 간접강제가 필요하다고 보이는 그 시점부터 14일의 집행기간 내에 가처분의 집행을 위한 간접강제를 신청하였어야 하는데, 14일이 지난 같은 달 23일에야 이 사건 간접강제 신청을 하였음이 명백하므로, 이 사건 간접강제 신청은 집행기간을 넘긴 것으로서 부적법하다고 할 것이다. 그럼에도 불구하고 원심은 이 점을 간과한 채, 간접강제 신청을 받아들인 제1심결정을 그 일부만 취소하는 외에 이를 유지하였으니, 거기에는 재판에 영향을 미친 법률 위반이 있다고 할 것이다. 이 점에 관한 주장은 이유 있다. 그러므로 나머지 재항고이유에 대한 판단을 생략하고 원심결정을 파기하되, 이 법원이 직접 시정하여 재판하기에 충분하므로 민사소송법 제413조 제2항, 제407조에 의하여 자판하기로 한다. 이 사건 간접강제 신청은 위에서 본 바와 같이 부적법하므로 이를 각하한다.

♣ 대법원 2002. 12. 11. 자 2002무22 결정[간접강제]

[1] 거부처분에 대한 취소의 확정판결이 있음에도 행정청이 아무런 재처분을 하지 아니하거나, 재처분을 하였다 하더라도 그것이 종전 거부처분에 대한 취소의 확정판결의 기속력에 반하는 등으로 당연무효라면 이는 아무런 재처분을 하지 아니한 때와 마찬가지라 할 것이므로 이러한 경우에는 행정소송법 제30조 제2항, 제34조 제1항 등에 의한 간접강제신청에 필요한 요건을 갖춘 것으로 보아야 한다.

[2] 주택건설사업 승인신청 거부처분의 취소를 명하는 판결이 확정되었음에도 행정청이 그에 따른 재처분을 하지 않은 채 위 취소소송 계속중에 도시계획법령이 개정되었다는 이유를 들어 다시 거부처분을 한 사안에서, 개정된 도시계획법령에 그 시행당시 이미 개발행위허가를 신청중인 경우에는 종전 규정에 따른다는 경과규정을 두고 있으므로 위 사업승인신청에 대하여는 종전 규정에 따른 재처분을 하여야 함에도 불구하고 개정 법령을 적용하여 새로운 거부처분을 한 것은 확정된 종전 거부처분 취소판결의 기속력에 저촉되어 당연무효이다.

♣ 대법원 2017. 4. 7. 선고 2013다80627 판결[집행문부여에 대한 이의]

[1] 민사집행법 제44조 제1항은 "채무자가 판결에 따라 확정된 청구에 관하여 이의하려면 제1심 판결법원에 청구에 관한 이의의 소를 제기하여야 한다."라고 규정하고, 제45조 본문은 위 규정을 집행문부여에 대한 이의의 소에 준용하도록 하고 있다. 여기서 '제1심 판결법원'이란 집행권원인 판결에 표시된 청구권, 즉 그 판결에 기초한 강제집행에 의하여 실현될 청구권에 대하여 재판을 한 법원을 가리키고, 이는 직분관할로서 성질상 전속관할에 속한다. 한편 민사집행법 제56조 제1호는 '항고로만 불복할 수 있는 재판'을 집행권원의 하나로 규정하고, 제57조는 이러한 집행권원에 기초한 강제집행에 대하여 제44조, 제45조 등을 준용하도록 규정하고 있다. 따라서 지방법원 합의부가 재판한 간접강제결정을 대상으로 한 청구이의의 소나 집행문부여에 대한 이의의 소는 그 재판을 한 지방법원 합의부의 전속관할에 속한다.

[2] 부대체적 작위의무에 관하여 의무이행 기간을 정하여 그 기간 동안 의무의 이행을 명하는 가처분결정이 있은 경우에 가처분결정에서 정한 의무이행 기간이 경과하

면, 가처분의 효력이 소멸하여 가처분결정은 더 이상 집행권원으로서의 효력이 없다. 따라서 가처분결정에서 정한 의무이행 기간이 경과한 후에 이러한 가처분결정에 기초하여 간접강제결정이 발령되어 확정되었더라도, 간접강제결정은 무효인 집행권원에 기초한 것으로서 강제집행의 요건을 갖추지 못하였으므로, 간접강제결정에서 정한 배상금에 대하여 집행권원으로서의 효력을 가질 수 없다. 이때 채무자로서는 집행문부여에 대한 이의신청으로 무효인 간접강제결정에 대하여 부여된 집행문의 취소를 구할 수 있다.

♣ 대법원 2010. 12. 23. 선고 2009다37725 판결[부당이득반환]

　[1] 행정소송법 제34조 소정의 간접강제결정에 기한 배상금은 확정판결의 취지에 따른 재처분의 지연에 대한 제재나 손해배상이 아니고 재처분의 이행에 관한 심리적 강제수단에 불과한 것으로 보아야 하므로, 간접강제결정에서 정한 의무이행기한이 경과한 후라도 확정판결의 취지에 따른 재처분이 행하여지면 배상금을 추심함으로써 심리적 강제를 꾀한다는 당초의 목적이 소멸하여 처분상대방이 더 이상 배상금을 추심하는 것이 허용되지 않는다.

　[2] 집행권원에 기한 금전채권에 대한 강제집행의 일환으로 채권압류 및 전부명령이 확정된 후 그 집행권원상의 집행채권이 소멸한 것으로 판명된 경우에는 그 소멸한 부분에 관하여는 집행채권자가 집행채무자에 대한 관계에서 부당이득을 한 셈이 되므로, 집행채권자는 그가 위 전부명령에 따라 전부받은 채권 중 실제로 추심한 금전 부분에 관하여는 그 상당액을, 추심하지 아니한 부분에 관하여는 그 채권 자체를 집행채무자에게 양도하는 방법으로 반환하여야 한다.

6.5. 헌법소송과 행정소송

6.5.1. 헌법소송

○ 공권력의 행사 또는 불행사로 인하여 헌법상 보장된 기본권을 침해받은 경우 그 사건이 발생한 날로부터 1년 이내, 그리고 기본권침해사유를 안 날로부터 90일 이내 헌법소원심판청구를 헌법재판소에 제기할 수 있다.(권리구제형 헌법소원) (헌법재판소법 제68조)

○ 그리고 소송 진행 중인 당사자는 소송에 적용되는 법률이 헌법에 위반되는지 여부가 재판의 전제가 되는 경우에 법원에 위헌법률심판제청신청을 할 수 있고, 법원이 제청신청을 기각한 경우에 제청신청을 한 당사자가 헌법

재판소에 헌법소원을 제기할 수 있다.(규범통제형 헌법소원). 위헌 여부 심판의 제청신청을 기각하는 결정을 통지받은 날부터 30일 이내에 청구하여야 한다. 위헌법률심판을 제청하려면 재판의 전제성, 구체적 사건성, 당사자적격성 등의 요건을 충족하여야 한다.

6.5.2. 행정소송

○ 행정청의 처분등(행정청이 행하는 구체적 사실에 관한 법집행으로서의 공권력의 행사 또는 그 거부와 그 밖에 이에 준하는 행정작용 및 행정심판에 대한 재결)이나 부작위(행정청이 당사자의 신청에 대하여 상당한 기간내에 일정한 처분을 하여야 할 법률상 의무가 있음에도 불구하고 이를 하지 아니하는 것)에 대하여 그 위법성을 다툴 수 있는 소송을 말한다.(항고소송, 행정소송법 제2조, 제3조). 항고소송에는 취소소송(행정청의 위법한 처분등을 취소 또는 변경하는 소송), 무효등 확인소송(행정청의 처분등의 효력 유무 또는 존재여부를 확인하는 소송), 부작위위법확인소송(행정청의 부작위가 위법하다는 것을 확인하는 소송) 등이 있다.

○ 취소소송은 처분등의 취소를 구할 법률상 이익이 있는 자가 제기할 수 있는데, 처분이 있음을 안 날로부터 90일 이내에, 처분이 있은 날로부터 1년 이내에 제기하여야 한다.(행정소송법 제20조) 특별법에 따라서 행정소송의 제기 이전에 행정심판 절차를 거쳐야 한다고 규정하고 있는 경우도 있다. ★

★ 소청심사청구(국가공무원법 16조, 지방공무원법 20조의 2), 국세심사청구, 심판청구(국세기본법 56조 2항), 관세심사청구, 심판청구(관세법 제120조), 중앙행정심판위원회(도로교통법 제142조)

7. 범죄의 처벌과 절차

7.1. 범죄의 성립요건

○ 범죄로 성립되기 위해서는 다음의 세가지 요건을 충족하여야 한다.

(1) 구성요건해당성(構成要件該當性) : 법률상 특정된 행위의 유형에 해당한다. 고의(사실의 착오), 목적, 과실 등이 더 세분화된 내용이 된다.

(2) 위법성(違法性) : 법률상 허용되지 않는다.
다만 위법성조각사유라고 하여 정당방위, 긴급피난, 정당행위, 자구행위, 피해자의 승낙 등의 경우에는 위법성이 없어진다.

(3) 책임성(責任性) : 행위자에 대한 비난가능성이 있어야 한다.
다만 책임성조각사유로 형사미성년자, 심신장애인(예외 ; 원인이 자유로운 행위 = 위험의 발생을 예견하고 자의로 심신장애를 야기한 자의 행위 형법 제10조 제3항), 농아자, 강요된 행위, 법률의 착오 등의 경우에 책임성이 없어진다.

7.2. 수사(investigation)와 기소(indictment)

○ 범죄는 형벌법규에 의하여 형벌을 과하는 대상이 되는 행위이며, 이러한 범죄를 수사기관에서 수사하여 법원에 처벌을 요구하는 것을 공소제기(公訴提起,기소)라고 한다. 범죄가 발생하였거나 발생한 것으로 생각되는 경우에 범죄의 혐의 유무를 밝혀 공소의 제기와 유지 여부를 결정하기 위하여 범인과 증거를 찾고 수집하는 수사기관의 활동을 수사라고 한다.

○ 수사기관에는 검사와 사법경찰관리가 있는데, 검사가 수사의 주재자이며, 공익의 대표자로서 범죄수사, 공소의 제기 및 수행하는 재판의 집행을 지휘·감독하는 권한을 갖는다. 사법경찰관은 독자적인 수사개시권이 인정되지만 수사를 개시한 후에는 모든 수사에 관하여 검사의 지휘를 받도록 규정되어 있다. 사법경찰관리를 독립한 수사의 주체로 삼고, 검사는 공소유지만을 담당하게 하고 있다. ★ 검사는 범죄의 혐의 있다고 사료하는 때에는 범인, 범죄사실과 증거를 수사하여야 하며(형사소송법 제195조), 수사관·경무관·총경·경정·경감·경위 등의 사법경찰관은 범죄의 혐의가 있다고 인식하는 때에는 범인, 범죄사실과 증거에 관하여 수사를 개시·진행하여야 하며, 모든 수사에 관하여 검사의 지휘를 받고 이를 따라야 한다. 사법경찰관은 범죄를 수사한 때에는 관계 서류와 증거물을 지체 없이 검사에게 송부하여야 하고, 경사·경장·순경은 사법경찰리로서 수사를 보조하여야 한다(제196조).

○ 수사 개시의 원인으로는 현행범인의 체포(제211조 이하), 변사자의 검시(제222조), 불심검문(경찰관직무집행법 제3조) 및 다른 사건 수사 중의 범

★ 사법경찰관의 수사권 독립 문제가 계속 논의되고 있다. 검사의 사법경찰관리에 대한 수사지휘권을 없애고 검사와 사법경찰관리와의 관계를 상호협력관계로 바꾸어야 한다는 견해이다. 검사의 사법경찰관리에 대한 수사중지명령권 및 교체임용요구권(검찰청법 제54조)을 폐지하여야 한다는 입법론과 영장청구의 검사경유제도를 폐지하고 사법경찰관의 판사에 대한 영장청구권을 인정하여야 한다는 입법론이 있다. 사법경찰관인 경사. 경장. 순경에 의해서 대부분의 경찰수사가 행하여지고 있는 것이 현실이기 때문에 사법경찰관을 수사의 보조기관으로 하지 말고 사법경찰관에게 독자적인 수사권을 인정하여야 한다는 입법론도 있다.

죄 발견, 출판물의 기사와 풍설(風說) 및 세평(世評) 등과 고소(제223조) · 고발(제234조) · 자수(제240조)와 진정, 범죄신고 등을 들 수 있다. 수사는 임의수사(任意搜査)와 강제수사(强制搜査)의 2가지로 나눌 수 있다. 임의수사는 수사기관이 피의자 · 참고인 등의 임의적인 출석 · 동행을 요구하여 진술을 듣는 수사이다. 형사소송법 상 임의수사가 원칙이며, 체포 · 구금 · 압수 · 수색 등의 강제처분은 법률에 특별한 규정이 있는 경우가 아니면 할 수 없다(제199조 제1항). 강제수사에는 현행범인의 체포(제212조), 긴급체포(제200조의 3), 구속(제201조) 등 대인적 강제처분과 증거물이나 몰수물의 수집과 보전을 목적으로 하는 압수와 수색(제106조~제138조), 검증(제139조~제 145조), 감정(제169조~제179조의2) 등 대물적 강제처분이 있다. 체포 · 구금 · 압수 · 수색에는 원칙적으로 법관의 영장을 요하나, 예외적으로 현행범인의 체포와 장기 3년 이상의 형에 해당하는 죄를 범하고 도피 또는 증거인멸의 염려가 있을 때에는 먼저 강제처분을 한 뒤 사후 영장을 청구할 수 있다(헌법 제12조 제3항, 형사소송법 제200조의 3). 긴급체포한 피의자를 구속하고자 할 때에는 체포한 때부터 48시간 이내에 구속영장을 청구하여야 하며, 구속영장을 청구하지 않거나 발부받지 못한 때에는 즉시 석방하여야 한다(제200조의 4).

○ 한편 피의자에 대한 수사는 불구속 상태에서 하는 것을 원칙으로 하며, 검사 · 사법경찰관리와 그밖에 직무상 수사에 관계 있는 자는 피의자 또는 다른 사람의 인권을 존중하고 수사과정에서 취득한 비밀을 엄수하며 수사에 방해되는 일이 없도록 규정하고 있다(제198조). 수사공무원의 인권침해 행위에 대해서는 형법에서 불법체포 및 불법감금죄(제124조), 폭행 및 가혹행위죄(제125조), 피의사실공표죄(제126조) 등의 규정을 두어 처벌하고 있다.

○ 수사 이후 범죄인의 형사사건에 대하여 법원의 심판을 구하기 위해 검사가 공소제기를 한다. 검사만이 이를 행할 수 있어서(형사소송법 제246조) 국

가소추주의(國家訴追主義) 또는 기소독점주의(起訴獨占主義)라고 한다. 검사는 피해자를 위하여서만 기소하는 것이 아니라, 사회질서의 유지라는 공익의 측면에서 공익의 대표자로서 기소하는 것이다. 검사가 범죄의 혐의가 있을 때 반드시 기소해야만 하는 것은 아니다. 범인의 연령, 성행, 지능과 환경, 피해자와의 관계, 범행의 동기, 수단과 결과, 범행 후의 정황 등을 종합하여 기소하지 않음이 상당하다고 판단되는 때에는 기소유예(起訴猶豫) 처분을 할 수 있다(기소편의주의 : 제27조 제1항). 기소할 때에는 공소장이라는 서면을 관할법원에 제출하여야 한다(제254조 제1항). 검사는 제1심판결의 선고 전까지는 공소를 취소할 수도 있다(제255조).

○ 검사의 기소독점주의와 기소편의주의에 대한 견제제도로서는 재판상의 준기소절차제도가 있다(제260조~제265조). 재정신청이라고 하는데, 검사의 불기소처분에 불복하여 그 불기소처분의 당부를 가려 달라고 직접 법원에 신청하는 제도를 말한다. 고소권자로서 고소를 한 자는 검사로부터 공소를 제기하지 아니한다는 통지를 받은 때에는 그 검사 소속의 지방검찰청 소재지를 관할하는 고등법원에 그 당부에 관한 재정신청을 할 수 있다(형법 제123조~제125조의 죄, 즉 직권남용죄, 불법 체포·감금죄, 폭행·가혹행위죄 등에 대해서는 고발의 경우도 포함). 지검의 불기소처분에 대하여 검찰 항고를 하여 고검에서 항고가 기각되면 바로 재정신청을 할 수 있다. 법원이 재정신청을 인용할 경우 공소제기를 결정하고 공소의 제기는 검사가 한다(제260조 제6항).

한편 검사가 벌금, 과료, 몰수에 처할 수 있는 사건에 대하여 약식명령청구를 한 경우 판사는 정식재판에 회부하여 재판을 받게 할 수도 있다.(형사소송법 제448조)

○ 검사의 기소독점주의의 예외로는 경찰서장의 경미한 범죄사건(20만 원 이하

의 벌금·구류 또는 과료에 해당하는 사건)에 대한 즉결심판청구가 있다. ★

7.3. 형사재판과 집행

○ 검사가 소송을 제기하면 공판준비단계를 거쳐 공판이 열리게 된다. 제1심
의 공판절차는 모두절차(冒頭節次 재판장의 인정신문, 검사의 기소요지 진
술, 피고인의 진술)·증거조사(證據調査)·변론·판결의 순서로 행하여진
다. 공판의 원칙으로는 실체적 진실주의·직접심리주의(제301, 제316조)·
구술주의(제37조)·공개주의(헌법 제27조 3항, 법원조직법 제57조, 형사소
송법 제361조의 5) 등이 있다. 또 증거조사에 관하여는 증거재판주의(제
307조)·자유심증주의(증거자료에 의한 사실인정은 법관의 자유로운 판단
에 맡겨지며 법률상 제한을 가하지 않는다 : 제308조)가 있는데, 범죄사실
및 처벌 조건인 사실을 증명함에는, 증거능력이 있고 또 적법한 증거조사
를 거친 증거에 의하여 증명되지 않으면 안된다. 증거능력에 있어 자백의
증거능력과 전문증거(傳聞證據)의 증거능력에 관한 제한이 있으며(제309
조~제310조의 2), 위법수집증거의 증거능력에 관하여도 마찬가지이다. 증
거가치에 있어서는 자백의 증명력이 제한되어 있다.

♣ **대법원 2007. 11. 15. 선고 2007도3061 전원합의체 판결[공직선거법위반]**
　[다수의견]
　(가) 기본적 인권 보장을 위하여 압수수색에 관한 적법절차와 영장주의의 근간을
선언한 헌법과 이를 이어받아 실체적 진실 규명과 개인의 권리보호 이념을 조화롭게
실현할 수 있도록 압수수색절차에 관한 구체적 기준을 마련하고 있는 형사소송법의
규범력은 확고히 유지되어야 한다. 그러므로 헌법과 형사소송법이 정한 절차에 따르
지 아니하고 수집한 증거는 기본적 인권 보장을 위해 마련된 적법한 절차에 따르지
않은 것으로서 원칙적으로 유죄 인정의 증거로 삼을 수 없다. 수사기관의 위법한 압
수수색을 억제하고 재발을 방지하는 가장 효과적이고 확실한 대응책은 이를 통하여
수집한 증거는 물론 이를 기초로 하여 획득한 2차적 증거를 유죄 인정의 증거로 삼을

★ 기소독점주의의 폐해를 견제하기 위해 미국의 대배심과 일본 검찰심사회를 참고하여 검찰시민위원회가 2010.8.
서울중앙지검부터 시작되었다. 검사의 요청에 따라 사회적 관심이 집중된 사건 등을 심의하여 기소 여부에 대한
의견을 제시한다. 물론 권고적 효력만 있다.

<u>수 없도록 하는 것이다.</u>

(나) 다만, 법이 정한 절차에 따르지 아니하고 수집한 압수물의 증거능력 인정 여부를 최종적으로 판단함에 있어서는, 실체적 진실 규명을 통한 정당한 형벌권의 실현도 헌법과 형사소송법이 형사소송 절차를 통하여 달성하려는 중요한 목표이자 이념이므로, 형식적으로 보아 정해진 절차에 따르지 아니하고 수집한 증거라는 이유만을 내세워 획일적으로 그 증거의 증거능력을 부정하는 것 역시 헌법과 형사소송법이 형사소송에 관한 절차 조항을 마련한 취지에 맞는다고 볼 수 없다. 따라서 <u>수사기관의 증거 수집 과정에서 이루어진 절차 위반행위와 관련된 모든 사정 즉, 절차 조항의 취지와 그 위반의 내용 및 정도, 구체적인 위반 경위와 회피가능성, 절차 조항이 보호하고자 하는 권리 또는 법익의 성질과 침해 정도 및 피고인과의 관련성, 절차 위반행위와 증거수집 사이의 인과관계 등 관련성의 정도, 수사기관의 인식과 의도 등을 전체적·종합적으로 살펴 볼 때, 수사기관의 절차 위반행위가 적법절차의 실질적인 내용을 침해하는 경우에 해당하지 아니하고, 오히려 그 증거의 증거능력을 배제하는 것이 헌법과 형사소송법이 형사소송에 관한 절차 조항을 마련하여 적법절차의 원칙과 실체적 진실 규명의 조화를 도모하고 이를 통하여 형사 사법 정의를 실현하려 한 취지에 반하는 결과를 초래하는 것으로 평가되는 예외적인 경우라면, 법원은 그 증거를 유죄 인정의 증거로 사용할 수 있다고 보아야 한다.</u> 이는 적법한 절차에 따르지 아니하고 수집한 증거를 기초로 하여 획득한 2차적 증거의 경우에도 마찬가지여서, 절차에 따르지 아니한 증거 수집과 2차적 증거 수집 사이 인과관계의 희석 또는 단절 여부를 중심으로 2차적 증거 수집과 관련된 모든 사정을 전체적·종합적으로 고려하여 예외적인 경우에는 유죄 인정의 증거로 사용할 수 있다.

[대법관 양승태, 김능환, 안대희의 별개의견] 법이 정한 절차에 따르지 아니하고 수집한 압수물의 증거능력 유무를 판단함에 있어서는 적법절차의 요청과 실체적 진실규명의 요청을 조화시키는 균형이 유지되어야 한다. 그런데 다수의견이 제시하는 기준은 그 취지가 분명하지 아니할 뿐 아니라, 지나치게 엄격한 기준으로 위법수집증거의 배제원칙을 선언함으로써 자칫 실체적 진실 규명을 통한 형벌권의 적정한 행사라는 형사 사법의 또다른 목표의 달성을 불가능하게 하거나 지나치게 어렵게 만들 우려가 있다. 그러므로 수집절차에 위법이 있는 압수물의 증거능력은, 법원이 그 증거수집 절차와 관련된 모든 사정 즉, 절차조항의 취지와 그 위반의 내용 및 정도, 구체적인 위반 경위와 회피가능성, 절차 조항이 보호하고자 하는 권리 또는 법익의 성질과 침해 정도, 수사기관의 인식과 의도 등을 전체적·종합적으로 고려하여 볼 때 그 증거수집 절차의 위법사유가 영장주의의 정신과 취지를 몰각하는 것으로서 그 증거의 증거능력을 부정해야 할 만큼 중대한 것이라고 인정될 경우에는 그 증거능력을 부정하여야 하고, 그 위법 사유가 이 정도에 이르지 아니하는 경우에는 그 압수물의 증거능력을 부정하여서는 아니 된다.

♣ ♧ **대법원 2013. 3. 14. 선고 2010도2094 판결[도로교통법위반(음주운전)]**
[1] 헌법 제12조 제1항, 제5항, 형사소송법 제200조의5, 제213조의2, 제308조의2를 종합하면, 적법한 절차에 따르지 아니한 위법행위를 기초로 하여 증거가 수집된 경우에는 당해 증거뿐 아니라 그에 터 잡아 획득한 2차적 증거에 대해서도 증거능력은 부

정되어야 한다. 다만 위와 같은 위법수집증거 배제의 원칙은 수사과정의 위법행위를 억지함으로써 국민의 기본적 인권을 보장하기 위한 것이므로 적법절차에 위배되는 행위의 영향이 차단되거나 소멸되었다고 볼 수 있는 상태에서 수집한 증거는 그 증거능력을 인정하더라도 적법절차의 실질적 내용에 대한 침해가 일어나지는 않는다 할 것이니 그 증거능력을 부정할 이유는 없다. 따라서 증거수집 과정에서 이루어진 적법절차 위반행위의 내용과 경위 및 그 관련 사정을 종합하여 볼 때 당초의 적법절차 위반행위와 증거수집 행위의 중간에 그 행위의 위법 요소가 제거 내지 배제되었다고 볼 만한 다른 사정이 개입됨으로써 인과관계가 단절된 것으로 평가할 수 있는 예외적인 경우에는 이를 유죄 인정의 증거로 사용할 수 있다.

[2] 위법한 강제연행 상태에서 호흡측정 방법에 의한 음주측정을 한 다음 강제연행 상태로부터 시간적·장소적으로 단절되었다고 볼 수도 없고 피의자의 심적 상태 또한 강제연행 상태로부터 완전히 벗어났다고 볼 수 없는 상황에서 피의자가 호흡측정 결과에 대한 탄핵을 하기 위하여 스스로 혈액채취 방법에 의한 측정을 할 것을 요구하여 혈액채취가 이루어졌다고 하더라도 그 사이에 위법한 체포 상태에 의한 영향이 완전하게 배제되고 피의자의 의사결정의 자유가 확실하게 보장되었다고 볼 만한 다른 사정이 개입되지 않은 이상 불법체포와 증거수집 사이의 인과관계가 단절된 것으로 볼 수는 없다. 따라서 그러한 혈액채취에 의한 측정 결과 역시 유죄 인정의 증거로 쓸 수 없다고 보아야 한다. 그리고 이는 수사기관이 위법한 체포 상태를 이용하여 증거를 수집하는 등의 행위를 효과적으로 억지하기 위한 것이므로, 피고인이나 변호인이 이를 증거로 함에 동의하였다고 하여도 달리 볼 것은 아니다.

○ 증거재판에 대하여 '사실의 인정은 증거에 의하여야 한다. 범죄사실의 인정은 합리적인 의심이 없는 정도의 증명에 이르러야 한다'(제307조)고 규정되어 있는데, 여기에서 증거는 증거능력을 가지고 있으며, 공판정에서 적법하게 증거조사가 행해진 증거를 의미한다. ★

○ 증거조사가 종결되면 검사는 사실 및 법률의 적용에 관하여 의견을 진술하며(제320조, 논고(論告) 구형(求刑)) 피고인 및 변호인은 의견을 진술할 수 있다(제286조). 피고인 또는 변호인에게는 최후의 진술을 할 기회가 주어지지 않으면 안 된다(제303조). ★★ 공판심리가 끝나면 공판정에서 판결을

★ Beyond a reasonable doubt connotes that evidence establishes a particular point to a moral certainty and that it is beyond dispute that any reasonable alternative is possible. It does not mean that no doubt exists as to the accused's guilt, but only that no Reasonable Doubt is possible from the evidence presented.

★★ 국민참여재판이 2008.1.1.부터 시행되어 국민이 형사재판에 배심원 또는 예비배심원으로 참여하여 유죄, 무죄와 양형에 관하여 의견을 제시하게 되었다. 이 제도가 적용되는 대상은 「법원조직법」 제32조 제1항(제2호 및

선고한다. 유죄판결을 선고하는 경우에는 피고인에 대하여 상소기간 및 상소할 법원을 고지하여야 한다(324조).

○ 형사재판의 집행은 확정된 후에 하는데, 재판을 한 법원에 대응한 검찰청 검사가 지휘하는 것이 원칙이다(제460조). 사형의 집행은 법무부장관의 명령에 의하여 집행하는데(제463조), 판결이 확정된 날로부터 6월 이내에 하여야 한다(제465조). 사형은 일정한 자의 참여하에 교도소 내의 사형장에서 교수(絞首)하여 집행한다(제467조, 형법 제66조). 징역의 집행은 교도소 내에 구치하여 정역(定役)에 복역하게 하며, 금고와 구류는 교도소에 구치한다(형법 제67, 제68조). 재산형 즉 벌금·과료·몰수·추징·과태료·소송비용·비용배상 또는 가납부의 집행은 검사의 명령에 의하여 집행한다(형사소송법 제477조).

제5호는 제외한다)에 따른 합의부 관할 사건, 동 사건의 미수죄·교사죄·방조죄·예비죄·음모죄에 해당하는 사건, 이 사건들과 관련된 사건 들인데, 피고인이 원하지 않거나 배제결정이 있는 경우 국민참여재판을 하지 않는다. 배심원의 수는 법정형이 사형·무기징역 또는 무기금고에 해당하는 대상사건의 경우 9명, 그밖의 대상사건은 7명으로 하되, 피고인 또는 변호인이 공판준비절차에서 공소사실의 주요내용을 인정한 경우에는 5명으로 한다. 또 배심원의 결원 등에 대비하여 5명 이내의 예비배심원을 둘 수 있다. 배심원의 유죄·무죄에 대한 평결과 양형에 관한 의견은 권고적 효력을 지닐 뿐 법적인 구속력은 없다. 다만 배심원의 평결과 다른 선고를 할 경우에는 판사가 피고인에게 배심원의 평결 결과를 알리고, 평결과 다른 선고를 한 이유를 판결문에 분명히 밝혀야 한다.

8. 법의 분야 및 주제 ★

8.1. 민사법

○ 법의 각 분야 중 가장 기본적이며 중요하고 역사가 오래된 분야이며 광범위한 주제를 다루를 다루고 있는 것이 민법이다. 각 법은 민법에서의 법원칙과 해석원리를 따르고 있고 민법에서의 거래행위 법과 이론을 바탕으로 독자적인 법리를 전개시켜 나가고 있어서 민법의 공부가 법률공부의 가장 기본이다.

민법은 민법총칙, 물권법, 채권법, 친족법, 상속법의 5편을 정하고 있는 1100여개의 조문으로 구성되어 있다. 민법총칙은 권리능력, 행위능력, 법률행위의 무효, 하자 있는 의사표시와 법률행위의 취소, 대리, 소멸시효, 법인 등에 관하여 기본적으로 규정하고 있다. 물권법은 물권변동의 원칙, 점유권, 소유권, 소유권의 상린관계, 공동소유, 지상권, 지역권, 전세권, 유치권, 질권, 저당권 등에 대하여 규정하고 있다. 채권법은 채권의 목적과 종류, 채무불이행, 손해배상. 채권자대위권, 채권자취소권, 불가분채권, 연대채무, 보증채무, 채권양도, 채무인수, 채권소멸(변제, 공탁, 상계, 경개,

---

★ 변호사시험은 민사법(700점 － 민법, 상법, 민사소송법 － 선택형 70문 175점, 사례형 3문 350점, 기록형 175점), 형사법(400점 － 형법, 형사소송법 - 선택형 40문 100점, 사례형 2문 200점, 기록형 100점), 공법(400점 － 헌법, 행정법 - 선택형 40문 100점, 사례형 2문 200점, 기록형 100점), 선택법 과목 1개(세법, 경제법, 환경법, 노동법, 지적재산권법, 국제법, 국제거래법 중 택일, 2문 내지 3문 160점) 등으로 구성되어 있어서 이 순서대로 법의 분야 및 주제를 살펴 본다.

면제, 혼동), 지시채권, 무기명채권 등을 채권총칙에서 규정하고, 계약(계약의 성립, 계약의 효력, 계약의 해지·해제), 증여, 매매, 교환, 소비대차, 사용대차, 임대차, 고용, 도급, 여행계약, 현상광고, 위임, 임치, 조합, 종신정기금, 화해 등을 각칙으로 들고 있다. 그리고 사무관리, 부당이득, 불법행위를 따로 정하고 있다. 친족법은 총칙, 가족의 범위와 자의 성과 본, 혼인(약혼, 혼인의 성립, 혼인의 무효와 취소, 혼인의 효력, 이혼), 부모와 자(친생자, 양자, 친권), 후견, 부양 등이 규정되어 있고, 상속법은 상속, 유언, 유류분 등을 정하고 있다.

○ 상법은 930여개 조문으로 구성되어 있으며, 총칙에서 통칙, 상인, 상업사용인, 상호, 상업장부, 상업등기, 영업양도 등을 정하고 있고, 상행위에서는 통칙, 매매, 상호계산, 익명조합, 합자조합, 대리상, 중개업, 위탁매매업, 운송주선업, 운송업, 공중접객업, 창고업, 금융리스업, 가맹업, 채권매입업 등을 정하고 있다. 회사법에서는 통칙, 합명회사, 합자회사, 유한책임회사, 주식회사, 유한회사, 외국회사, 벌칙을 규정하고 있는데, 주식회사부분에서는 설립, 주식, 회사의 기관, 신주의 발행, 정관의 변경, 자본금의 감소, 회사의 회계, 사채, 해산, 합병, 회사의 분할, 청산, 상장회사에 대한 특례 등을 정하고 있다.

보험법은 통칙, 손해보험(화재보험, 운송보험, 해상보험, 책임보험, 자동차보험, 보증보험), 인보험(생명보험, 상해보험, 질병보험)을 규정하고 있다. 해상법은 해상기업(선박, 선장, 선박공유, 선박소유자등의 책임제한, 선박담보), 운송과 용선(개품운송, 해상여객운송, 항해용선, 정기용선, 선체용선, 운송증서), 해상위험(공동해손, 선박충돌, 해난구조)을 정하고 있다. 항공운송법은 통칙, 운송(여객운송, 물건운송, 운송증서), 지상 제3자의 손해에 대한 책임을 정해 놓고 있다.

o 민사와 상사에 관한 특별법으로는 가등기담보 등에 관한 법률, 가족관계등록 등에 관한 법률, 공익법인의 설립 운영등에 관한 법률, 공장 및 광업재단 저당법, 공탁법, 국가배상법, 가등기담보법, 동산 채권등의 담보에 관한 법률, 보증인보호를 위한 특별법, 부동산등기법, 부동산실권리자명의 등기에 관한 법률, 상가건물임대차보호법, 상업등기법, 선박등기법, 선박소유자 등의 책임제한절차에 관한 법률, 수표법, 신원보증법, 신탁법, 실화책임에 관한 법률, 어음법, 여객자동차운수사업법, 유실물법, 이자제한법, 입목에 관한 법률, 입양특례법, 자동차 등 특정동산 저당법, 전자금융거래법, 제조물책임법, 주식회사의 외부감사에 관한 법률, 주택임대차보호법, 집합건물의 소유 및 관리에 관한 법률, 혼인신고특례법, 화물자동차운수사업법, 후견등기에 관한 법률 등이 있다.

o 민사절차에 관한 기본법인 민사소송법은 7편 500여개의 조문으로 구성되어 있는데, 총칙(법원, 당사자, 소송비용, 소송절차), 제1심의 소송절차(소의 제기, 변론과 그 준비, 증거, 제소전화해), 상소(항소, 상고, 항고), 재심, 독촉절차, 공시최고절차, 판결의 확정 및 집행절차 등을 규정하고 있다.

가사소송법은 6편 70여개 조문으로 구성되어 있고, 총칙, 가사소송(통칙, 혼인관계소송, 부모와 자녀 관계 소송), 가사비송, 가사조정, 이행의 확보, 벌칙 등으로 규정되어 있다.

민사절차에 관한 특별법으로는 국가를 당사자로 하는 소송에 관한 법률, 국제민사사법공조법, 민사소송 등 인지법, 민사소송비용법, 민사집행법, 민사조정법, 비송사건절차법, 상고심절차에 관한 특례법, 소송촉진 등에 관한 특례법, 소액사건심판법, 원격영상재판에 관한 특례법, 중재법, 증권관련 집단소송법, 채무자 회생 및 파산에 관한 법률 등이 있다.

8.2. 형사법

○ 범죄의 종류와 구성요건을 정해 놓은 기본법 형법은 총칙과 각칙의 370여 개 조문으로 구성되어 있다. 총칙은 4개의 장에 86개의 조문으로 되어 있는데, 형법의 적용범위, 죄(죄의 성립과 형의 감면, 미수범, 공범, 누범, 경합범) 형(형의 종류와 경중, 형의 양정, 형의 선고유예, 형의 집행유예, 형의 집행, 가석방, 형의 시효, 형의 소멸), 기간이 규정되어 있다.

각칙에는 42개의 장에 내란의 죄, 외환의 죄, 국기에 관한 죄, 국교에 관한 죄, 공안(公安)을 해하는 죄, 폭발물에 관한 죄, 공무원의 직무에 관한 죄, 공무방해에 관한 죄, 도주와 범인은닉의 죄, 위증과 증거인멸의 죄, 무고의 죄, 신앙에 관한 죄, 방화와 실화의 죄, 일수와 수리에 관한 죄, 교통방해의 죄, 음용수에 관한 죄, 아편에 관한 죄, 통화에 관한 죄, 유가증권·우표와 인지에 관한 죄, 문서에 관한 죄, 인장에 관한 죄, 성풍속에 관한 죄, 도박과 복표에 관한 죄, 살인의 죄, 상해와 폭행의 죄, 과실치사상의 죄, 낙태의 죄, 유기와 학대의 죄, 체포와 감금의 죄, 협박의 죄, 약취(略取)·유인(誘引) 및 인신매매의 죄, 강간과 추행의 죄, 명예에 관한 죄, 신용, 업무와 경매에 관한 죄, 비밀침해의 죄, 주거침입의 죄, 권리행사를 방해하는 죄, 절도와 강도의 죄, 사기와 공갈의 죄, 횡령과 배임의 죄, 장물에 관한 죄, 손괴의 죄 등이 규정되어 있다.

○ 형사특별법으로는 가정폭력범죄의 처벌에 관한 특례법, 경범죄처벌법, 교통사고처리특례법, 국가보안법, 국내재산도피방지법, 국제상거래에 있어서 외국공무원에 대한 뇌물방지법, 마약류 불법거래 방지에 관한 특례법, 범죄수익 은닉의 규제 및 처벌 등에 관한 법률, 보건범죄단속에 관한 특별조치법, 부정수표단속법, 성매매알선 등 행위의 처벌에 관한 법률, 성폭력범죄의 처벌 등에 관한 특례법, 질서위반행위규제법, 특정 범죄자에 대한 보호관찰 및 전자장치 부착 등에 관한 법률, 특정강력범죄의 처벌에 관한 특

례법 법률, 특정경제범죄 가중처벌 등에 관한 법률, 폭력행위 등 처벌에 관한 법률, 형의 실효 등에 관한 법률, 화염병 사용 등의 처벌에 관한 법률, 환경범죄 등의 단속 및 가중처벌에 관한 법률 등이 있다.

○ 형사절차에 관한 기본법은 형사소송법인데, 5편 490여개의 조문으로 구성되어 있다. 총칙(법원의 관할, 법원직원의 제척, 기피, 회피, 소송행위의 대리와 보조, 변호, 재판, 서류, 송달, 기간, 피고인의 소환, 구속, 압수와 수색, 검증, 증인신문, 감정, 통역과 번역, 증거보전, 소송비용), 제1심(수사, 공소, 공판), 상소(통칙, 항소, 상고, 항고), 특별소송절차(재심, 비상상고, 약식절차), 재판의 집행 등을 규정하고 있다.

형사절차의 특별법으로는 국민의 형사재판 참여에 관한 법률, 국제형사사법공조법, 대한민국과 아메리카합중국 간의 상호방위조약 제4조에 의한 시설과 구역 및 대한민국에서의 합중국 군대의 지위에 관한 협정의 시행에 관한 형사특별법, 범죄인인도법, 인신보호법, 즉결심판에 관한 절차법, 헌정질서 파괴범죄의 공소시효 등에 관한 특례법, 소년법, 형의 집행 및 수용자의 처우에 관한 법률, 보호소년 등의 처우에 관한 법률 등이 있다.

8.3. 공법

○ 헌법은 10장 130개의 조문으로 구성되어 있으며, 국민의 기본적 인권을 보장하고 국가의 정치 조직 구성과 정치 작용 원칙을 정하고 시민과 국가의 관계를 규정하거나 형성하는 규범이다. 기본적 인권에는 자유권, 참정권, 사회권 등이 있다. 자유권(自由權)은 국가권력에 의하여 자유를 침해당하지 않는 권리로써 신체의 자유(12조), 주거의 보장(16조), 종교의 자유(20조 1항), 언론·출판·집회·결사의 자유(21조 1항), 학문 및 예술의 자유(22조)가 있다. 참정권(參政權)은 국민이 국가기관으로서 공무에 참여하는 권리로써 보통선거권·피선거권·국민투표권·국민심사권·공무원 등이

되는 권리를 말한다. 사회권(社會權)은 최소한의 국민생활을 국가로부터 보장받는 권리로써 교육을 받을 권리(31조), 근로의 권리(32조), 근로자의 단결권(33조), 사회보장(34조), 환경권(35조), 혼인과 가족생활, 모성보호, 국민보건을 국가로부터 보호받을 권리(36조) 등이 있다. 그리고 대통령, 행정부, 국회, 법원, 헌법재판소, 선거관리, 지방자치, 경제 등에 관하여 기본을 규정하고 있다.

헌법과 관련된 하위 특별법으로는 국회법, 국회에서의 증언 감정 등에 관한 법률, 인사청문회법, 감사원법, 공직선거법, 국민투표법, 선거관리위원회법, 정당법, 정치자금법, 대한민국국기법, 법령 등 공포에 관한 법률, 북한인권법, 영해 및 접속수역법, 청원법, 국경일에 관한 법률 등이 있다.

○ 헌법상 기본권이 공권력의 행사 등으로 침해된 경우의 헌법소원 절차, 기타 위헌법률심판, 정당해산심판, 권한쟁의심판 등에 관해서는 헌법재판소법이 규정하고 있다.

○ 행정분야에서는 총칙적으로 적용되는 법은 없으며, 행정의 각 영역에서의 복잡다기한 개별 법규의 총합으로서 행정법 이론을 구성하여 적용하고 있다. 정부조직법, 전자정부법, 행정절차법, 민원처리등에 관한 법률, 행정규제기본법, 행정대집행법, 행정심판법, 국가공무원법, 공직자윤리법, 부정청탁 및 금품등 수수의 금지에 관한 법률, 부패방지 및 국민권익위원회의 설치와 운영에 관한 법률, 공공기관의 정보공개에 관한 법률, 공공기록물관리에 관한 법률, 공익신고자보호법, 민원처리에 관한 법률, 국가재정법, 국가회계법, 국고금관리법, 국유재산법, 지방자치법, 경찰공무원법, 경찰관직무집행법, 소방기본법, 국가정보원법 등이 있다.

○ 행정처분에 대한 불복절차를 규정하는 법은 행정심판법과 행정소송법이 있다.

8.4. 특수 분야의 법

세법, 경제법, 지식재산권법, 노동법, 환경법, 국제법, 국제거래법 등을 특수분야의 법으로 들 수 있다. ★

세법에는 국세기본법, 국세징수법, 소득세법, 법인세법, 상속세 및 증여세법, 부가가치세법, 개별소비세법, 교육세법, 농어촌특별세법, 종합부동산세법, 주세법, 증권거래세법, 관세법, 조세범처벌법, 조세특례제한법 등이 있다. ★★

경제법에는 독점규제 및 공정거래에 관한 법률, 소비자기본법, 물가안정에 관한 법률, 대리점거래의 공정화에 관한 법률, 가맹사업거래의 공정화에 관한 법률, 표시·광고의 공정화에 관한 법률, 하도급거래 공정화에 관한 법률, 약관의 규제에 관한 법률, 전자상거래 등에서의 소비자 보호에 관한 법률, 할부거래에 관한 법률, 방문판매 등에 관한 법률 등이 있다. ★★★

지적재산권법에는 특허법, 상표법, 디자인보호법, 실용신안법, 발명진흥법, 부정경쟁방지 및 영업비밀보호에 관한 법률, 저작권법, 산업기술의 유출방지 및 보호에 관한 법률, 변리사법 등이 있다. ★★★★

노동법에는 근로기준법, 노동조합 및 노동관계조정법, 근로자퇴직급여 보장법, 기간제 및 단시간근로자 보호 등에 관한 법률, 남녀고용평등과 일·가정 양립 지원에 관한 법률, 노동위원회법, 산업안전보건법, 임금채권보장법, 외국인근로자의 고용 등에 관한 법률, 장애인고용촉진 및 직업재활법, 채용절차의 공정화에 관한 법률, 최저임금법, 파견근로자보호 등에 관한 법률, 청년고용촉진법, 산

★ 변호사시험에서의 전문법률 선택분야를 중심으로 소개한다. 이외에 행정 각 분야별로 재정, 교육문화, 정보통신, 운수, 사회복지, 보건, 국토개발, 건설, 전기가스, 농축산법, 산림, 수산 등으로 특별법이 있을 수 있으나, 고유의 법이론과 판례가 형성된 부분은 위 전문법 분야에서 볼 수 있다고 하겠다.

★★ 「국세기본법」, 「소득세법」, 「법인세법」 및 「부가가치세법」이 변호사시험의 범위이다.

★★★ 「소비자기본법」, 「전자상거래 등에서의 소비자 보호에 관한 법률」, 「독점규제 및 공정거래에 관한 법률」, 「약관의 규제에 관한 법률」, 「할부거래에 관한 법률」 및 「방문판매 등에 관한 법률」이 변호사시험의 시험범위이다.

★★★★ 「특허법」, 「실용신안법」, 「디자인보호법」, 「상표법」 및 「저작권법」이 변호사시험의 범위이다.

업재해보상보험법 등이 있다.

환경법에는 환경정책기본법, 자연환경보전법, 대기환경보전법, 먹는물 관리법, 소음·진동관리법, 악취방지법, 인공조명에 의한 빛공해 방지법, 토양환경보전법, 폐기물관리법, 수질 및 수생태계 보전에 관한 법률, 실내공기질 관리법, 습지보전법, 야생생물 보호 및 관리에 관한 법률, 해양생태계의 보전 및 관리에 관한 법률, 화학물질관리법, 환경개선비용부담법, 환경분쟁조정법, 환경오염피해 배상책임 및 구제에 관한 법률, 환경영향평가법 등이 있다. ★

국제법은 국가의 권리와 의무, 국가의 승인, 관할권, 주권면제, 조약법, 국가책임, 국제기구, 국제분쟁의 평화적 해결, 국제인권법, 국제형사법, 국제경제법 등의 주제를 공부하는 분야인데, 국제법의 법원으로는 조약, 관습국제법, 법의 일반원칙 등이 기본이나, 판례, 학설, 국제기구의 결의 등도 법원으로서 기능하고 있다. 주요 법원으로는 1933년 국가의 권리와 의무에 관한 몬테비데오조약(Montevideo convention on the rights and duties of states), 조약에 관한 비엔나협약(Vienna convention on the law of treaties), 외교관계에 관한 비엔나협약(Vienna convention on diplomatic relations), 영사관계에 관한 비엔나협약(Vienna convention on consular ralation), UN해양협약((United Nations convention on the law of the sea), the law of treaties), UN 세계인권선언, 국제인권규약(경제적 사회적 및 문화적 권리에 관한 국제규약, 시민적 및 정치적 권리에 관한 국제규약, 개인통보를 규정한 선택의정서, 사형폐지에 관한 제2선택의정서, 경제적 사회적 및 문화적 권리에 관한 국제규약 선택의정서), 모든 형태의 인종차별철폐에 관한 국제협약, 여성에 대한 모든 형태의 차별철폐협약, 고문방지협약(convention against torture and other cruel, inhuman or degrading treatment or punishment), 아동권리협약, 모든 이주노동자와 그 가족의 권리보호에 관한 국제협약, 장애인권리협약, 집단살해의 방지와 처벌에 관한 협약, 난민지위협약, 국제형사재판소

★ 「환경정책기본법」, 「환경영향평가법」, 「대기환경보전법」, 「수질 및 수생태계 보전에 관한 법률」, 「폐기물 관리법」, 「토양환경보전법」, 「자연환경보전법」, 「소음·진동규제법」 및 「환경분쟁조정법」 등이 변호사시험의 범위이다.

규정(로마규정), 상설 국제사법재판소 규정(Permanent court of international justice), 관세와 무역에 관한 일반협정(General agreement on tariffs and trade), 핵무기의 비확산에 관한 조약(Treaty on the non-proliferation of nuclear weapons), 포괄적 핵실험금지협약(Comprehensive nuclear test ban treaty), 각종 테러방지협약 등이 있다. ★

국제거래법은 국제사법, 국제물품매매, 국제용역 기술거래, 국제자본거래, 국제물품운송, 국제거래상의 보증, 국제소송과 상사중재, 국제과세, 국제도산 등을 주제로 공부하는 분야인데, 그 법원은 조약, 국제관습법, 문명국의 국내법, 통일규칙, 약관, 표준계약서 등이다. 조약으로 1980년 국제물품매매계약에 관한 국제연합 협약(United Nations Convention on contracts for international sale of goods, Vienna convention), 1980sus Uncitral 의 국제화물복합운송에 관한 국제연합협약, 1999년 국제민간항공기구의 국제항공운손에 관한 몬트리올협약, 1958년 외국중재판정의 승인과 집행에 관한 국제연합협약, 1976년 해사채권 책임제한협약, 1994년 국제상사계약에 관한 사법통일국제협회의 원칙(The UNIDROIT principles of international commercial contracts, 2004년 개정), 1995년과 1998년 유럽계약법원칙(The principles of European contract law), 2010년 개정 국제상업회의소의 정형거래조건의 해석에 관한 국제규칙(International rule for the interpretation of trade terms, Incoterms), 2007년 개정 국제상업회의소 신용장통일규칙(uniform customs and practice for documentary credits), 화환신용장 통일규칙(uniform customs and practice for documentary credits), 미국 통일상법전(uniform commercial code), 1987년 국제환어음 약속어음 국제연합 협약(United Nations convention on international bills of exchange and international promissory notes), 미국 통일유통증권법(uniform negotiable instruments law),

★ 변호사시험의 범위는 다음과 같다 1.국제법의 연원 (ICJ 제38조 제1항), 2.국제법과 국내법의 관계, 3.국가의 기본적 권리와 의무 (UN헌장 제1조, 제2조 및 제51조), 4.국가관할권 (결정원칙, 범죄인인도, 내수 및 영해), 5.국가책임 및 외교적 보호, 6.조약법에 관한 비엔나 협약 (제1조~제53조), 7.(국제경제법) WTO 설립협정 제2부속서 (DSU), 8.(국제경제법) GATT 주요원칙과 예외 (제1조~제3조, 제11조 및 제20조), '국가책임'은 '2001년 ILC 국가책임 초안'의 내용에 한정하며 국제경제법의 출제비율은 매년 25% 이내로 한다.

1985년 국제상사중재 모범법률 및 중재규칙(UNCITRAL model law on international commercial arbitration, Arbitration rules), OECD 이중과세조약 등이 있다. ★

★ 변호사시험에서는 「국제사법」과 「국제물품매매계약에 관한 유엔협약」이 시험범위이다.

9. 법학 공부 방법 how to study law effectively

○ 법률공부라고 하면, <하바드대학의 공부벌레들>(John Jay Osborn, Jr, the paper chase, 1971)이라는 미국드라마(1978~1986년 미국 방송, 우리나라는 1980년 중반 방송)를 통해서 하바드 로스쿨 재학생들이 법률과목을 밤새도록 힘들게 열심히 공부하는 장면, 수업시간에서 교수들의 엄청난 과제 제시와 독서 그리고 판례와 관련된 질문에 대답하는데 쩔쩔매는 장면 그리고 학생들끼리 토론하면서 공부하는 장면 등을 생각하기 쉽다. 그리고 교과서에 나오는 사례와 판례를 중심으로 대화와 토론을 하면서 법률 이론을 익히는 장면도 나온다. 한편 <하바드 로스쿨>(Scott Turow, One L: The Turbulent True Story of a First Year at Harvard Law School, 1977)이라는 책에서도 이러한 수업 방법과 공부 모습이 그려져 있다. 이러한 수업 방법을 쏘크라틱 메쏘드(Socratic method)라고 하여 이미 과제로 주어진 많은 내용을 읽고 이해한 이후에 질문과 대답을 계속 이어가면서 이론(원칙과 예외)을 발견하는 것이다. ★ 그러나 이것은 법률공부에 대한 피상적인 인식이다. 영미법 국가에서도 법률공부는 기본적으로 이론의 암기에 있으며 비판적 사고가 곁들여 져야 한다고 한다. Law is a complicated topic and has more gray areas than black and white, requiring not only

---

★ 요즈음 거꾸로 학습법(flipped learning)이 강조되고 있는데, 미리 20분 정도의 수업 내용을 동영상이나 자료를 통해 전달하고 실제 수업시간에는 발표 토론 질문 응답 상호평가 등의 방법으로 진행하는 것도 유사한 방법이라고 볼 수 있다.

memorization of the laws, but also critical thinking to apply the laws.

○ 우리나라의 법률공부 방법은, 이전의 사법시험(혹은 행정고시 즉 5급공채 시험)이나 현재의 변호사시험의 준비과정에서 잘 알고 있다시피, 주입식 강의와 이론과 판례의 암기 이후에 사례의 분석 적용이라는 방법으로 하고 있다. 여기서 절대적인 것은 법률 규정의 내용 숙지 및 관련 이론과 판례의 암기 이다. 물론 논리적인 체계적인 구조적인 이해 위에서의 암기라고 해야할 것이다.

○ 법률공부는 방대한 법률과목과 그 주요 내용을 일단 이해하고 그 이론을 사례에 적용하는 과정인데, 이론을 서로 연결시켜서 상호 작용시키기 위해서는 일단 암기(rote memorization)가 필요하다. 물론 그 논리구조에 대한 충분한 이해가 선행되었다는 전제에서의 암기이다. 인터넷을 통한 즉시 검색이 가능하더라도 그 내용의 진위 여부의 감식과 내용의 파악과 다른 주제로의 연결과 적용을 위해서는 기본 되는 중요 이론들에 대한 암기와 이해가 절대적인 선행조건이다. Read through the law texts thoroughly. The only way to learn the information in the books is through active reading. Take your time and read each sentence. If you do not understand, re-read it. For words that are complicated or confusing, look them up. Memorize the laws. While the BAR exam and tests in class will look at application of laws rather than rote memorization, you need to know the laws and definitions of the laws before you are able to work through appropriate applications. 따라서 이러한 공부를 위해서 필요한 몇 가지를 설명한다.

9.1. 원칙과 예외, 예외의 배제 principle and exception, exception criteria

법이론의 공부는 법률의 규정과 분석에서 나온 원칙을 먼저 파악한 이후에 예외의 경우를 따져보는데서 출발한다. 법학은 경계의 학문이라고 할 수 있다. 즉 합법과 불법, 적법과 탈법 등의 경계 선상에 위치한 사건과 문제들에 대하여 어떠한 원칙을 적용할 것이며 예외적 적용을 할 수 있는지를 분석하는 학문이다. 세상의 문제들과 사건들이 원리 원칙대로 적용되는 경우는 잘 없다. 모두가 원리와 원칙의 경계 선상에 위치하고 있어서 어떻게 해석하느냐에 따라서 입장과 결론이 달라진다. 그러나 원리와 원칙의 논리적이고 합리적인 해석이어야 하지 자신의 입장에 따른 견강부회적인 해석이어서는 안 된다. 물론 학설에서의 견해들이 나름 논리적인 전체를 포괄하는 이론을 만들자고 하지만 절대 예외 없는 법칙은 없듯이 경계적 상황에 대한 분석과 원리 원칙의 적용을 공부해야 할 것이다. 그리고 이 예외의 경우에 다시 예외를 배제시켜야 하는 상황이나 조건이 있는지 살펴보고 예외의 배제를 하여야 하는지 다시 원칙으로 돌아가야 하는지를 살펴보아야 한다. 단적으로 말해 경우의 수를 많이 가정해서 요모조모 따져보아야 하는 것이어서 개인의 성정에 따라 심정적으로 불편함을 느낄 수도 있다. 그러나 어쩔 수 없다. 또 그러한 경우의 수를 가정하는 것이 실제 사례의 적용과는 거리가 먼 오로지 논리적 사고의 훈련을 위한 것일 수도 있다. ★ 그리고

★ 동시사망의 경우에 경우의 수를 가정하여 상속에 관한 여러 가지 모양을 분석한 것이 실제로 생긴 드문 사례를 소개한다.

대법원 2001.3.9. 선고 99다13157 판결 [소유권이전등기말소]

[사실관계]
인천의 상호신용금고회사등 약 2,000억원대의 재산을 소유한 이씨는 처, 아들(결혼), 딸(결혼), 며느리, 친손녀, 외손자, 외손녀 등과 함께 괌으로 여행갔다가 가족 전원이 1997.8.6. 미합중국의 자치령 괌(Guam)의 니미츠 언덕(Nimitz Hill)에서 함께 탑승중이던 항공기의 추락 사고로 모두 사망하였다(당시 이씨에게 다른 직계비속이나 직계존속은 없었고, 여행간 가족들은 동일한 위난으로 사망한 것으로서 민법 제30조에 의하여 모두 동시에 사망한 것으로 추정되었다) 가족 중 사위 김씨만 여행에 참여하지 않아서 국내에 거주하고 있었다. 이씨의 형제자매들이 이씨의 상속재산이 사위에게로 단독상속되는 것에 대하여 이의를 제기하여 세간이 이목이 집중되는 큰 분쟁이 생겼다. 사위는 일단 이씨가 거주하던 양천구 목동 집에 대하여 1997.11.8. 상속을 원인으로 한 소유권이전등기를 경료하였다. 그러자 이씨의 형제자매들이 이 소유권이전등기가 잘못되었다는 이유로 이전등기말소소송을 제기한 것이다.

[법률문제]
상속은 기본적으로 혈족상속이 원칙이다. 그런데 며느리의 경우는 남편이 아버지보다 먼저 사망하면 남편을 대신하여 상속을 인정하는 대습상속제도가 있다. 하지만 사위에게는 이러한 대습상속이 인정되지 않다가 1990.1.13. 민법이 개정되어 딸이 친정아버지보다 먼저 사망하는 경우 사위에게도 대습상속권이 인정되었다. 이 규정이 혈족상속의 원칙 그리고 동시사망의 경우와 관련하여 어떻게 해석되어야 하는 것이 문제로 되었다.

[판단]
[1] ① 우리 나라에서는 전통적으로 오랫동안 며느리의 대습상속이 인정되어 왔고, 1958.2.22. 제정된 민법에서도 며느리의 대습상속을 인정하였으며, 1990.1.13. 개정된 민법에서 며느리에게만 대습상속을 인정하는 것은 남녀평등·부부평등에 반한다는 것을 근거로 하여 사위에게도 대습상속을 인정하는 것으로 개정한 점, ② 헌법 제11조 제1항이 누구든지 성별에 의하여 정치적·경제적·사회적·문화적 생활의 모든 영역에 있어서 차별을 받지 아니한다고 규정하고 있고, 헌법 제36조 제1항이 혼인과 가족생활은 양성의 평등을 기초로 성립되고 유지되어야 하며 국가는 이를 보장한다고 규정하고 있는 점, ③ 현대 사회에서 딸이나 사위가 친정 부모 내지 장인장

기본 법이론과 관련된 법조문, 의의, 요건, 효과를 순서대로 정리하고 요건에서의 확장 내지는 축소, 효과에서의 원칙과 예외 등을 논리적으로 이해하고 암기해야 한다.

♣ 착오에 의한 의사표시의 취소 법리에서의 원칙과 예외, 예외의 배제 등의 사례

착오에 의한 의사표시의 취소 법리

우선 법조문을 살펴본다. 민법 제109조는 '의사표시는 법률행위의 내용의 중요 부분에 착오가 있는 때에는 취소할 수 있다. 그러나 그 착오가 표의자의 중대한 과실로 인한 때에는 취소하지 못한다(1항), 착오로 인한 의사표시의 취소는 선의(善意)의 제3자에게 대항하지 못한다(2항)'고 규정하고 있다. 단 회사 성립 후 주식인수의 착오취소 제한(상법 320조), 신주발행 변경등기 1년 후 신주인수의 착오취소 제한(상법 427조) 등의 경우에는 착오 취소가 불가능하다. 그런데 화해계약은 착오를 이유로 하여 취소하지 못하지만, 화해당사자의 자격 또는 화해의 목적인 분쟁 이외의 사항에 착오가 있는 때에는 취소할 수 있다(제733조).

법률행위의 내용의 중요 부분의 착오란 무슨 의미인가. 내심(內心)의 의사와 표시가 어긋나는 것을 표의자(表意者) 자신이 모르고 그것이 중요부분에 관한 것인 경우

모를 봉양, 간호하거나 경제적으로 지원하는 경우가 드물지 아니한 점, ④ 배우자의 대습상속은 혈족상속과 배우자상속이 충돌하는 부분인데 이와 관련한 상속순위와 상속분은 입법자가 입법정책적으로 결정할 사항으로서 원칙적으로 입법자의 입법형성의 재량에 속한다고 할 것인 점, ⑤ 상속순위와 상속분은 그 나라 고유의 전통과 문화에 따라 결정될 사항이지 다른 나라의 입법례에 크게 좌우될 것은 아닌 점, ⑥ 피상속인의 방계혈족에 불과한 피상속인의 형제자매가 피상속인의 재산을 상속받을 것을 기대하는 지위는 피상속인의 직계혈족의 그러한 지위만큼 입법적으로 보호하여야 할 당위성이 강하지 않은 점 등을 종합하여 볼 때, 외국에서 사위의 대습상속권을 인정한 입법례를 찾기 어렵고, 피상속인의 사위가 피상속인의 형제자매보다 우선하여 단독으로 대습상속하는 것이 반드시 공평한 것인지 의문을 가져볼 수는 있다 하더라도, 이를 이유로 곧바로 피상속인의 사위가 피상속인의 형제자매보다 우선하여 단독으로 대습상속할 수 있음이 규정된 민법 제1003조 제2항이 입법형성의 재량의 범위를 일탈하여 행복추구권이나 재산권보장 등에 관한 헌법규정에 위배되는 것이라고 할 수 없다.

[2] 원래 대습상속제도는 대습자의 상속에 대한 기대를 보호함으로써 공평을 꾀하고 생존 배우자의 생계를 보장하여 주려는 것이고, 또한 동시사망 추정규정도 자연과학적으로 엄밀한 의미의 동시사망은 상상하기 어려운 것이나 사망의 선후를 입증할 수 없는 경우 동시에 사망한 것으로 다루는 것이 결과에 있어 가장 공평하고 합리적이라는 데에 그 입법 취지가 있는 것인바, 상속인이 될 직계비속이나 형제자매(피대습자)의 직계비속 또는 배우자(대습자)는 피대습자가 상속개시 전에 사망한 경우에는 대습상속을 하고, 피대습자가 상속개시 후에 사망한 경우에는 피대습자를 거쳐 피상속인의 재산을 본위상속을 하므로 두 경우 모두 상속을 하는데, 만일 피대습자가 피상속인의 사망, 즉 상속개시와 동시에 사망한 것으로 추정되는 경우에만 그 직계비속 또는 배우자가 본위상속과 대습상속의 어느 쪽도 하지 못하게 된다면 동시사망 추정 이외의 경우에 비하여 현저히 불공평하고 불합리한 것이라 할 것이고, 이는 앞서 본 대습상속제도 및 동시사망 추정규정의 입법 취지에도 반하는 것이므로, 민법 제1001조의 '상속인이 될 직계비속이 상속개시 전에 사망한 경우'에는 '상속인이 될 직계비속이 상속개시와 동시에 사망한 것으로 추정되는 경우'도 포함하는 것으로 합목적적으로 해석함이 상당하다.

[3] 피상속인의 자녀가 상속개시 전에 전부 사망한 경우 피상속인의 손자녀는 본위상속이 아니라 대습상속을 한다.

를 말하는데, 이 경우 의사표시를 취소할 수 있다는 것이다. 이때 착오의 기준은 표의자가 착오가 없었으면 의사표지 안했을 것과 더불어 일반인도 그 입장에서라면 안했을 것이 인정되어야 한다. 그리고 중요부분이란 1) 채무자의 동일성, 당사자의 자격, 권원, 권한 등에 대한 것. 2) 법률행위의 성질에 관한 것, 3) 법률행위의 객체의 착오(목적물의 동일성, 목적물의 수량-근소한 지적 차이는 안됨, 목적물의 성질-토지현황, 경계)에 대한 것 등으로 나누어 해당여부를 판단하여야 한다.

한편 법률행위의 동기의 착오가 있는 경우에는 상대방이 그 동기를 알 수 없으므로 착오라고 볼 수 없으나, 예외적으로 그 동기가 표시되고 중요부분일 경우에는 취소할 수 있다. 그런데 동기를 잘못 품게 된 것이 상대방의 기망행위 등에 의해 발생되거나 유발된 경우(주채무자의 신용상태에 관한 주채무자, 채권자의 착오유발)에는 표시되지 않아도 중요부분이라면 취소할 수 있는 것으로 된다.(예외의 배제) .

쌍방의 공통의 착오가 있는 경우에는 객관적으로 추인되는 정당한 이익조정의사 여부에 따라 이행의무가 여전히 존재하는 것으로 해석하든지 혹은 취소를 인정하든지 한다.

한편 착오가 표의자의 중과실로 인한 것이라면 취소할 수 없다. 즉 표의자가 매수 목적물의 용도에 관하여 조사하는 데 과실이 있다면 취소할 수 없다. 이때 부동산 매매행위에서의 부동산 중개업자의 과실은 표의자의 과실로 보지 않는다. 그런데 중과실이라 하더라도 혼인의 취소(816조)나 입양의 취소(884조)와 같은 신분행위는 여전히 취소할 수 있다.(예외의 배제)

이렇게 법률행위가 착오로 취소되면 소급적으로 무효가 되어 원상회복으로 부당이득반환청구가 성립하게 된다. 그러나 취소되더라도 이미 그 법률행위를 바탕으로 새로운 권리관계를 형성한 선의의 제3자에게 대항할 수 없다.

그리고 착오 취소를 한 경우에는 착오를 유발한 불법행위에 대한 책임은 발생하지 않으며, 화해계약에서는 분쟁의 대상이 아니라 분쟁의 전제사실에 대한 착오라면 가능하다.

♣ 형법상 사실의 착오에 관한 고의의 성립 범위에서의 경우의 수와 논리적 이해 사례

사실의 착오에 의한 범죄의 고의의 성립 범위

사실의 착오에 관하여 형법 제15조는 '특별히 중한 죄가 되는 사실을 인식하지 못한 행위는 중한 죄로 벌하지 아니한다(1항) 결과로 인하여 형이 중할 죄에 있어서 그 결과의 발생을 예견할 수 없었을 때에는 중한 죄로 벌하지 아니한다(2항)'이라고 규정하고 있다.

사실의 착오란 행위자가 인식한 객관적 구성요건요소와 현실로 발생된 구성요건적 사실의 객관적 부분이 일치하지 않는 경우에 행위자에게 발생된 구성요건에 해당하는 범죄에 대한 고의를 인정할 수 있는가의 문제이다. 학설은 구체적 부합설(사실적으로 일치하면 고의 인정)과 법정적 부합설(동일 혹은 동일죄질 구성요건인 경우 법적으로 부합하여 고의 인정, 현재 판례)로 나누어 진다.

동일한 구성요건적 사실에서의 착오(구체적 사실의 착오)는 다음과 같이 본다. 갑인 줄 알고 발포했는데 을인 경우(객체의 착오) 구체적 부합설과 법정적 부합설 모두 을에 대한 살인죄의 고의 인정하지만, 갑을 향해 발포했는데 옆에 있던 을이 맞은 경우(방법의 착오)나 구체적 부합설은 갑에 대한 살인미수죄와 을에 대한 과실치사죄의 상상적 경합범으로, 법정적 부합설은 을에 대한 살인죄의 고의로 충분하다고 본다.

동종 구성요건적 사실에서의 착오(추상적 사실의 착오)는 다음과 같다. 경한 죄의 고의였는데 중한 죄의 결과가 발생된 경우(가중적 구성요건의 착오)로써 옆집 아저씨인 줄 알고 발포했는데 존속이 맞았다면(객체의 착오) 구체적 부합설과 법정적 부합설 모두 보통 살인죄의 고의만 인정한다. 옆집 아저씨를 향해서 발포했는데 옆에 있던 존속이 맞았다면(방법의 착오) 구체적 부합설은 살인미수와 존속과실치사죄의 상상적 경합으로, 법정적 부합설은 존속살인죄로 처리한다. 중한 죄의 고의였는데 경한 죄의 결과가 발생된 경우로써 존속인 줄 알고 발포했는데 옆집 아저씨가 맞았다면(객체의 착오) 구체적 부합설, 법정적 부합설 모두 존속살해미수와 살인죄의 상상적 경합으로 처리한다. 존속을 향해 발포했는데 옆에 있던 옆집 아저씨가 맞았다면(방법의 착오) 구체적 부합설은 존속살인미수와 과실치사죄의 상상적경합이나, 법정적 부합설은 존속살인미수와 살인죄의 상상적 경합이 된다.

이종 구성요건적 사실에서의 착오는 발생사실에 대한 고의가 인정되지 않는다.

♣ 대법원 1984. 1. 24. 선고 83도2813 판결 [살인]
피해자 1인 피고인의 형수 의 등에 업혀 있던 피고인의 조카 피해자 2(남1세)에 대하여는 살인의 고의가 없었으니 과실치사죄가 성립할지언정 살인죄가 성립될 수 없다는 주장을 살피건대, 피고인이 먼저 피해자 1을 향하여 살의를 갖고 소나무 몽둥이(증제1호, 길이 85센티미터 직경 9센티미터)를 양손에 집어들고 힘껏 후려친 가격으로 피를 흘리며 마당에 고꾸라진 동녀와 동녀의 등에 업힌 피해자 2의 머리부분을 위 몽둥이로 내리쳐 피해자 2를 현장에서 두개골절 및 뇌좌상으로 사망케 한 소위를 살인죄로 의율한 것은 정당하며 소위 타격의 착오가 있는 경우라 할지라도 행위자의 살인의 범의성립에 방해가 되지 아니한다.

♣ 대법원 1977. 1. 11. 선고 76도3871 판결 [존속살인 · 존속상해 · 폭력행위등처벌에 관한법률위반 · 강간치상]
제분에 이기지 못하여 식도를 휘두르는 피고인을 말리거나 그 식도를 뺏으려고 한 그 밖의 피해자들을 닥치는 대로 찌르는 무차별 횡포를 부리던 중에 그의 부(父)까지 찌르게 된 결과를 빚은 경우 피고인이 칼에 찔려 쓰러진 부를 부축해 데리고 나가지 못하도록 하여 살해한 일이 있다고 하여 그의 부를 살해할 의사로 식도로 찔러 살해하였다는 사실을 인정하기는 어렵다.

9.2. Forest before trees —판례들 속에서 길을 잃지 마라

법이론과 사례, 판례를 단기간에 습득하는 방법으로 그 주제와 관련된 판례들을 무조건 읽고 외우는 경우가 많다. 특히 선택형 시험 방식이 장문의 5개 지문이 나오면서 그 지문의 내용들이 판례의 요지를 그대로 옮겨 적으면서 시험 대비 방식으로 쓰고 있는 것 같다. 그러나 선택형 지문은 기본적인 법조문과 이론의 내용을 확인하는 평이하고 간략한 것이어야 한다. 현재의 이러한 선택형 지문의 방식은 매우 잘못된 것이며 판례의 요지만 따오고 그 요지를 왜곡시켜 제시하여 마치 일부러 틀리게 만들 의도로 작성된 듯하다. 우선 판례의 요지만 보는 것은 매우 위험하다. 항상 구체적 사실관계와 결부된 판례의 요지여야 제대로 이해될 수 있는 것임에도, 요지만 덜렁 따로 추려 내어 그것만 외우는 것은 성급한 일반화의 오류를 가져오게 되기 때문이다.

판례들만 외우다 보면 원래의 법조문과 이론의 원칙과 예외, 예외의 배제의 기준과 원리를 이해하지 못하고 오히려 헤매게 된다. 즉 나무들만 보다가 전체적인 숲을 보지 못하게 된다는 것이다. 사례형 혹은 기록형 문제를 출제하고 답안을 채점하다 보면 구체적이고 세세한 판례를 모르는 학생이 답안을 더 잘 쓰는 경우를 볼 수 있다. 그 이유를 생각해보니 그 학생은 숲을 보고 전체적인 모양과 구조를 잡고서 접근해 가면서 나름대로 논리를 세웠기 때문이었다. 판례를 잘 기억하고 있는 (아는 것이 아니라) 학생들은 그에 얽매여 어떤 판례를 내세워야 하나 기억만 더듬었을 뿐이지 전체적인 모양과 구조를 보지 못하였기 때문에 제대로 된 답안을 작성하지 못하였던 것이다.

9.3. 낭독과 발표와 협동 study collaboratively (group study)

법률공부는 이론의 내용을 정독하고 숙독하여 그 논리구조를 이해하고 왜 그럴까 하는 비판적 생각을 하면서 내용을 암기하는데서 출발한다. 그리고 유사한 제도에서의 법적 취급의 차이에 대한 비교와 분석(compare and contrast)을 하여 더욱 분명하게 이해하여야 한다. 혼자서 책을 보며 외우고 이해하고 분석하는 것이 기본이다. 그 후 혼자서 한 훈련작업들을 여러 가지 문제 풀이의 방법으로 확인해 보는 순서를 거쳐야 한다. Take practice tests. Practice tests allow you to learn not only the form of the multiple choice questions, but also the ways to evaluate different law questions and determine how to find the appropriate answers. When you take the practice test, evaluate your end results thoroughly. Take your time and look up where you went wrong in each wrong answer.

그리고 법률공부의 내용을 혼자만의 이해 방식으로 정리하여야 하는데 이른바 서브노트를 작성하는 것이 좋다고 본다. 공부를 하다 보면 교재에서의 순서와 배열이 자신의 방식과 맞지 않는 부분이 있는 것을 깨닫게 된다. 그런 때는 과감히 자신에게 맞는 독자적 방식으로 새롭게 정리하여야 한다. 물론 이 작업은 굉장히 시간이 많이 소요되면 내용이 무한히 늘어나게 되어 도리어 복잡하게 되는 난점도 있어서 주의를 하여야 한다. Take notes. Notes are not only taken in formal classes, but also from the book, study guides and any other legal sources. Taking notes will allow you to determine what information is important, where you struggle and what items to look up later. Initial notes might have a messy appearance, so you should also re-write your notes later to create your own personal study guides. Make the rewritten notes neat and orderly and include any definitions you need.

한편 법률공부를 할 때 정독과 숙독 이후에 혼자서 하는 낭독의 방법을 권하고 싶다. 교재와 판례의 내용을 크게 소리 내어 읽어보라는 것이다. 눈으로만 읽을 때와 이해의 정도와 감동이 전혀 다른 낭독은 깊이 있는 책 읽기에 안성맞춤인 독서법이다. 특히 고전이나 어려운 책을 읽을 때 낭독을 권하는데 낭독을 할 경우 문장의 중요부분에 액센트를 주게 되고 문장의 흐름에 따라 억양(intonation)이 달라지며, 문장의 모든 부분을 다 큰 소리로 읽어 갈 수는 없기 때문에 요약 정리되는 방식을 취하게 되므로 결국 정리에 도움이 된다. 그리고 낭독을 하다 보면 막연히 이해하고 있다고 생각되는 것들에 대하여 "어 이게 왜 이렇지?" 하는 의문이 생겨나기도 한다. Read text out loud to oneself alone. Some find that reading out loud helps them with dyslexia and ADHD.

그런데 어느 정도의 이해와 암기 이후에 그것을 확실하게 정리하는 방법으로 다른 사람에게 설명하는 것만큼 좋은 것이 없다. 그렇게 하려면 여러 사람이 함께 공부하여야 한다. 그리고 법률의 해석과 적용은 여러 사람들이 논의하면서 이런 경우 저런 경우를 상정해 보면서 토론하여 결론과 대안을 만들어 가는 과정이다. 그래서 스터디 그룹을 만들어 설명과 발표의 기회를 서로 가지는 것이 좋은 방법이다. 물론 다른 사람들의 코멘트를 받게 되어 더 좋을 것이다. ★ Students should always devote time to studying law online individually, but interacting with peers and sharing questions and concerns can help you understand theory and other points of view. We recommend you create or join groups to study law and use them regularly to avoid falling into the "isolated law student trap".

9.4. IRAC (Issue, Rules, Application, Conclusion)

이론과 판례에 대한 충분한 이해가 있은 후에 사례 문제를 풀어나가는 방법은 다음 순서로 정리한다.

(1) 논점(쟁점)의 소재
(2) 관련 법령 및 판례
(3) 사안에의 적용
(4) 결론

★ 현재의 로스쿨에서 성적 평가를 엄격한 상대평가시스템으로 하고 있는 점은 이러한 점에서 최악이라고 본다. 법률공부는 경우의 수를 상정하는 문제의식과 해결방법을 토론을 통해 모색하는 것인데, 모든 동료들을 경쟁자로 여기고 정보를 공유하지 않고 협업을 회피하게 하는 이상한 제도이다. 변호사시험 성적이 공개되는 만큼 하루 빨리 이 제도는 폐지되어야 한다.

문제

13세인 甲은 오래 전부터 디지털카메라를 하나 갖고 싶었다. 甲의 부모는 甲에게 중고카메라 중 괜찮은 것을 고르면 사준다고 약속했다. 친구의 형인 乙이 쓰던 카메라를 판다고 하자 甲은 카메라를 보고서 10만원에 사기로 하고 계약을 체결하였다. 부모님의 동의가 있었느냐는 乙의 물음에 甲은 거짓으로 부모가 이 거래를 알고 있으며 동의하였노라고 말하였다. 나중에 甲의 부모가 甲으로부터 지금까지 일어난 일을 전해 듣고 甲에게 싼값에 잘 샀다고 하면서 잘했다고 하였다. 한편 乙은 甲과의 거래가 아무래도 미심쩍어 다음날 甲의 부모에게 전화를 걸어 거래를 인정하느냐고 묻자, 그 사이 甲의 부모는 똑 같은 카메라가 더 싼값에 나온 것을 발견하고는 乙에게 거래의 승낙할 수 없다고 말하였다. 이 경우 乙은 甲에게 10만원의 매매대금지급을 요구할 수 있는지?

답

1. 논점의 소재

행위무능력자(미성년자)의 동의/승낙 없는 법률행위에 대하여 법정대리인은 취소할 수 있는데, 甲이 거짓말을 한 경우에도 취소할 수 있는지, 甲의 부모가 甲에게 인정한 후에 乙에 대해서는 승낙하지 않은 것이 적법한가.

2. 관련 규정 및 판례

미성년자가 법률행위를 함에는 법정대리인의 동의를 얻어야 하며 이에 위반된 행위는 취소될 수 있다(민법 5조). 법정대리인은 미성년자가 아직 법률행위를 하기 전에는 동의와 허락을 취소할 수 있다.(15조) 제한능력자가 맺은 계약은 추인(追認)이 있을 때까지 상대방이 그 의사표시를 철회할 수 있으며, 단 상대방이 계약 당시에 제한능력자임을 알았을 경우에는 그러하지 아니하다(16조) 제한능력자가 속임수로써 자기를 능력자로 믿게 한 경우에는 그 행위를 취소할 수 없으며, 미성년자나 피한정후견인이 속임수로써 법정대리인의 동의가 있는 것으로 믿게 한 경우에도 같다.(17조)

한편 추인 또는 거절의 의사표시는 상대방에 대하여 하지 아니하면 그 상대방에 대항하지 못한다. 그러나 상대방이 그 사실을 안 때에는 그러하지 아니하다(145조).

판례에 따르면 사술은 고도의 지능적 행위가 수반될 것을 요구하며(甲이 부모의 친필을 가장 허위로 작성한 승낙서 지참) 단순 거짓말은 사술행위에 해당되지 못한다고 한다.

3. 사안에의 적용

(가) 甲의 거짓말이 속임수로 인정되면, 甲의 부모는 甲의 법률행위를 취소하지 못한다. 그런데 단순한 거짓말은 사술로 볼 수 없으므로 취소할 수 있다.

(나) 카메라 구입을 사후에 알리자. 부모로 부터 '잘 샀다'고 추인(인정)을 받았는

데, 그 추인은 아들(甲)이 아니라 거래의 상대방 즉 乙에게 하였을 때, 유효하다.

(다) 乙이 미심쩍어 甲의 부모님께 전화로 확인한 것은 미성년자와 거래한 상대방이 최고권을 행사한 것이고이는 서신은 물론 전화로도 가능하며, 甲의 부모는 더 나은 조건을 발견하고, 추인을 거절한다고 답변하였다.

4. 결론

乙의 매매대금(10만원) 청구권은 법률행위가 취소되었으므로 소멸된다. 단 반대급부도 소멸된다.

An example IRAC

Question.

Person "A" walks into a grocery store and picks up a loaf of bread. He then stuffs the bread beneath his jacket. A security attendant sees him and follows him to the cash register. Person A passes through without stopping to pay for anything. The security attendant stops him at the gate. He detains person A while he interrogates him. Person A is unresponsive and uncooperative and in fact downright hostile to the charges being leveled at him by the security attendant. Person A is held for a period of two hours at the end of which it is found that he had actually put the loaf of bread back and was not stealing. Person A sues the grocery store for false imprisonment. Would person A prevail in court?

Answer

1. Issue

The issue here is whether person A could prevail in court by alleging that he was falsely imprisoned.

2. Rules

Most jurisdictions in the United States allow recovery for false imprisonment. The courts look at two elements in determining whether a person has been falsely imprisoned, namely just cause and authority. In looking at the element of just cause, courts further analyze two factors: reasonable suspicion and the environment in which the actions take place.

If a person suspects that he is being deprived of property legally attached to him and he can show that his suspicions are reasonable then he is said to have a reasonable suspicion. Courts also look at whether the activity in question took place in an environment where stealing is common. Crowded public places and shops are considered to be more justifiable places where a person could have just cause for reasonable suspicion in comparison to private property or sparsely populated areas.

In looking at the other element of authority, the courts tend to favor people directly charged with handling security as people with the authority to detain a person in comparison to private individuals. The courts have made exceptions in the favor of the person conducting the detention if he is a shopkeeper. This special privilege is called the shopkeeper's privilege. In general the element of authority is usually seen as one part of a two part legal justification for legally justifiable detention. For example in cases involving detention by an officer of the law, courts have ruled that the officer has to have both just cause and authority. Authority in itself is not enough. The same reasoning applies to all detaining individuals. Exceptions are made in the case where a person of authority has to conduct an investigation with just cause and courts usually grant a reasonable amount of time in detention for this purpose. Here the reasonable amount of time a person can be kept in detention is directly related to the circumstances under which the detention takes place.

3. Application/Analysis

Person A was conducting his activity in a crowded place that happened to be a grocery store. He was further detained by a security attendant. The security attendant had seen him pick up a loaf of bread and walk past the cash register without paying. The security attendant detained him until he discovered that no theft had taken place. Person A was subsequently released upon this determination of fact.

A court looking at these facts would try to apply the two elements of false imprisonment. The first element of false imprisonment is just cause. The first factor of just cause is reasonable suspicion. The security attendant saw person A pick up a loaf of bread and stuff it beneath his jacket. This is an uncommon action as most grocery shop customers usually do not hide produce under their personal belongings. The security attendant, therefore, has reasonable suspicion because a reasonable person in his place would have also considered this action to be suspicious. Person A further walks by the cash register without paying. The security attendant has already seen person A hiding the bread under his jacket and honestly believes that person A is still in possession of the loaf of bread. A reasonable person in the security attendant's stead would arguably act to stop person A. Thus, this seems to satisfy the first factor of the element of just cause, reasonable suspicion.

The second factor of the element of just cause is the environment. The activity takes place in a grocery store. A grocery store is usually a place where shoplifters and other thieves operate regularly. This reduces the burden of just cause placed on the person performing the detention. The security attendant has to be unusually vigilant and suspicious of a person's motive because of his location. This then seems to satisfy the second factor of the element of just cause, environment.

The second element of false imprisonment is authority. The person performing the detention of A is the security attendant of the grocery store. He is the person charged with securing the grocery store and its property. The security attendant sees person A put the loaf of bread underneath his coat and walk through the checkout without paying. The security attendant now has to act because he has been charged with the security of the store and he has just cause. The security attendant performs the investigation after he puts person A in detention and it takes two hours. Two hours might seem like an unreasonable amount of time but given the fact that person A was unresponsive and uncooperative it seems to be reasonable. It also seems as if the security attendant was doing his due diligence as he releases person A as soon as the facts are established and it is shown that person A was not stealing the loaf of bread.

Finally we have to look at the fact that since the activity took place in a grocery store, the shopkeeper's privilege applies directly to the security attendant in charge of securing the store and its property. This privilege gives the security attendant extra leeway in detaining people in whom he has reasonable suspicion. Most courts would lean heavily towards the shopkeeper because person A was on the property of the grocery store and thus could be subjected to extra scrutiny given the long history of the shopkeeper's privilege in common law.

4. Conclusion

Person A would most likely not prevail in the courts because the security attendant does not satisfy either element of false imprisonment. The detention of person A was legal because the security attendant had both just cause and authority. Additionally, the shopkeeper's privilege further solidifies the legality of the detention. Person A, therefore, has no recourse under the law.

9.5. 법률가를 직업으로 하기 좋은 성격

그동안의 20여년의 법조경험과 10여년의 교육경험을 보건대, 법률가가 되기에 적합한 성정을 찾아본다면 남의 일에 간섭하기 좋아하는 성격, 남들에게 좀 잘난 체 하는 성격, 남에게 지기를 싫어하고 끈질기게 고집피우는 성격을 들 수 있을 것이다. 물론 기본적으로는 덜렁대거나 설렁설렁 해서는 안되고 차분하고 꼼꼼하게 내용과 문제점을 분석하고 파악하는 성격이어야 한다.

나아가 자신감과 자만감이 충천하여 선민의식과 특권의식을 갖추고 사명감에 불타는 사람도 좋은 법률가는 아니지만 나름대로 능력을 발휘하고 역할을 할 수 있는 경우는 될 것이다. 그러나 이런 경우는 종말이 별로 좋지 않게 나타나는 것을 많이 보았다.

그러나 가장 중요한 덕목을 찾으라고 한다면 무엇보다도 끈질기고 고집스럽게 사건과 주제에 집착하고 천착하는 것을 들 수 있고, 이러한 집요함으로 성공적인 훌륭한 법률가가 될 수 있다고 본다. 사건을 처음 부닥쳤을 때 처음에는 어렵고 불가능하게 보이더라도 해결 과정에서 상황이 바뀌고 여러 가지 변수가 나타나며 심지어 사회적 분위기도 변화하는데 이때 계속 포기하지 않고 물고 늘어지면 의외의 좋은 결과를 가져오게 될 수 있는 것이다.

참고문헌

곽윤직 · 김재형, 민법총칙:민법강의1, 박영사, 2013

곽윤직, 채권총론, 박영사, 2005

김재형, 민법1, 계약법(상), 서울대학교법과대학, 2009

김홍엽, 민사소송법(제7판), 박영사, 2018

김홍엽, 민사집행법, 박영사, 2017

박승수, 민법정리, 도서출판 에듀, 2017

박준서 외, 주석민법, 한국사법행정학회, 2000

손동권, 새로운 형법각론, 율곡, 2013

손동권, 새로운 형사소송법, 세창미디어, 2013

송덕수, 신민법강의(제10판), 박영사, 2018.

송덕수, 신민법사례연습(제3판), 박영사, 2013

양창수, 법학입문, 박영사, 2015

오시영, 법학개론, 피앤씨미디어, 2017

유병화, 법학입문, 법문사, 2016

이시윤, 신민사소송법, 박영사, 2017

이시윤, 민사소송법입문:역사 사례와 함께, 박영사, 2016

지원림, 민법강의(제15판), 홍문사, 2017

한희원, 신법학입문, 삼영사, 2011

Burnham, William, Introduction to the law and legal system of the United States, West
          Academic Publishing, 2016

Mansell, Wade, A critical introduction to law, Abingdon, 2015

Hegland, Kenney F, Introduction to the study and practice of law in a nutshell, West
          Academic Publishing, 2014

Downey, Michael, Introduction to law firm practice, Law Practice Management Section,
          American Bar Association, 2010

조상희

서울대 법대를 졸업하면서 사법시험(26회)을 합격하고 사법연수원(17기)을 수료했고, 해군법무관을 지내고 박사과정을 이수했다. 김&장 법률사무소에서 변호사를 하다가 서울동부지법 판사를 하였다. MBC 라디오 〈조상희의 생활법률〉을 4년 반 정도 진행하였고, 개인사무소를 하다가 건국대학교 법과대학 및 법학전문대학원 교수를 했다. 현재는 사회과학대학 융합인재학과 교수로 있다.

PRAXIS 법학 입문
법률 공부 내비게이션

초판인쇄 2018년 5월 31일
초판발행 2018년 5월 31일

지은이 조상희
펴낸이 채종준
펴낸곳 한국학술정보㈜
주소 경기도 파주시 회동길 230(문발동)
전화 031) 908-3181(대표)
팩스 031) 908-3189
홈페이지 http://ebook.kstudy.com
전자우편 출판사업부 publish@kstudy.com
등록 제일산-115호(2000. 6. 19)

ISBN 978-89-268-8436-2 93360